业主方的项目管理

王江容 著

东南大学出版社
SOUTHEAST UNIVERSITY PRESS
·南京·

内容提要

本书面向业主、项目管理团队以及项目参与各方，提供项目管理与协作的策略性建议、实施方法和工作流程。为了实现项目按照预定的时间、投资、功能等目标完工，本书明确规定了所有项目参与人员的职责、工作内容、工作方法，涵盖了业主、项目经理、建筑师、承包商、供货商、咨询公司以及专业机构参与的项目全过程管理。

本书在编写过程中借鉴了国外的先进管理理论和经验，紧密结合建筑行业的工作实践，根据相关法律法规的要求，为建设项目管理提供了一种多学科交叉、多专业配合的工作流程和工作方法。基于房地产开发公司的多元化组织结构，按照集团、公司、项目三级组织架构进行展开，以便于适合大多数公司的企业组织模式。

本书拟从公司对项目的整体管控角度出发，具体阐述项目管理的理论、方法、工作流程等，以期对大家有所借鉴。

本书与业主方(开发商)的项目管理工作紧密结合，具有实际操作的指导性、借鉴性、参考性，可为开发商、项目经理、建筑师、承包商、供货商、咨询公司等人员提供参考。

图书在版编目(CIP)数据

业主方的项目管理/王江容著．—南京：东南大学出版社，2015.3

ISBN 978-7-5641-5627-5

Ⅰ.①业… Ⅱ.①王… Ⅲ.①项目管理 Ⅳ.①F224.5

中国版本图书馆 CIP 数据核字(2015)第 057022 号

业主方的项目管理

著　　者	王江容	
出版发行	东南大学出版社	
社　　址	南京市四牌楼2号　邮编210096	
出 版 人	江建中	
网　　址	http://www.seupress.com	
经　　销	全国各地新华书店	
印　　刷	扬中市印刷有限公司	
开　　本	700 mm×1000 mm　1/16	
印　　张	23	
字　　数	410 千字	
版　　次	2015 年 3 月第 1 版	
印　　次	2015 年 3 月第 1 次印刷	
书　　号	ISBN 978-7-5641-5627-5	
定　　价	58.00 元	

本社图书若有印装质量问题，请直接与营销部联系。电话：025-83791830

前　言

本书的主要目的是面向业主、项目管理团队以及项目参与各方,提供项目管理与协作的策略性建议、实施方法和工作流程。为了实现项目按照预定的时间、投资、功能等目标完工,本书明确规定了所有项目参与人员的职责、工作内容、工作方法,涵盖了业主、项目经理、建筑师、承包商、供货商、咨询公司以及专业机构参与的项目全过程管理。

编写过程中,我们借鉴国外的先进管理理论和经验,紧密结合建筑行业的工作实践,根据相关法律法规的要求,为建设项目管理提供了一种多学科交叉、多专业配合的工作流程和工作方法。基于房地产开发公司的多元化组织结构,我们按照集团、公司、项目三级组织架构进行展开,以便于适合大多数公司的企业组织模式。

笔者多年从事房地产开发的管理工作,带领项目团队成功完成了多个项目的开发建设直至交付的任务,对项目管理的实践有比较深的体会。本书拟从公司对项目的整体管控角度出发,具体阐述项目管理的理论、方法、工作流程等,以期给大家提供借鉴。

项目规模无论大小,项目管理的基本原理是一致的。本书的整体结构反映了项目管理的一般过程,侧重于项目建设、验收移交、后评估等内容。每一章节针对项目管理的一个阶段,各章的顺序基本按照项目的开发顺序编排,如下图所示:

房地产开发价值链分析

- 项目前期:属于价值链的前端,经营风险大,对整个项目的利润贡献高。重点关注投资策划、土地获取、产品定位等内容,这些工作直接决定了项目的利润空间。方案的最终决策一般由集团总部负责,本书对此部分内容不做具体论述。
- 项目中期:属于价值链的中端,这个阶段决定了项目最终利润的实现、交付产品的品质和项目的成本。重点关注深化设计、质量、动态成本控制等内容。

业主方的项目管理

• 项目后期：属于价值链的后端，经营操作风险小，但直接涉及项目交付及现金的回笼，而且对客户满意度的建立及品牌的影响都非常重要。重点关注工程质量、客户服务流程、物业交付等环节。

各章内容基本按照工作的原则、工作的程序、工作的内容和方法几个部分进行编排，具体工作遵循 PDCA 的管理循环，并满足 ISO 9000 的要求。工作的重点与房地产开发价值链各环节的关注重点保持一致，并对实际工作中的一些突出问题进行阐述。过程中突出业主的管理中心地位，包括：决策职能、计划职能、组织职能、协调职能和控制职能。

现代的项目管理，已经由过去的粗放型管理发展为针对项目全过程的"跨职能、全方位管理"，本书的内容也是遵循了这个基本原则，具体包括：

1）工程质量→ 工作质量

在关注工程质量的基础之上，更加注重对项目计划质量的完成，从而保证项目整体开发目标的实现。

2）施工过程→ 项目全过程

聚焦项目的全生命周期，而不仅仅是项目的建造过程。

3）工艺质量→ 产品质量

更多地站在业主或客户的角度，注重产品的设计质量、功能质量、使用质量以及运营质量，有效提升产品的全寿命周期价值。

4）业务职能 → 管理职能

项目管理不仅仅是本身业务职能的实现，而更强调在合理分工前提下的沟通、协作，从而确保项目整体目标的达成。

为了更加清晰地表述项目管理的具体实践内容，除特殊注明外，书中案例均以一个公建写字楼项目（简称某项目）作为参照。项目概况：工程项目总建筑面积 15 万 m^2，地上 12 层，地下 5 层，高度 56 m；项目地处 CBD 核心区域，是一栋 5A 级智能化综合办公写字楼，项目建设管理涵盖前期策划、主体施工、精装修施工以及验收、调试、试运行、物业交付等各个环节。

需要指出的是，书中所提供的范例、流程、图表仅作为参考，使用者应该在项目实施中进行修正、完善以适合具体项目的特点和要求。总体而言，项目管理的核心是项目的可知、可控、可预测，可知是可控的基础，而可控是为了可预测，可预测是为了整体项目的进展达到预期的目标。

目 录

第1章 项目管理概述	1
1.1 工程项目的建设周期及阶段	1
1.1.1 项目策划和决策阶段	1
1.1.2 项目准备阶段	1
1.1.3 项目实施阶段	2
1.1.4 项目竣工验收和总结评价阶段	3
1.2 工程项目管理的基本原理	3
1.2.1 目标管理	3
1.2.2 过程控制	4
1.2.3 信息管理	5
1.3 业主方的项目管理职能	5
1.4 项目的成功因素	6
1.5 项目管理的方法	7
第2章 项目管理的组织	10
2.1 项目管理组织的作用	10
2.2 项目管理组织结构的基本形式	11
2.2.1 职能式项目组织结构	11
2.2.2 项目式项目组织结构	12
2.2.3 矩阵式项目组织结构	14
2.3 项目管理组织结构的选择	16
2.3.1 项目管理组织结构的选择	16
2.3.2 建立项目管理组织结构的程序	17
2.3.3 项目管理组织结构的职责界面	19
2.4 项目管理组织结构的调整	20
2.4.1 组织结构调整的原因	20
2.4.2 组织结构调整或再造的原则	21

2.5 项目经理的角色 ··· 22
2.5.1 项目经理的能力 ··· 22
2.5.2 项目经理的主要职责 ····································· 23
2.6 项目团队 ··· 24
2.6.1 高效项目团队的要素 ····································· 24
2.6.2 有效领导项目团队 ·· 26

第3章 项目范围管理 ··· 28
3.1 项目范围的定义 ·· 28
3.1.1 范围管理 ·· 28
3.1.2 范围的定义 ··· 28
3.1.3 范围定义的依据 ·· 29
3.1.4 确定项目范围的意义 ···································· 31
3.2 创建工作分解结构（WBS） ································ 32
3.2.1 工作分解结构的作用 ···································· 32
3.2.2 建立工作分解结构的方法 ······························ 33
3.2.3 团队成员的参与 ·· 34
3.2.4 WBS的调整 ·· 35
3.3 项目启动会 ··· 35
3.3.1 启动会的准备 ·· 35
3.3.2 启动会的召开 ·· 36

第4章 项目进度管理 ··· 37
4.1 项目进度计划的编制 ··· 37
4.1.1 工作定义 ·· 37
4.1.2 工作顺序安排 ·· 38
4.1.3 工作时间估算 ·· 39
4.1.4 编制进度计划 ·· 40
4.2 项目进度计划管理体系 ······································ 40
4.2.1 项目进度关键节点计划 ································· 41
4.2.2 项目进度总控计划 ······································· 43
4.2.3 项目全周期开发计划 ···································· 44
4.2.4 现场施工计划体系 ······································· 57
4.3 项目进度控制 ··· 58

		4.3.1 项目进度的影响因素分析	58
		4.3.2 进度控制的基本措施	60
		4.3.3 项目各阶段的进度管理重点	61
		4.3.4 进度计划的调整	62
	4.4	个人工作计划	65
第5章	项目采购管理		67
	5.1	采购管理的基本原则	67
	5.2	采购管理的法律依据	68
	5.3	采购管理的工作内容	68
		5.3.1 招标采购工作计划	70
		5.3.2 办理招标申请、审批手续	72
		5.3.3 资格预审	72
		5.3.4 编制招标文件	73
		5.3.5 现场踏勘	75
		5.3.6 开标、评标阶段	75
		5.3.7 授标签订合同阶段	76
		5.3.8 招标资料归档、保存	76
	5.4	采购管理中应注意的问题	76
		5.4.1 招标代理机构的局限	76
		5.4.2 合理分包的统筹考虑	77
		5.4.3 采购质量的影响因素	79
		5.4.4 关于评标方法的选择	80
		5.4.5 采购管理中的5R原则	83
	5.5	建立供应商信息库	84
		5.5.1 供应商分类	84
		5.5.2 供应商信息收集	85
		5.5.3 供应商管理	85
		5.5.4 战略供应商	89
第6章	项目合同管理		91
	6.1	合同管理的基本原则	91
	6.2	合同管理的法律依据	91
	6.3	工程项目合同的特点	92

6.4 合同管理的基本内容 ·········· 93
6.4.1 合约规划 ·········· 94
6.4.2 合同签订 ·········· 101
6.4.3 合同交底 ·········· 102
6.4.4 合同履行 ·········· 103
6.4.5 合同终止 ·········· 103
6.5 索赔管理 ·········· 104
6.5.1 承包商向业主的索赔 ·········· 104
6.5.2 业主向承包商的索赔 ·········· 105
6.5.3 索赔的证据 ·········· 106
6.5.4 做好索赔管理的措施 ·········· 106

第 7 章 项目设计管理 ·········· 108
7.1 设计的基本原则 ·········· 108
7.2 设计管理的基本内容 ·········· 110
7.2.1 设计的接口管理 ·········· 110
7.2.2 方案设计管理 ·········· 112
7.2.3 初步设计管理 ·········· 112
7.2.4 技术设计管理 ·········· 113
7.2.5 施工图设计管理 ·········· 113
7.2.6 施工阶段的设计管理 ·········· 114
7.2.7 深化设计管理 ·········· 115
7.2.8 竣工图的管理 ·········· 116
7.3 设计管理的工作重点 ·········· 117
7.3.1 设计质量管理 ·········· 117
7.3.2 设计进度管理 ·········· 118
7.3.3 设计投资管理 ·········· 119
7.3.4 设计变更管理 ·········· 121
7.4 设计工作总结 ·········· 126

第 8 章 项目成本管理 ·········· 129
8.1 成本管理的基本原则 ·········· 129
8.2 成本管理体系 ·········· 130
8.3 成本管理的基本内容 ·········· 131

		8.3.1 投资估算	132
		8.3.2 成本目标的确定	133
		8.3.3 施工图预算	135
		8.3.4 动态成本管理	136
		8.3.5 建立成本数据库	138
	8.4	项目各阶段的成本控制措施	140
		8.4.1 设计阶段的投资控制	140
		8.4.2 招标阶段的投资控制	146
		8.4.3 施工阶段的成本控制	148
		8.4.4 竣工结算阶段的成本控制	149

第9章 项目质量管理 … 151

9.1	工程项目质量的定义	151
9.2	质量管理的基本原则	152
9.3	业主方的质量管理责任	154
9.4	质量管理的基本内容	156
	9.4.1 明确质量目标	156
	9.4.2 建立质量管理体系	156
	9.4.3 实施质量管理	157
	9.4.4 质量改进	160
9.5	项目各阶段的质量管理	162
	9.5.1 投资决策阶段的质量管理	162
	9.5.2 设计阶段的质量管理	162
	9.5.3 采购阶段的质量管理	164
	9.5.4 施工阶段的质量管理	166
	9.5.5 收尾阶段的质量管理	167
9.6	创造满意的顾客	168

第10章 项目风险管理 … 170

10.1	项目风险的特征和分类	170
10.2	风险管理的目的和原则	172
	10.2.1 风险管理的目的	172
	10.2.2 风险管理的原则	173
10.3	风险管理的基本内容	173

- 10.3.1 风险的识别 ·· 173
- 10.3.2 风险的分析 ·· 177
- 10.3.3 风险的防范和控制 ·· 178
- 10.3.4 风险应对计划 ·· 181
- 10.4 突发事件的应对 ··· 184
  - 10.4.1 突发事件的处置措施 ·· 184
  - 10.4.2 突发事件的应急预案 ·· 184
  - 10.4.3 紧急情况通讯录 ·· 190

第11章 职业健康安全与环境管理 ·· 192
- 11.1 健康、安全与环境管理体系（HSE）的建立 ····························· 192
- 11.2 HSE管理的基本原则 ·· 193
- 11.3 项目HSE管理的基本内容 ·· 194
  - 11.3.1 项目的HSE管理目标 ·· 194
  - 11.3.2 建立HSE管理组织架构 ·· 195
  - 11.3.3 建立管理制度 ·· 198
  - 11.3.4 建立管理沟通机制 ·· 201
  - 11.3.5 过程控制 ·· 202
- 11.4 项目不同阶段HSE管理的重点 ·· 207
  - 11.4.1 策划决策阶段的HSE管理 ······································ 207
  - 11.4.2 招标投标阶段的HSE管理 ······································ 207
  - 11.4.3 设计阶段的HSE管理 ·· 207
  - 11.4.4 施工阶段的HSE管理 ·· 208
  - 11.4.5 收尾阶段的HSE管理 ·· 211

第12章 项目档案、资料管理 ·· 212
- 12.1 管理要求 ··· 212
  - 12.1.1 档案资料管理职责 ·· 212
  - 12.1.2 档案资料管理制度 ·· 213
- 12.2 各类资料的形成 ··· 213
  - 12.2.1 工程档案、资料分类 ·· 213
  - 12.2.2 工程档案资料的形成 ·· 214
- 12.3 项目档案资料的管理 ··· 219
  - 12.3.1 工程档案资料的内容 ·· 219

12.3.2 工程档案资料的管理 …………………………………………………… 222
12.3.3 工程档案资料的安全和保密 …………………………………………… 223

第13章 项目干系人的沟通管理 …………………………………………………… 224
13.1 沟通管理的原则 …………………………………………………………… 224
13.2 沟通管理的工作重点 ……………………………………………………… 225
13.2.1 识别项目干系人 ………………………………………………………… 225
13.2.2 与各类项目干系人的沟通 ……………………………………………… 227
13.3 沟通的方法 ………………………………………………………………… 231
13.3.1 面对面的沟通 …………………………………………………………… 231
13.3.2 会议 ……………………………………………………………………… 232
13.3.3 报告 ……………………………………………………………………… 233
13.3.4 商业信函 ………………………………………………………………… 233
13.3.5 谈判 ……………………………………………………………………… 234
13.4 沟通中的冲突 ……………………………………………………………… 234

第14章 项目收尾管理 ……………………………………………………………… 236
14.1 工程收尾 …………………………………………………………………… 237
14.1.1 机电调试 ………………………………………………………………… 237
14.1.2 竣工修复 ………………………………………………………………… 239
14.2 竣工验收 …………………………………………………………………… 239
14.2.1 竣工验收的条件和标准 ………………………………………………… 239
14.2.2 竣工验收前的相关验收 ………………………………………………… 240
14.2.3 竣工验收的程序 ………………………………………………………… 241
14.3 工程结算 …………………………………………………………………… 243
14.3.1 工程结算基本规定 ……………………………………………………… 243
14.3.2 工程结算的编制 ………………………………………………………… 244
14.3.3 工程结算的审查 ………………………………………………………… 246
14.4 项目移交 …………………………………………………………………… 251
14.4.1 移交条件 ………………………………………………………………… 251
14.4.2 移交工作的组织 ………………………………………………………… 251
14.4.3 移交的程序 ……………………………………………………………… 252
14.4.4 项目移交检查的主要内容 ……………………………………………… 253
14.4.5 项目移交手续 …………………………………………………………… 255

14.4.6 试运行保驾 ·· 255

第15章 项目后评价 ·· 257
  15.1 项目后评价的工作原则 ·· 258
  15.2 项目后评价的工作内容 ·· 258
    15.2.1 组建后评价小组 ·· 258
    15.2.2 资料收集 ·· 259
    15.2.3 评价内容 ·· 260
    15.2.4 报告编制 ·· 263

附录A 某项目工作分解结构 ·· 264
附录B A企业×××项目启动会(模板) ·· 289
附录C A企业×××项目合约规划(模板) ·· 295
附录D 建筑工程质量管理点及控制措施表 ·· 301
附录E 建筑工程实测实量工作指引(模板) ·· 309
附录F 土建、装饰工程验收检查项目清单 ·· 315
附录G 机电、设备工程验收检查项目清单 ·· 323
附录H ××××项目后评估报告 ·· 337

参考文献 ·· 354

第1章 项目管理概述

1.1 工程项目的建设周期及阶段

工程项目投资建设周期是指从提出投资设想,经过前期论证、投资决策、建设准备、建设实施、竣工验收直至投产运营所经历的全过程。

项目的投资建设周期是按顺序排列而有时又相互交叉的各项目阶段的集合,包括项目从开始到结束所经历的各个阶段。为了顺利完成工程项目的投资建设,通常要把一个工程项目划分成若干个工作阶段,以便更好地进行管理。每一个阶段都以一个或数个可交付成果作为其完成的标志。可交付成果就是某种有形的、可以核对的工作成果。可交付成果及其对应的各阶段组成了一个逻辑序列,最终形成了工程项目成果。

通常,工程项目投资建设周期可划分为四个阶段:项目策划和决策阶段、项目准备阶段、项目实施阶段、项目竣工验收和总结评价阶段。如图1-1所示。

1.1.1 项目策划和决策阶段

这一阶段的主要工作包括:投资机会研究、初步可行性研究、可行性研究、项目评估及决策等。该阶段的主要任务是对工程项目投资的必要性、可能性、可行性,以及何时投资、在何地建设、如何实施等重大问题,进行科学论证和多方案比选。本阶段虽然投入少,但对项目效益影响大,前期决策的失误往往会导致重大的损失。为保证工程项目决策的科学性、客观性,可行性研究和项目评估工作应委托高水平的咨询公司独立进行,但应由不同的咨询公司来完成。

该阶段的工作重点是对项目投资建设的必要性和可行性进行分析论证,并作出科学决策。

1.1.2 项目准备阶段

该阶段的主要工作包括:工程项目的初步设计和施工图设计,工程项目征地及建设条件的准备,货物、工程招标及选定承包商、签订承包合同等。本阶段是战略

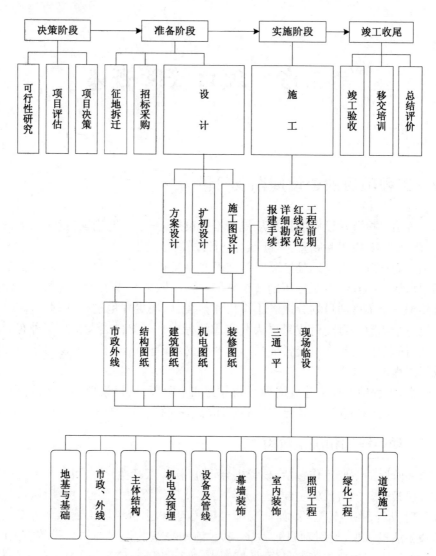

图1-1 工程项目的基本建设阶段

决策的具体化,在很大程度上决定了工程项目实施的成败及能否高效率地达到预期目标。

该阶段的工作重点是准备和安排项目所需的建设条件。

1.1.3 项目实施阶段

该阶段的主要任务是将建设投入要素进行组合,形成工程实物形态,实现投资决策目标。在这一阶段,通过采购、施工等活动,在规定的范围、工期、费用、质量内,按设计要求高效率地实现工程项目目标。本阶段在工程项目建设周期中工作量最大,投入的人力、物力和财力最多,工程项目管理的难度也最大。

1.1.4 项目竣工验收和总结评价阶段

该阶段的主要工作包括:工程项目的联动试车、试生产、竣工验收和总结评价等。工程项目试生产正常并经客户(或其委托的咨询公司)验收合格后,工程项目实施阶段即告结束。从工程项目管理的角度看,在项目运营期间,主要工作有工程的保修、回访、相关后续服务、项目后评价等,仍属于项目管理的范畴。

项目后评价是指对已经完成的项目的目的、执行过程、效益、作用和影响所进行的系统的、客观的分析,一般在项目竣工验收后 1~2 年内进行。它通过对项目实施过程、结果及其影响进行调查研究和全面系统回顾,与项目决策时确定的预期目标以及技术、经济、环境、社会等相关指标进行对比,找出差别和变化,分析原因,总结经验,汲取教训,得到启示,提出对策建议,通过信息反馈,改善并提高投资管理和决策的水平,达到提高投资效益的目的。

根据工程项目复杂程度和实际管理的需要,工程项目阶段划分还可以逐级分解。

1.2 工程项目管理的基本原理

工程项目管理,就是项目的管理者在有限的资源条件约束下,运用各种知识、技能、手段和方法,对项目涉及的全部工作进行有效的管理,进而实现工程建设目标的管理过程。

工程项目管理的基本原理主要是:目标管理、过程控制和信息管理。

1.2.1 目标管理

目标管理就是把整个项目的工作任务和目标作为一个完整的系统加以统筹控制,这包括两个方面的工作:首先,要确定项目的总目标,采用工作分解结构(WBS)的方法将总目标层层分解成若干个子目标和可执行目标,将它们落实到工程项目建设周期的各个阶段和各个责任人,并建立由上而下、由整体到局部的目标控制系统。其次,要做好整个系统中各类目标(如质量目标、进度目标和成本目标)的协调平衡和各分项目标的衔接和协作工作,使整个系统步调一致、有序进行,从而保证总目标的实现。

1) 目标的确定

工程项目目标就是实施一个工程项目所要达到的预期结果。工程项目目标必须明确、可行、具体和可以度量,并须在投资方、工程项目业主、承包商之间达成一致。

工程项目目标的确定应满足如下条件:
① 目标应是具体、明确、可量化的;
② 目标应与组织的目标一致;
③ 目标应有具体的时间要求;
④ 目标是现实的、可达到的,但需要努力并承担一定的风险。

2) 目标的实现

目标系统中的各级目标对应工程项目组织机构中相应级别的职能部门,各级职能部门应根据项目总目标的要求制定相应的目标和实现目标的工作计划,而职能部门的成员则根据本部门目标确定各自的工作范围和工作成果。

工程项目目标管理方法就是要求每个项目管理团队成员必须明确工程项目目标,将实现个人目标作为实现总目标的重要组成部分和保证。

1.2.2 过程控制

无论总目标还是各项子目标的实现,都有一个从投入到产出实现目标的过程,"过程控制"就是通过对实现目标的过程、相关资源及投入过程进行动态管理,以及计划、实施、检查、处理等过程管理步骤,达到有效使用资源、降低成本、保证质量和进度的目的。

过程控制遵循如下步骤:

1) 计划(Plan)

即为完成项目目标而编制一个可操作的运转程序和作业计划。主要工作内容包括:
① 明确工作目标并按工作分解结构(WBS)原理将工作层层分解,确立每项作业的具体目标;
② 明确实现目标的具体操作过程;
③ 确定过程顺序和相互作用;
④ 为运行和控制过程确定准则和方法;
⑤ 明确保证必需的资源和信息以有效支持过程运行;
⑥ 在以上工作的基础上做出详细工作计划;
⑦ 对工程项目计划进行评审、批准。

2) 实施(Do)

实施过程就是从资源投入到成果实现的过程,主要就是协调人力和其他资源以执行工程项目计划。在这个过程中,工程项目管理人员必须对存在于工程项目中的各种技术和组织界面进行管理,并做好记录。

3) 检查(Check)

通过对进展情况进行不断的监测和分析,以预防质量不合格、预防工期延误、预防成本超支,确保工程项目目标的实现。

4) 处理(Act)

处理措施包括两方面。一方面是客观情况变化时,必须采取必要的措施调整计划,特别是变化影响到费用、进度、质量、风险等方面,必须做出相应的变更。另一方面,通过分析如果发现管理工作有缺陷,就应提出改进管理的措施,使管理工作持续进行。

PDCA 循环是有效进行任何一项工作的合乎逻辑的工作程序,是持续改进管理工作的有效方法。

1.2.3 信息管理

信息是一种经过加工而形成的特定数据、文件、图形文件等。工程项目管理可以视为对整个工程项目的人流、物资流、资金流和信息流的管理,其中信息流的管理是首要的,项目的管理者是通过信息流对人流、物资流、资金流来进行管理的,而在管理活动中的决策失误或决策滞后,绝大多数是由于缺乏可靠的信息所致。

要做好项目管理工作,必须重视对信息流的管理,必须及时、准确、全面、动态地采集项目实施过程中大量的决策信息、组织信息、进度信息、质量信息、费用信息、风险信息和合同管理信息等,并经过加工处理,将其传递到需要使用这些信息的管理层和主管层,以便于及时作出决策,促进工程项目阶段性任务和总任务的完成。

依靠计算机与网络技术,可以建立与项目特点相适应的项目管理信息系统,或者运用相关的软件进行信息化管理,以提高项目管理的效率。

1.3 业主方的项目管理职能

根据项目管理的基本理论和工程项目建设实施阶段的特点,业主方在项目建设实施各阶段的管理中,始终处于主导地位,其基本职能包括:决策、计划、组织、控制和协调等五项职能。

1) 决策职能

项目的建设过程是一个复杂的系统工程,项目建设实施阶段的启动、计划安排和资源投入,都要经过细致周到的安排,最后由业主方管理层做出决策。项目的重要决策将影响到项目的质量、进度和投资,影响到项目建设总体目标的实现。

2) 计划职能

项目建设计划是项目建设活动的基础和项目管理的依据。为了实现项目建设的总体目标,应在建设项目决策的基础上,将全部资源投入和全部项目建设活动都纳入计划范畴,用动态的计划系统,协调和控制资源投入和工程建设活动,使各项工作处于可控、在控状态,保证项目建设活动有序进行,有效实现预期目标。

3) 组织职能

业主单位在项目实施阶段的组织职能有两项内容:一是在内部建立项目管理组织机构,明确各自的职责和权限,制定项目建设管理制度和工作程序,确保管理活动的有序进行;二是按照合同约定,组织参与项目建设活动的相关单位进行相关的建设活动,并对其进行监督和管理,完成合同约定的各项任务。

4) 控制职能

项目总体目标的实现,要通过决策、计划、协调和信息反馈等手段,采用科学的管理方法,对计划执行情况进行检查、监督和信息反馈、组织协调,及时调整和修改计划目标,进行有效控制,确保计划目标的实现。

5) 协调职能

项目建设实施的各阶段,相关层次和相关部门之间,在工程技术和工程管理方面,存在大量需要相互衔接的界面或接口,包括工程技术领域的功能接口、技术接口,以及工程管理方面的工作分工等复杂的关系和矛盾,这些关系和矛盾,都需要通过业主方管理人员进行沟通和协调,以排除不必要的干扰,确保系统正常运行。

1.4　项目的成功因素

一般来说,项目完成了既定目标,满足了进度、成本、质量的要求,就可以认为项目是成功的,但在更多情况下,项目的成果被顾客接受才可以认为项目是成功的。

很多人可能都参与过成功或不成功的项目,通过对众多项目的回顾与总结,我们列出了影响项目成功的5个核心要素:

1) 明确共同的目标

所有项目参与者必须认同项目目标,而且是可量化的目标。

2) 以客户为导向

在成功的项目中,团队成员知道谁是最终客户并且了解客户的需求。经过统计,对客户需求的错误定位或不当评估是项目失败的首要原因。

项目经理必须与客户保持持续沟通,确保他们对项目的每一个阶段成果表示满意。

3）足够的支持和资源

项目要想按时完成并满足绩效指标，来自公司高层的支持非常关键。高层管理者可以确保项目在人力、资金、设备、后勤和信息等方面获得充足的资源。如果项目需要的资源不能得到满足，最优秀的项目经理也无法实现项目目标。

4）关注计划

有效的项目管理基于周密的计划安排，计划的内容包括：确认项目目标、界定范围、明确客户需求、确定任务、估计工期和成本、分派职责等。项目启动初期就要开始编制计划，并随着进展和信息的更新不断调整项目计划。

团队成员必须深入参与计划的过程。

5）持续有效的沟通

高效的项目经理懂得及时告知关键利益相关者项目的目标、进度和变更的重要性。项目利益相关者是指受项目影响的任何人，或能够影响项目成功或失败的人。

1.5　项目管理的方法

任何的项目管理模式，其最终目的都是为了使组织确保项目的成功。为了达到这一目标，好的项目管理方法应该基于指导大纲和可行的实施方案，而不仅仅是制度和程序*。

从市场购买的成套项目管理软件并不能保证项目的成功，每个企业都应创立一套自己内部的项目管理方法来保证和公司文化相适应，并使其具有一定的灵活性，以适应于各个项目。

根据 A 企业多年的经验，使用标准化的工作模板，并始终聚焦项目每一个阶段的可交付成果，是确保项目成功的有效方法。在模板中，我们定义好表格和清单，以便在多个项目中使用。提供模板并不是告诉员工怎样工作，而是给项目经理提供他们自己项目的启动、计划、实施、控制、收尾等这些流程的起始点。模板可以指导项目提前想到下一步应该做什么，以及如何去做。

尽管如此，标准和模板应当被视为使管理更简化而不是更复杂的重要方法，并且项目经理可以根据项目的特定需要修改标准和模板，以使其满足项目的需求。

分类模板创立了统一的项目管理方法，常用的项目管理模板包括：

1）范围管理
- 工作分解结构（WBS）
- 项目启动会

2）进度管理
- 工作分解结构（WBS）
- 项目进度关键节点计划
- 项目全周期开发进度计划
- 个人计划（工作周报）

3）招标采购
- 工作分解结构（WBS）
- 项目招标采购工作计划
- 招标文件模板

4）合同管理
- 工作分解结构（WBS）
- 合同网络图
- 工作范围界面表
- 合约规划
- 合同模板

5）设计管理
- 工作分解结构（WBS）
- 项目设计工作计划
- 技术论证工作流程
- 深化设计工作流程
- 变更管理工作流程
- 设计工作总结

6）成本管理
- 工作分解结构（WBS）
- 目标成本编制模板
- 动态成本汇总表
- 成本月报
- 材料设备价格表
- 单方成本数据库
- 项目投资控制计划

7）质量管理
- 工作分解结构（WBS）
- 质量检查记录表
- 建筑工程实测实量工作指引

- 设计阶段质量管理清单
- 施工阶段质量管理清单
- 收尾阶段质量管理清单

8) 风险管理
- 项目风险分解结构(RBS)
- 项目风险核对表
- 风险清单
- 工程承包合同风险转移适用表
- 突发事件应对流程

9) 资料管理
- 工程档案资料分类目录
- 各类档案、资料统计表

10) 沟通管理
- 项目干系人登记表

11) 收尾管理
- 项目收尾工作计划
- 项目档案资料移交清单
- 土建、装饰工程验收检查项目清单
- 机电、设备工程验收检查项目清单

12) 后评价
- 项目后评价工作计划
- 项目后评价报告

第 2 章　项目管理的组织

系统的目标决定了系统的组织，而组织是目标能否实现的决定性因素。如果把一个建设项目的项目管理作为一个系统，那么，其目标就决定了项目管理的组织形式，同时，组织的设定还应与建设项目的特点相适应。

2.1　项目管理组织的作用

工程项目管理组织可以是一个公司，也可以是一个专业项目部，还可能是为完成某一项目而成立起来的项目团队。

从组织与项目目标关系的角度看，合理的项目管理组织的根本作用是通过组织活动，汇聚和放大项目组织内成员的力量，保证项目目标的实现。组织的作用主要体现在以下几个方面：

1) 提高项目团队的工作效率

项目管理组织可以采用不同的形式，在某一特定的项目环境中，对于同一工程项目来说，采取不同的管理组织结构形式，项目团队的工作效率会有不同的结果。积极、有效的管理组织结构形式将更有利于提高和调动项目团队成员的积极性，减少不必要的决策层次，从而提高项目团队的工作效率。

2) 有利于项目目标的分解与实现

任何一个工程项目的目标都是由不同的子目标构成的。合理的管理组织将会使项目目标得到合理的分解，使各组织单元的目标与项目总体目标之间相互有机协调，保障项目最终目标的实现。

3) 优化资源配置

项目组织是在考虑了项目的具体特点、开发企业的自身要求、项目的环境特征等各方面因素后确定的。合理的项目管理组织将有利于各种资源的优化配置与利用，有利于项目目标的完成。

4) 有利于平衡项目组织的稳定与调整

组织结构形式确定后，项目团队成员可以在项目组织中找到自身的位置与工作责任，使项目团队成员对项目有一种依赖与归属感，这为项目组织带来相对的稳定,这种稳定是完成项目目标所必需的。随着项目工作的不断进展,原有的组织结构形式可能不能完全适应需要,原来的稳定需要打破,需要进行组织调整或组织再造,使项目的组织结构更加适合项目、资源和环境。良好的项目组织工作在组织的稳定与调整中发挥着重要的平衡作用。

5) 有利于内外关系的协调

科学合理的项目组织工作有利于项目内外关系的协调。项目组织工作要求对项目的组织结构形式、权力机构、组织层次等方面进行深入的研究,对相互的责任、权利与义务进行合理的分配与衔接,为项目经理在指挥、协调等各方面工作都创造良好的组织条件,使项目保持高效的内外信息交流,有利于项目在积极、和谐的环境中开展,保障项目目标的顺利实现。

2.2 项目管理组织结构的基本形式

随着社会的发展和技术的进步,建设项目具有如下几个特点:
(1) 投资规模越来越大,而开发的周期越来越短;
(2) 技术含量日益增高;
(3) 工程风险日趋突出;
(4) 顾客的要求越来越高。

项目管理以其目标的明确性、组织的灵活性和环境的适应性等优势而被房地产企业广泛采用。而选择什么样的组织结构不能一概而论,而要依据组织自身的特点、企业的文化、项目的特殊性、目标客户的范围等多种因素进行综合考量。

现行的项目管理组织形式主要有:职能式、项目式、矩阵式等。任何一种形式,都有各自的优点和缺点,而其目的都是一样的,即高效地完成项目目标。

2.2.1 职能式项目组织结构

职能式项目组织结构是最基本的,也是目前使用比较广泛的项目组织结构形式。当项目开始时,在公司高级管理者的领导下,由各职能部门负责人构成项目协调层,并委派本部门人员完成项目的相关任务。

跨部门的协调在各部门负责人之间进行,项目上没有专门的项目经理。如图2-1所示。

1) 优点

① 能够发挥职能部门资源集中的优势,项目人员有本部门的技术支持,有利于项目技术问题的及时、有效解决,并有利于知识和经验的交流。

业主方的项目管理

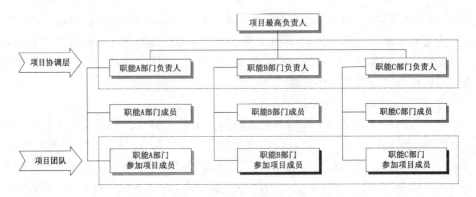

图 2-1　职能式项目组织结构

② 人员的委派、调整具有较大的灵活性，项目人员的流失对于技术的连续性影响较小。

③ 项目成员无后顾之忧。由于项目成员在为项目工作期间，其关系归属没有改变，项目成员不会为将来项目结束时的去向担忧，因此，能够客观地为项目考虑问题。同时，项目人员在各自的部门有一条正常的晋升渠道。

④ 有利于公司的发展和项目管理的连续。由于各职能部门承担了项目管理任务，因此，项目管理的经验、知识可以得到积累和沉淀，不会因项目团队成员的流失而产生过大的影响。

2）缺点

① 项目往往不能成为部门工作的重点。由于项目团队成员来自于各职能部门，团队成员受其所在职能部门与项目团队的双重领导，有时会无所适从。而对于职能部门来说，项目团队的约束力相对较弱。

② 对于参与多个项目的职能部门，不同项目在资源使用的优先权上容易发生冲突。

③ 项目人员对项目不易产生成就感，积极性不高。

④ 跨部门的沟通比较困难。

⑤ 项目所有者不清楚，导致对客户的要求反应迟缓。

3）适用范围

① 公司在特定区域经营，项目的数量少。

② 目标市场明确，客户定位比较单一，项目的实施环境不确定性低。

③ 公司高层有精力介入项目的协调工作，能及时解决项目中的问题。

2.2.2　项目式项目组织结构

项目式项目组织结构是最适合项目管理需要的。项目式管理组织形式就是将

第 2 章 项目管理的组织

项目的组织独立于公司职能部门之外,有自己的技术人员与管理人员,企业分配给项目团队一定的资源,授予项目经理一定的权力,由项目组织自己独立负责项目主要工作的一种组织管理模式。

这种结构中,项目经理是真正意义上的项目负责人,尽管他必须向公司的高层领导汇报。项目经理得到授权后,可以全身心地投入到项目中,并可利用自己的权限调用整个组织内部或外部的资源为项目服务。如图 2-2 所示。

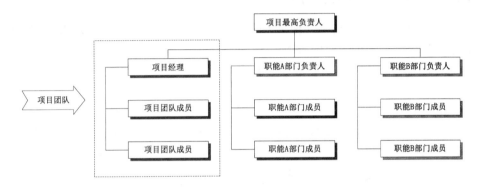

图 2-2 项目式项目组织结构

1)优点

① 项目团队重点集中,项目经理对项目全权负责。团队成员只对项目经理负责,避免了多重领导、无所适从的尴尬。

② 项目管理层次相对简单,使决策速度、响应速度加快,对项目进度、质量及成本的控制更加容易,为项目目标的顺利实现提供了保证。

③ 项目团队有共同的项目目标,责任分工比较明确,团队成员的工作动力强、凝聚力高。

④ 项目团队内部容易沟通。

⑤ 对项目环境反应灵敏,有清晰的产品责任,容易达到客户的要求。

2)缺点

① 当一个公司同时开展多个项目时,往往出现配置重复、资源浪费的现象。

② 每个项目是一个独立的团队,容易使项目和公司产生分界线,不利于企业的融合。

③ 由于项目组织成为一个相对封闭的组织,各职能部门考虑其独立性,在对项目的支持上会有所保留,限制了用最好的方法或技术解决问题的渠道;而且,公司的政策在项目中的贯彻可能会遇到阻碍。

④ 对项目成员来说,缺乏事业的连续性和保障性,在项目后期没有归属感。

3）适用范围

① 公司跨区域经营或项目类型经常随客户需求变化。

② 客户定位准确或项目规模较大、技术较复杂。

③ 更强调项目产品对于客户需求的满足程度。

④ 项目数量较少,对集团管理要求不高。

2.2.3 矩阵式项目组织结构

矩阵式项目组织结构是一种介于职能式与项目式之间的项目管理组织结构形式,它解决了职能式组织结构与项目式组织结构的不足,发挥了它们的长处。在矩阵式项目组织结构中,项目团队成员由职能经理委派,这些人员在项目工作期间服从项目经理的领导,人员不独立于职能部门之外,是一种暂时的、半松散的组织结构形式。

采取矩阵管理的最根本目的是基于专业化的考虑,让不同领域中的专业成员彼此互补,以充分发挥每个人的专长,进而让组织的整体运作效率达到最佳。其实,没有最好的,而只有最合适的,为了更有效地开展工作,必须对矩阵组织模式的优点、缺点和适用范围有一个清晰的了解,以使项目管理工作能够扬长避短、高效运行。

1）优点

① 项目负责制。以项目为导向,有了直接对项目负责的项目经理,但对项目经理的要求比较高,包括知识能力、实践能力、个人能力。

② 高效的沟通协调机制。项目部承担了有关项目过程中的跨职能沟通和协调工作,可高效地处理各类业务问题。

③ 资源的有效利用。项目管理人员来自不同的职能部门,可以做到技术上的相互支持,在资源上做到共享,并可大大减少项目式组织中人员冗余的问题。当有多个项目同时进行时,公司可以平衡资源以保证各个项目都能完成其各自的进度、费用及质量要求。

④ 反应灵活。项目运作效率高,适合技术比较复杂而工期相对紧迫的项目。

2）缺点

① 权、责、利不对等。项目经理在项目上拥有权力,业务职能的权力归属职能部门的经理,项目经理对业务的支配权力有限。而项目经理一般是项目的第一责任人,他对项目的责任大于对项目的权利,在项目推进过程中,容易遇到来自职能部门的阻力。

② 工作界面划分不清、协调困难。各职能部门只对本身的工作负责,不对项目整体负责,大量的沟通、协调工作都需要项目部来做。如果目标没有达成,各部门之间会相互推卸责任。

第 2 章 项目管理的组织

③ 项目人员受多头领导。各职能部门派驻项目的人员,在项目上受项目经理的领导,在业务上受部门经理的领导,对员工的考核、升职归属职能部门,因此,员工容易产生两难的感觉。

3) 适用范围

① 项目数量较多,需要人才共享。

② 客户较稳定,但项目环境的不确定性高。

③ 公司重视员工的专业技能提升。

根据项目经理对项目的约束程度,矩阵式项目组织结构又可分为弱矩阵结构、强矩阵结构和平衡矩阵结构三种形式。

在弱矩阵式项目组织结构中,项目团队中没有一个明确的项目经理,只有一个协调员负责协调工作。团队各成员之间按照各自职能部门所对应的任务,相互协调进行工作,而项目经理的职能更多的由职能部门负责人分担了。如图 2-3 所示。

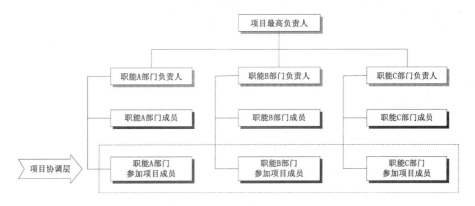

图 2-3 弱矩阵式项目组织结构

在强矩阵式项目组织结构中,有一个专职的项目经理负责项目的管理与运行工作。项目经理成为常设岗位,这样就从组织上、人员上保证了项目管理的有效性和长期性。如图 2-4 所示。

平衡矩阵组织结构是介于强矩阵式与弱矩阵式之间的一种形式。主要特点是项目经理往往由一个职能部门中的团队成员担任,其工作除项目的管理工作外,还可能负责本部门承担的相应项目任务。项目经理必须就各种问题,如资源分配、技术支持及进度等与职能部门负责人进行协调,这时,项目经理的协调能力直接影响到项目的成功与否。

不管选用何种形式的项目管理组织结构,在项目组织内部,都应尽可能采取扁平式的组织结构,这是由项目管理的特点所决定的。企业的运行工作具有稳定、重

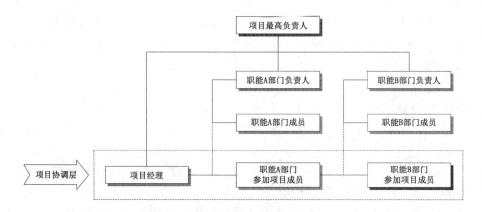

图 2-4 强矩阵式项目组织结构

复的特点,而项目则具有临时、独特、逐步优化的特点,因此,项目管理过程也往往具有其独特性和未知性。这就要求我们在进行项目管理的工作中,必须专注于面向目标的管理,让团队的每一个成员都充分了解项目的目标,了解自己对目标的职责,并为达到共同的目标发挥各自的作用。

2.3 项目管理组织结构的选择

2.3.1 项目管理组织结构的选择

工程项目的唯一性以及现代工程项目趋向大型化,使得项目组织处于复杂、不确定的环境中,并面对着新的社会、经济、技术环境的要求,项目组织形式的选择不仅要考虑到能从容应对不确定的外部环境,还要能使项目组织促进环境、企业组织、个人的持续发展。

选择一种合适的组织形式是项目初始阶段必须完成的工作,在选择组织形式时需要考虑的基本因素包括:

(1) 企业战略;

(2) 企业文化;

(3) 项目的规模、开发周期、项目定位、项目的独特性;

(4) 企业的管理经验;

(5) 有效的资源;

(6) 应使决策简便、快捷;

(7) 应采用高效率、低成本的项目组织形式,使参与各方有效地沟通,责权利关系明确,能进行有效的项目控制。

第 2 章 项目管理的组织

项目组织应该是一个开放的系统,通过信息流及其驱动的人流、物流等与外部进行信息、能量和物质的交换,达到组织和环境输出、输入的动态平衡,信息流驱动项目组织的运作,也推动项目组织更好地与项目外部环境匹配,协调项目组织与环境的关系,使项目组织能够在复杂、不确定的环境中更好地生存和发展,保证组织目标顺利实现。

2.3.2 建立项目管理组织结构的程序

项目性企业在选择自己的项目管理组织结构时,应根据组织自身的特点据实而定,并考虑项目组织结构与企业组织结构的匹配与平衡,最大可能地发挥组织的潜力和优势。项目组织结构的建立应遵循一定的程序和步骤,如表 2-1 所示。

表 2-1 工程项目管理组织的建立

序号	步骤	具体内容
1	项目目标	确定合理的项目目标,这是项目工作开展的基础,同样也是确定组织形式与结构的重要基础
2	工作内容	确定项目具体工作内容,一般是围绕项目工作目标与任务分解进行的,从而使项目工作内容清晰化、明确化、系统化
3	组织目标	这一阶段首先要明确的是,在项目工作内容中,哪些是项目组织的目标和工作内容
4	组织结构	根据项目的特点和项目内外环境因素,选择一种适合项目工作开展的管理组织结构形式,并完成组织结构的设计
5	定岗定责	以目标定事项,以事项定岗位。岗位的划分要有相对的独立性、合理性和完成的可能性。岗位确定后,就要相应确定各岗位的职责
6	人员配置	"以事定岗,以岗定人"是项目组织机构设置中的一项重要原则
7	工作流程	具体的工作流程与相互之间的信息流程要在工作岗位与工作职责明确后确定下来
8	考核标准	为保证项目目标的最终实现和工作任务的最后完成,必须对组织内各岗位制定考核标准,包括考核内容、考核时间、考核形式等

伴随着房地产的快速发展,跨区域、多项目的发展模式成为众多房地产企业的经营战略。在职能式、项目式、矩阵式三种常用的项目组织模式中,矩阵式是被大多数房企采用的项目管理模式,如万科、龙湖、复地、阳光 100、华远、华润置地等。下面以 A 企业为例阐述项目管理组织结构的选择,并在后续章节以此为出发点,从项目的角度讨论有关项目管理的知识、方法以及经验做法。

业主方的项目管理

　　A 企业成立于 20 世纪 90 年代初,是一家深交所上市的以商务地产为主业的房地产开发运营控股公司。截止到 2013 年末,公司总资产达到 760 多亿元,净资产约 222 亿元,累计开发面积超过千万平方米,其中商务地产比例超过 70％。目前,公司为加快发展速度、提高市场竞争地位,已有超过 32 家全资及控股子公司,分别在北京、天津、上海、广州、重庆、惠州等地投资。公司坚持市场为导向,积极拓展营销渠道,是国内领先的商务地产开发企业。

　　随着公司的不断发展,公司的管理模式也不断完善,形成了集团、城市公司、项目三级管理架构为特点的项目管理模式。如图 2-5 所示。

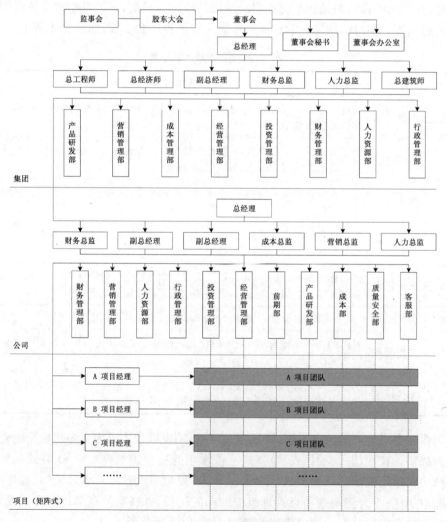

图 2-5　A 企业项目管理组织架构

第 2 章 项目管理的组织

从图 2-5 可以看出，A 企业的项目管理组织架构是典型的强矩阵式，这个选择是基于企业的多项目、客户定位准确（以商务写字楼为主）、项目环境条件不确定等因素的结果。

为最大限度地发挥矩阵型组织结构的优点，避免或减少其缺点，在组建矩阵式项目管理组织结构时，还应遵循如下基本原则：

1) 统一性原则

项目经理是项目部的第一负责人，为避免多头领导的出现，项目部的所有指令必须经由项目经理发出，即以横向指令为主，有效减轻公司领导层的协调工作量。

2) 目标性原则

项目部所有组成人员必须有明确的、统一的目标，参与者必须是全职参与项目。

3) 效率性原则

项目部的组建以能实现项目目标所要求的工作任务为原则，尽量简化机构，做到精简高效。力求一专多能，一人多职。

4) 协作性原则

为确保组织目标的实现，项目部内部各成员之间，以及与公司各职能部门之间都必须相互配合、相互协调地开展工作。不管是同级还是上下级经理，都必须愿意就资源的调配进行协商。

5) 顺畅沟通原则

在项目发生冲突时，问题必须快速有效地得到解决。包括：每周固定的项目协调会、每月的经理办公会和必要的临时性专题会。

2.3.3 项目管理组织结构的职责界面

无论哪种项目组织模式，专业职能化都是必然的要求。基于有效管控的原则，首先应界定集团、公司、项目三者之间的职责界面。如表 2-2 所示。

表 2-2 A 企业项目管控职责分工

权属	类别	工作内容	备注
集团	战略规划	确定集团发展方向、制订战略规划、确立产业布局	
	计划	项目关键节点计划的审批、考核	
	质量	建立质量管理制度	
	设计	项目设计方案的审定	
	成本	成本指标的审批	
	采购	建立采购制度，建立战略供应商体系	

续表 2-2

权属	类别	工作内容	备注
公司	战略执行	根据集团战略编制各类管理制度、流程并监督执行	
	计划	年度计划,项目总控计划,项目月度计划的审批、考核	
	质量	执行集团的质量管理制度,负责过程关键节点的质量检查	
	设计	负责设计方案、技术方案、初步设计、施工图的编制	
	成本	成本指标编制,成本指标监控	
	采购	根据集团采购制度建立采购工作流程,建立合格供应商库	
项目	战略实施	确保项目的各项目标满足公司的战略要求	
	计划	各类项目实施计划的编制、执行,并配合公司的考核	
	质量	负责项目现场的质量管理,配合公司质量部门的质量检查	
	设计	负责施工图的实施、深化设计图纸编制及变更洽商的履行	
	成本	编制《动态成本指标》并实时调整;编制《成本月报》	
	采购	编制《项目采购计划》并根据公司制度实施项目采购计划	

具体到项目部,则应界定与职能部门之间的工作界面划分,如设计、招采、成本、前期等部门,职能部门与项目部的分工应清晰、简单、可操作。项目经理负责制订项目的整体计划、整合资源、监督工作进展;职能经理则根据项目经理的要求,负责落实分属职能部门的工作,并在技术上给予支持。

2.4 项目管理组织结构的调整

2.4.1 组织结构调整的原因

为了保证工程项目的顺利进行,对项目的组织结构不要轻易进行调整,但在一些特殊情况下,需要对组织结构进行调整优化,调整的原因一般有以下几种:

1) 项目主客观条件发生变化

这种变化从主观方面看,由于投资方资金问题、产权关系、利益取向等的变化,使项目目标发生变化,因而对项目内容也要进行相应的改变。从客观条件看,在项目实施过程中,项目的外部环境有时会发生比较大的变化,特别是建设周期较长的项目。比如政治环境、经济环境、战争等因素,也可能是自然条件发生变化,如自然资源、气候条件等。

2) 项目管理的内容出现改变

随着项目工作的正常开展，一些子项目结束，一些新的子项目可能要开始，在这种情况下，项目管理的目标、管理的内容也可能会随之改变，特别是一些大型的项目。这时，一开始采用的组织结构形式可能已不适应新的变化。

3) 原组织结构不适合项目的开展

尽管在项目组织方案设计时进行了深入的工作，但由于各种原因，原来的项目管理组织结构仍可能与项目工作目标产生矛盾，无法适应项目工作的进行，在这种情况下就必须进行组织调整或再造。

2.4.2 组织结构调整或再造的原则

在项目组织进行调整或再造时，要把握如下原则：

1) 保持项目工作的连续性

项目组织调整或再造的目的是为了保证项目工作的更好开展，而不是重新构建组织。因此，要尽可能防止因项目组织调整而对项目顺利进行产生影响。

2) 避免人为因素的影响

组织的目的是为了项目目标的实现，因此，组织的调整也是以项目工作为中心，避免为了增强或削弱个别人的权力而对项目组织进行改变，否则，只能对项目工作产生破坏作用。

3) 维护客户利益

当组织的调整出现问题时，应首先考虑满足客户的利益要求。

4) 调整的时机要合适

当必须对工程项目组织进行调整时，要把握调整的最佳时机，不能操之过急，并利用调整前的时间做好风险分析以及应对的措施，防止意外情况的发生，保证项目工作的顺利延续。

5) 岗位职责要清晰界定

在进行组织结构调整时，要清晰界定项目经理、主要岗位人员以及配合部门的职责界面和各自的义务、权利，避免由于组织调整造成管理架构、管理层级、分工界面的混乱。

6) 以完成项目目标为宗旨

调整的目的是为了项目的顺利开展，而不是为了解决原组织中存在的所有问题，而只是解决不适应项目开展的主要关键问题。因此，在进行组织再造时，一定要认真分析、反复研究，始终以最有利于达成项目目标为考虑宗旨。

有一点需要强调，项目组织结构的稳定性是完成项目目标的首要因素，调整不一定是最佳方案，不到万不得已，尽量不做调整。

2.5 项目经理的角色

2.5.1 项目经理的能力

项目经理是由执行组织委派并负责领导项目团队实现项目目标的个人。项目经理的角色不同于职能部门的经理,一般而言,职能经理专注于对某个职能领域或业务单元的管理和监督。

基于组织结构,多数情况下项目经理可能会和职能经理一起向上一级领导汇报,并从上一级领导层得到指令。为了实现项目目标,项目经理需要与职能经理紧密合作,确保项目管理计划符合所在项目集的整体计划。项目经理还需要与其他角色紧密协作,如客户代表、顾问、集团的职能部门等。

总体来说,项目经理有责任满足以下需求:任务需求、团队需求和个人需求。项目经理是项目的直接管理者,是公司、客户、外部干系人与团队之间的联系纽带。

要想有效管理项目,项目经理应具备以下素质和能力:

1) 良好的道德素质

良好的道德素质包括个人行为的道德品质和对社会的道德责任。项目经理应当对社会的安全、文明、进步和经济发展,承担起应有的道德责任。有些投资项目虽然自身的经济效益较为可观,却有可能是建立在牺牲社会利益的基础上取得的。项目经理应通过自身的努力,使项目对社会的负面影响降到最低。

2) 知识能力

全面的理论知识和专业知识,是成为优秀项目经理的必要条件。项目经理必须具备系统的项目管理理论知识和扎实的专业知识,这样才能在项目建设过程中,自如地领导各方面的工作,化解来自各方面的矛盾,及时解决各类问题,顺利完成项目任务。

3) 管理能力和经验

管理能力是指项目经理把知识和经验有机结合,并运用于项目管理实践的能力。项目管理是一门实践性很强的学科,项目经理应是一个经过大量实践锻炼的管理专家。

4) 个人能力

个人能力是指项目经理指导项目团队平衡项目制约因素、实现项目目标的能力,一般包括如下能力:领导力、团队建设、激励、沟通、影响力、决策能力、政治和文化意识、谈判、建立信任、冲突管理、教练技术。

项目经理是一个项目的核心人物,但他不是独立工作的,具备一定工作能力的核心成员与项目经理共同组成一个项目团队。在大部分的团队中,核心成员应是全职的。

核心成员应具备以下技能:
① 自我管理能力;
② 在没有监督的情况下工作;
③ 良好的沟通技巧;
④ 合作性;
⑤ 技术理解力;
⑥ 不断学习的愿望;
⑦ 项目风险管理知识。

2.5.2 项目经理的主要职责

项目经理在建设项目管理中处于核心地位,起着决定性的作用。其最主要的工作是科学地组织项目、编制项目进度计划并控制,保证项目的顺利开展和实施,实现项目的目标。具体地说,其职责包括:

1) 制定目标

确定团队的目标,并将目标传达给团队的每一个人,让他们认识到他们在实现目标过程中的责任和重要性。

2) 分工组织

把项目目标分解成可执行的工作任务单元,并按照管理职能和专业职能分配到每个具体的负责人。

3) 沟通协调

项目经理应是项目团队与公司、客户和外部干系人进行沟通的信息提供者,并充当他们之间的协调者角色,包括资源、决策、进度等。

4) 绩效考核

项目经理应确立项目人员的考核标准,并有责任在工作的过程中对其进行必要的培训、指导,以确保整体团队的绩效符合公司要求。

对下属进行指导并非一件容易的工作,一方面因为项目时间宝贵,另一方面员工们在接受项目经理分配的工作的同时还可能接受职能经理指派的任务。因此,每当有必要发出指令时,项目经理必须果断和迅速,并给下属一个简单明确的目标,以便下属可以有效地工作。

5) 项目控制

这包括3个步骤的工作:检查、评估、纠偏。

① 检查：通过正式和非正式的现场检查、进度报告、监理月报、项目例会等方式，了解项目的各项工作是否符合进度安排，及时发现各类问题；

② 评估：对出现的问题或偏差进行分析、论证；

③ 纠偏：采取必要的措施进行纠偏，使项目的进展回到预定的正常状态。

2.6 项目团队

项目团队不同于一般的群体或组织，它是为实现项目目标而成立的一种按照团队模式开展项目工作的组织，是项目人力资源的聚集体。按照现代项目管理的观点，项目团队是指"项目的中心管理小组，由一群人集合而成并被看做是一个组，他们共同承担项目目标的责任，兼职或者全职地向项目经理进行汇报"。

2.6.1 高效项目团队的要素

项目团队是项目组织的核心，建设一个和谐、高效的项目管理团队是实现项目目标的根本保障。作为项目经理，在组建项目团队过程中，必须考虑以下因素：

1) 共同的目标

这是团队的基本特点。对一个项目来说，为使项目团队工作有成效，就必须有一个统一明确的共同目标，并且对要实现的目标，每一个团队成员都要有共同的思考。

高效的团队对要达到的目标有清楚的理解，并坚信这一目标包含重大的意义和价值。而且，这种目标的重要性激励着团队成员把个人目标升华到群体目标。在有效的团队中，成员愿意为团队目标做出承诺，清楚地知道他们应该做什么工作，以及他们怎样共同工作并实现目标。

2) 有效的分工与合作

一个团队里面要有明确合理的分工与协作，每个成员都要明确自己的角色、职责以及团队成员之间的相互关系。每一项任务都需要有人负责，责任应具体落实到个人而不是部门，即他（或她）应该对工作的成功和及时完成负责。

项目的角色和职责必须分配给合适的项目参与者，被安排者可能是项目组织的一部分，也可能是项目组织外的一部分。在项目职责安排时，项目团队的工作应与公司内部的职能部门如采购、成本、前期、市场或财务部门有机结合。

工作的分工与项目的范围紧密联系，基于工作分解结构（WBS）建立的项目责任分配矩阵（如表2-3所示）可以比较清晰地对工作任务进行分配。

第 2 章　项目管理的组织

表 2-3　某项目责任分配矩阵

序号	工作内容	项目经理	土建经理	机电经理	商务经理	前期经理	……
一	规划报建						
1	签订土地出让合同	B				A	
2	环评审批		B			A	
3	交评审批		B			A	
4	立项	B				A	
5	建设用地规划许可证	B				A	
6	规划方案复函		B			A	
	……						
二	设计						
	……						
三	采购						
	……						
四	施工						
	……						
五	验收、移交						
	……						

注：表中 A 表示主责，B 表示配合。

3）团队成员相互信任

成员间相互信任是有效团队的显著特征，一个团队的能力大小受到团队内部成员相互信任程度的影响。在一个具有凝聚力的高效团队里，成员之间会相互关心，承认彼此之间存在的差异，信任他人所做的工作，这也是避免冲突的一个主要前提。

4）有效沟通

有效的沟通，能营造团队开放、坦诚的氛围，使得团队在一个友好、和谐的环境中，发挥更高的工作效率，也因此促进团队的高度凝聚力。

项目经理应要求项目成员写项目日志或工作周报，帮助大家培养计划、总结、主动汇报的习惯。同时，工作周报也是一种有效的书面沟通方式。

5）相关的技能

高效的团队是由一群有能力的成员组成的。他们具备实现目标所必需的技术和能力,而且相互之间有良好合作的个人品质,从而能出色完成任务。后者尤为重要,却常常被人们忽视。有精湛技术能力的人并不一定就有处理群体内关系的技巧,而高效团队的成员则往往兼而有之。

6) 内部和外部的支持

要成为高效团队的最后一个必需条件就是它的支持环境。从内部条件来看,团队应拥有一个合理的基础结构。这包括适当的培训、一套易于理解的并用以评估员工总体绩效的测量系统,以及一个起支持作用的人力资源系统。恰当的基础结构应能够支持并强化成员行为以取得高绩效水平。从外部条件来看,管理层应给团队提供完成工作所必需的各种资源。

2.6.2 有效领导项目团队

在项目团队组建过程中,项目经理必须思考的一个问题就是,如何确保项目在团队绩效平稳、良好的状态中运行。这不仅取决于项目经理的经验、能力和品格,匹配的人员数量、各个成员的素质、合适的激励手段等也是需要考虑的因素。

1) 项目人员的数量

项目团队人员的数量,根据不同的企业管理架构、项目组织形式、项目规模等会有所不同。团队人员的数量并不是越多越好,配备合适数量的团队成员可以提高效率、强化凝聚力并节约人力成本。

高效的团队基于成员之间的有效沟通和协作。根据统计学原理,在一个扁平化的组织内,成员之间的沟通次数随着成员数量的增加会以几何级增加,造成的后果就是信息的传递路径过长、次数过多,从而大大降低工作的效率。根据经验,在矩阵式项目管理组织结构中,团队成员的数量控制在 10~12 人比较合适,如图 2-6 所示。

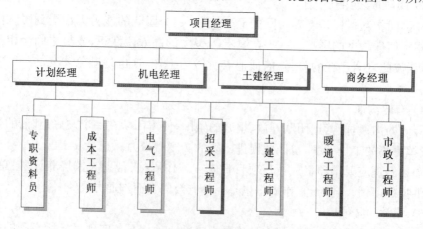

图 2-6 某项目管理组织架构

2）选择合适的项目成员

一个高效的团队不仅需要一个优秀的项目经理，项目团队成员的选择也非常重要。项目经理在组建项目部之后的第一个重要任务就是挑选项目组成员。对于项目组成员来说，虽然精通技术是很重要的，但这不是唯一需要考虑的因素，还必须考虑以下内容：

① 相关的工作经验；
② 对项目目标的理解；
③ 积极性与责任心；
④ 团队合作精神；
⑤ 交流沟通能力。

3）选择合适的激励手段

项目组织是临时性组织，因此，对于项目组成员来说，培训、富有挑战性的工作任务以及允许个体参与决策都是积极的激励手段。另外，给出补偿性的时间能够鞭策项目组成员，使其改进工作表现，它通常作为在超负荷强度下工作了很长时间的回报。

综上所述，团队建设在项目管理中是非常重要的，没有高效的团队就没有高质量的项目。团队建设的关注点或几个习惯说起来都很简单，但要真正做到却很困难。在我们的实际工作中，要达到或实现目标没有任何捷径，只有一步一个脚印，日积月累，通过大家的共同努力，才能构建一个高效能的团队。

第 3 章 项目范围管理

3.1 项目范围的定义

3.1.1 范围管理

工程项目范围管理是指确保项目完成全部规定要做的工作,而且仅仅完成规定要做的工作,从而成功地达到项目目标的管理过程。即在满足工程项目使用功能的条件下,对项目应该包括哪些具体的工作进行定义和控制。项目只有完成项目范围中的全部工作才能结束,因此,一个范围不明确或干系人对项目范围理解不一致的项目是不可能获得成功的。

由于工程项目划分为决策阶段、准备阶段、实施阶段以及竣工验收和总结评价阶段,因此,范围管理在工程项目建设周期各个阶段的内容也有所不同,如表3-1所示。

表 3-1 工程项目建设各阶段的主要工作内容

项目建设阶段	策划阶段	准备阶段	实施阶段	收尾阶段
主要工作内容	投资机会研究	土地取得	项目建设	竣工验收
	可行性研究	拆迁	协调管理	培训移交
	项目决策分析	设计	采购	项目总结
	项目决策	招标采购	阶段验收	项目后评价

3.1.2 范围的定义

工程项目范围定义就是把项目的可交付成果划分为较小的、更易于管理的多个单元,使项目范围具体化、层次化、结构化,从而达到可管理、可控制、可实施的目的,减少项目的风险。这个定义包括如下两层含义:

(1) 全部的——实现该项目目标所进行的"所有工作",任何工作都不能遗漏,否则将会导致项目范围"萎缩"。

第3章　项目范围管理

（2）最少的——完成该项目目标所规定的"必要的、最少量"的工作，不进行此项工作就无法完成最终项目，工作范围不包括那些超出项目可交付成果需求的多余工作，否则将导致项目范围"蔓延"。

通过对项目范围的界定，项目组织就能明确项目所要完成的各项工作了。在项目管理里面，所定义的范围含义比我们最初对范围的理解要广义一些，它不仅仅回答项目完成的是什么，它也要定义打算通过什么样的活动和过程去完成。前者我们称之为产品范围，后者则是工作范围，所以在项目管理里面，"范围"一词包含以下两个方面的内容：

① 产品范围：所交付的产品或服务应该包括什么样的特征和功能。

② 工作范围：为了实现交付的产品或服务所需要完成的工作内容。

事实上，我们在理解一个项目的范围时，产品范围和工作范围往往是交替出现的，有时并不会区分得特别明显。在项目管理知识体系（PMBOK）中，项目范围管理被定义为：用以保证项目包含且只包含所有需要完成的工作，以顺利完成项目所需的所有过程。这个过程确保了项目组和项目干系人对作为项目结果的项目产品以及生产这些产品所用到的过程有一个共同的理解。显然，这个定义包含了各方在产品范围和工作范围上所达成的一致。

3.1.3　范围定义的依据

1）客户需求文件

客户需求文件是定义项目范围最重要的依据。其主要描述拟建项目所具有的性质和规模，建成后必须满足的使用功能，以及项目主要的构成单元。如一个项目的构成单元可能包括办公、住宅、酒店、商业等。一般情况下，客户单位会以《项目范围说明书》的形式定义项目的需求，说明书中应当包括：① 项目的目标；② 项目范围描述；③ 项目的可交付产品描述；④ 产品应达到的标准；⑤ 项目的可预见风险；⑥ 进度里程碑；⑦ 项目的成本目标等。

2）项目约束条件

项目约束条件是指限制项目团队做出决策的各种因素，包括项目内部的制约因素和项目外部的制约因素。例如：进度目标是一种内部约束，项目管理人员必须在约束的时间范围内，决定项目的工作范围、人员安排和计划编制；而国家的政策法规则是来自于项目外部的制约因素。

3）类似项目的经验

借鉴已完成的类似项目的范围定义方面的经验资料，可以避免原来发生的错误、遗漏以及造成的后果。表3-2是一个典型的写字楼项目的建设内容列表，具体到每个项目的建设内容可能不一定相同，项目管理人员可以通过列表的方式对项

业主方的项目管理

目的建设内容进行详细分析，并据此开展后续的计划编制、风险评价以及各种资源的安排等工作。

表 3-2　典型工程项目的建设内容

序号	工程项目名称	工程项目范围说明
一	土建工程	
1	现场准备	现场清理、临水临电接驳、围墙及大门砌筑、临时设施搭建等
2	基坑工程	含拆除、降水、打桩、护坡、土方挖运、基础处理等
3	地下结构	按设计图纸要求：±0以下全部结构工程，内隔墙、砌体、防水、基坑回填
4	地上结构	按设计图纸要求：±0以上全部结构工程，包括钢筋混凝土工程、钢结构工程、内隔墙及砌体工程、墙体保温工程、散水、其他构筑物及设备基础等
5	屋面工程	按设计图纸要求：屋面找平层、保温层、隔汽层、防水层、屋面排水等
6	外装工程	
6.1	幕墙工程	二次深化设计、玻璃幕墙、石材幕墙、入口台阶、外门窗工程等
6.2	其他装饰	外墙涂料、外墙面砖、特殊装饰等
7	内装工程	
7.1	初装工程	地下车库、设备机房（包括保安室、消防控制室、楼宇控制室、物业用房）、自行车库、疏散楼梯间、地下室普通卫生间、物业用房、厨房区域等
7.2	精装工程	大堂、公共走廊、电梯厅、楼梯间前室、办公室、会议室、接待室、多功能厅、餐厅、健身房、乒乓球室、理发室、洗衣房及其他附属用房
8	人防工程	人防门及人防设备安装
9	机电工程	
9.1	给排水工程	给水系统、生活热水系统、空调循环冷却水系统、中水系统、直饮水系统、污水排水系统、雨水排水系统等
9.2	暖通空调工程	采暖系统、空调系统（含冷冻机房）、通风系统、热力站及软化水系统
9.3	动力照明工程	动力配电工程（含低压配电柜后电缆）、室内照明系统（正常照明、事故照明、疏散照明、开关插座及灯具安装等）、柴油发电机房、不间断电源等

第3章 项目范围管理

续表3-2

序号	工程项目名称	工程项目范围说明
9.4	防雷接地工程	
10	变配电工程	由高压电缆起到高压配电柜、变压器及低压配电柜接线
11	电梯工程	客梯、消防梯、货梯、食梯、自动扶梯、步行梯的采购、运输、安装
12	消防工程	
12.1	消火栓水系统	消火栓灭火系统、消防泵房设备(含配电盘及室外水泵接合器)的安装调试
12.2	自动喷淋灭火系统	自动喷淋灭火系统及泵房设备(含配电盘及室外水泵接合器)的安装调试
12.3	气体灭火系统	气体灭火系统的安装和调试
12.4	火灾报警及联动	火灾报警系统设备安装和调试及同火灾报警系统的所有联动设备(含防火阀、排烟阀)的接线和调试
13	室内燃气工程	室内燃气工程的安装、调试
14	弱电工程	保安监控系统、门禁对讲系统、电视系统、电话系统、综合布线系统、背景音乐和应急广播系统、车库管理系统、楼宇自控系统、会议系统、信息发布系统等
15	室外工程	园林绿化、道路、各种市政管线(电力外线、自来水外线、污水管线、雨水管线、通信、有线电视外线、天然气外线、热力外线等)
16	其他专项工程	

4)风险因素

针对项目实施过程中的某些不确定因素进行风险分析,提前预估可能产生的后果,做好应对措施,可以减少或避免未来可能发生的损失。

3.1.4 确定项目范围的意义

确定了项目范围也就定义了项目的边界。由于任何项目的资金都是有限度的,而实现项目的目标必然要耗费项目的资金,因此,通过项目范围的界定过程,确定完成项目所必不可少的工作,以及界定出那些不必要(或无法完成)的工作,是有重要意义的。因为该做的工作不做,就实现不了项目的目的;而不必要的或做不了的工作做了,又浪费资金、人力资源和时间。因此,确定项目范围对项目管理来说有如下意义:

(1) 保证了项目的可管理性。范围定义明确了项目的目标和主要的项目可交付成果,可交付成果又可被分为较小的、更容易管理的组成部分。

(2) 项目的工作边界定义清楚了,项目的具体工作内容就明确了,这就为准确估算时间和资源打下了基础,并提高费用、时间和资源估算的准确性。

(3) 确定在履行合同义务期间对工程进行测量和控制的基准,即划分的独立单元要便于进度测量,目的是及时计算已发生的工程费用和进行进度计划的管控。

(4) 项目范围确定,就是确定项目的具体工作任务,这样有助于清楚地划分责任和分派任务。

恰当的工作范围定义对成功地实施项目非常重要;反之,则可能由于工作内容不清,不可避免地造成变更,导致项目费用超支,延长项目竣工时间,以及降低生产效率,并挫伤工作人员的积极性。

3.2 创建工作分解结构(WBS)

3.2.1 工作分解结构的作用

成功的项目管理有赖于充分的规划,而其中最根本的是要有足够详细的信息来明确定义项目目标。项目工作分解结构(Work Breakdown Structure,WBS)是面向可交付物的项目元素的层次分解,组织并定义了整个项目的范围,为定义工作提供了基础,并与项目目标紧密关联。工作分解结构同时也为保证工作的最后完成确立管理框架。

美国项目管理协会将工作分解结构定义为:项目团队完成的以可交付成果为导向的工作层次分解,用来完成项目目标和创造所需的可交付成果。WBS用来分析和界定整个项目的范围,规划的工作应当包括最低层级的 WBS 组成部分,即可以进行进度计划、成本估算、监管和控制的工作包。

WBS 是项目经理在项目计划中避免遗漏重要工作的最好保障措施,而工作被忽视或遗忘是项目工期延误或失败以及利益相关者不满的主要原因。WBS 包括了项目的任何核心内容,基本上一个项目经理的大部分工作都不同形式地与 WBS 有关。如图 3-1 所示。

WBS 在项目管理中的作用具体包括:

(1) 详细描述项目的可交付成果和范围,并将项目工作分解为不同层次、便于管理的、可定义的工作包,从而为管理层提供适当层次的项目数据,有利于管理层对项目的有效控制。

(2) 为项目管理团队提供一个报告项目状况及进展情况的基础框架。

第3章 项目范围管理

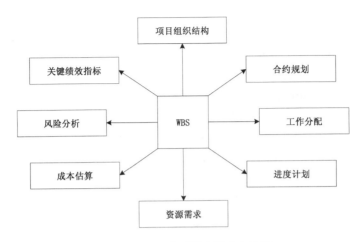

图3-1 WBS在项目中的中心位置

（3）位于工作分解结构最低层次的工作单元叫做工作包，为项目管理工作提供了依据，可以对其进行进度计划、成本估算、质量控制、项目评估、监管和控制等。

（4）有利于进一步明确、细化责任和工作分配，并帮助确定对技术、经验和知识等资源的需求。

（5）便于在整个项目生命周期内项目经理和项目干系人之间的沟通，包括进度、质量、成本、风险、协作关系等。

3.2.2 建立工作分解结构的方法

建立工作分解结构是项目初始阶段不可缺少的一步工作。一旦确定了项目的基本范围，就可以根据现有的项目信息编制最初的工作分解结构，并随着项目的进展以及变更的出现随时更新。编制WBS的依据包括项目策划报告、项目范围说明书、项目规划条件以及组织结构矩阵等。

工作分解结构是一种层次化的树状结构，可以用多种方式表示，如图表、文本、表格等。编制时应注意两点：一是工作分解结构应涵盖项目范围所定义的所有100%的工作；二是应由具体实施项目的人编制，在矩阵制组织结构中即由项目经理负责编制。

WBS一般按如下步骤建立：

（1）确定项目目标，着重于项目产生的产品、服务以及提供给客户的结果。

（2）确认项目所产生的产品、服务或提供给客户的结果，即可交付成果或最终产品。

（3）识别项目中的其他工作领域以确保覆盖100%的工作，描述中间输出或可交付成果。

（4）进一步细分(2)和(3)的每一项，使其形成有顺序的逻辑子项目，直到工作要素的复杂性和成本花费成为可计划和可控制的管理单元(工作包)。

不同的可交付成果会有不同层次的分解，为了达到易于管理的目的，有些可交付成果可能只需分解到第二层次，有些则需要分解到更多层次。

工作分解结构可以满足各级别的项目参与者的需要。工作分解结构可与项目组织结构有机地结合在一起，有助于项目经理根据各个项目单元的技术要求，赋予项目各部门和各职员相应的职责。同时，项目计划人员可以对 WBS 中的各个单元进行编码，以满足项目控制的各种要求。

对于大型工程项目，由于工作内容比较多，其工作分解结构通常可以分为六级。一级为工程项目，二级为单项工程，三级为单位工程，四级为分部分项工程，五级为工作包，六级为作业或工序。

一般情况下，作为业主方的项目管理只需完成前三级的工作分解，更低级别的分解则由承包商完成并用于对承包商的施工进度进行控制。工作分解结构中的每一级都有其重要目的：第一级一般用于授权，第二级用于编制项目预算，第三级用于编制里程碑事件进度计划。

为了便于指导具体的工作，可在 WBS 最后一列加上"责任人"一项，以明确具体工作任务的责任归属。其中，一级项目可按房地产开发的顺序分为前期报建、设计、招标采购、施工、验收等进行列项。以表格式结构为例，某开发项目所做的WBS 参见附录 A。

以前类似项目的工作分解结构经常可以作为参照用于一个新项目。尽管每个项目都是唯一的，但是 WBS 模板却可以重复使用，因为大部分项目具有某些共性，这些共性使一个项目在一定程度上类似于另一个项目，对同一类项目，则更是如此。

3.2.3　团队成员的参与

编制 WBS 应该有团队成员的参与，这样做的好处是：第一，团队成员对项目具体工作很了解。他们很清楚完成可交付成果实际上都包含什么，以及如何将任务分解为可以完成的工作包。第二，如果团队成员能够参与到 WBS 的编制中，他们就会对项目的具体内容和工作任务间的相互关系有系统的认识。第三，参与使成员对项目产生共识。第四，共同编制 WBS 能够尽早发现问题和工作之间的冲突，并能够尽早解决。

WBS 是成功实施项目的重要工具。很多项目没能按要求的费用、进度和质量完成，都可以直接归因为项目的 WBS 不够完善。没有高质量的 WBS，项目将

第3章 项目范围管理

很难成功。相反,编制并应用一个高质量的 WBS 将极大地增加项目成功的机会。

3.2.4 WBS 的调整

WBS 应随着项目的进展而不断更新、调整,以确保其实时性。WBS 的调整一般有以下几个原因:

1) 为了减轻或规避项目风险,可能会增加或减少一些活动。

2) 如果项目的成本估算或进度计划不能被公司高层或客户接受,需要更改 WBS。

3) 在实施过程中,发现原有 WBS 不能满足客户的全部需求,则需要修改项目范围以满足客户对可交付成果的要求。

3.3 项目启动会

项目启动会是公司对项目的决策和判断,是项目正式开始的标志。

3.3.1 启动会的准备

在启动会召开之前,公司应对以下关键问题予以解决或有相应的应对方案,否则,项目将面临很大的不确定性。

1) 项目目标
- 项目的具体目标是什么(确定的,而不是笼统的)
- 这些目标是否可以量化(可以度量的、可以验证的)
- 这些目标是否现实可行(现实的、可以达到的)

2) 所需资源
- 项目领导、项目经理、团队是否有合适人选
- 项目所需要的技术条件支持是否具备
- 项目所需的资金是否能得到满足

3) 主要里程碑
- 有哪些主要的里程碑或中期成果
- 一些关键性的目标必须何时实现
- 项目必须在何时完成

4) 关键问题(风险)
- 利益相关方关心的问题是什么
- 项目有哪些限制条件、制约因素

- 是否存在完成时间、资源配备、资金使用上的冲突

3.3.2 启动会的召开

项目启动会的召开应达到如下目的：
(1) 明确项目的成功标准；
(2) 明确项目应达成的具体指标；
(3) 对问题的解决方案达成共识；
(4) 给出承诺；
(5) 明确组织分工及职责。

项目启动会同时也是项目开发过程的一次演练，在过程中可以发现问题、预测未来。根据标杆房企的做法，项目启动会应在土地获取后一个月内召开，会议内容一般包括：

1) 参会人员
集团：总经理、运营副总、设计总监、成本总监、工程总监
公司：总经理、工程副总、设计经理、成本经理、前期经理
项目：项目经理

2) 会议主持：工程总监

3) 汇报人：项目经理

4) 主要议题
- 项目概况
- 产品定位
- 设计方案
- 全周期计划安排
- 合约规划
- 项目部组织架构
- 成本指标及初步经济测算
- 项目难点分析及应对措施

项目启动会的一个主要结论就是确定项目的目标，包括进度、质量、成本、安全和功能等。明确的目标是项目部与公司及职能部门之间共同协作的基础，也是共同的责任。

不同企业的发展战略、组织架构、产品类型各不相同，其项目启动会的内容也会有所区别。但无论如何，每个企业对项目目标和投资回报的要求应该都是必不可少的。

启动会的汇报文件格式参见附录 B。

第4章 项目进度管理

项目进度管理是指在项目实施过程中,对各阶段的进展程度和项目最终完成期限所进行的管理。项目进度管理指在规定的时间内,拟订出合理且经济的进度计划(包括多级管理的子计划),在执行该计划的过程中,检查实际进度是否按计划要求进行,若出现偏差,要及时找出原因,采取必要的补救措施或调整、修改原计划,在与安全、质量、费用等目标协调的基础上,实现项目的总体目标。

4.1 项目进度计划的编制

进度计划是对工作和行动的事先安排,是基于对现实的认识和未来的估计。计划的实质就是充分地分析现有的和未来的条件,妥善地安排资源,利用一切可以利用的机会,尽可能地将风险减至最小。

项目进度计划由项目计划工程师负责编制。计划的编制包括工作定义、工作顺序安排、工作时间估算、编制进度计划等几个步骤。

4.1.1 工作定义

工作定义,就是对工作分解结构(WBS)中规定的可交付成果所产生的具体工作(活动、作业或工序)进行定义,并形成相应的文件,包括:工作清单和工作分解结构的更新。

1) 工作定义的依据

① 工作分解结构(WBS)

工作分解结构(WBS)是工作定义的基本依据,它包含了项目范围中所有的工作。由于WBS是从粗到细,分层划分的树状结构,因此根据WBS可以列出不同粗细程度的工作清单。

② 项目范围说明书

项目范围说明书中有关项目的范围界面、项目的最终交付成果、项目的要求、项目的结束时间等的描述,都是工作定义期间必须明确考虑的。

③ 历史资料

尽管项目具有一次性和独特性的特点,即不存在两个完全一样的项目,但不同项目的 WBS 在某些部分可能很相似,工作内容也很相似,尤其是属性相同的建设项目。因此,工作定义时参考类似项目的历史资料,可以起到事半功倍的效果。

④ 制约因素

工作定义时必须考虑项目的制约因素,包括:阶段性工期的特殊要求、资源和成本方面的限制、特殊的项目环境、复杂的管理流程等等。

2) 工作定义的方法

① 分解

所谓分解,就是将项目工作组合进一步分解为更小、更易于管理的具体工作,作为制订工作计划的组成部分。工作定义确定的最终成果是计划进行的工作,而不是可交付成果。这与工作分解结构(WBS)的结果不同,WBS 的结果是可交付成果(有形的物品)。

② 模板

类似项目的工作清单或部分清单可以作为一个新项目的工作清单模板,利用模板,可以大大加快工作分解的进程。

3) 工作定义的成果

工作定义的成果是一份工作清单、详细依据和修正的工作分解结构。

① 工作清单

工作清单必须包括项目中将要进行的所有工作,以确保其完整性。与工作分解结构类似,工作清单应该包括对每项工作的说明,这样才能使项目团队成员知道如何完成该项工作。

② 详细依据

工作清单的详细依据应该包括所有确定的假定和约束条件的文档。

③ 修正的工作分解结构

在利用工作分解结构确定必须进行的具体工作时,可能会发现需要增加或细化某一项工作,从而形成新的工作分解结构。

4.1.2 工作顺序安排

为了进一步编制切实可行的进度计划,首先必须对工作进行准确的顺序安排。

1) 工作顺序安排的依据和考虑因素

工作清单、工作成果的说明文件、各项工作之间的逻辑关系、其他约束条件及假设等都是工作顺序安排的依据,另外,还应对建设项目的开发程序和组织的业务流程进行了解。

工作顺序安排应考虑的因素包括:

① 以提高经济效益为目标,选择所需费用最少的排序方案。
② 以缩短工期为目标,选择能有效节省工期的排序方案。
③ 优先安排重点工作,如持续时间长、技术复杂、难度大的工作。
④ 考虑资源利用和供应之间的平衡、均衡,合理利用资源。
⑤ 技术因素。技术因素又称工艺因素,是按施工工艺关系确定的顺序关系,如钢筋混凝土工程的施工顺序一般是:绑扎钢筋→支模板→浇筑混凝土。
⑥ 组织因素。组织因素是按施工过程中为满足各种资源条件的组织和安排需要而建立的顺序关系,如流水施工的各工种及施工段的前后搭接关系,为安排大型施工设备进场作业而安排的顺序关系等。
⑦ 工期目标。不同的施工顺序将导致不同的工期,而项目的总工期是公司对项目的指标要求之一,是必须满足的约束条件,因而,制定项目施工顺序时,应考虑工期目标的因素。
⑧ 应考虑项目地点的环境和气候对排序的影响。

2) 工作顺序安排的方法

工作顺序安排的方法很多,常用的有双代号绘图法、单代号绘图法和双代号时标网络图法。

3) 工作顺序安排的成果

① 项目网络图

项目网络图就是以图的形式揭示项目工作的逻辑关系。该图可以包括项目的全部工作细节,也可以只有一个或多个概括性的工作。网络图中应附有简要的文字,对一些特殊的顺序应进行详细说明。

② 进一步修正的工作清单

大多数情况下,修正方法是把原来的一项工作分解成多项工作,目的是画出正确的顺序关系。

4.1.3 工作时间估算

工作时间估算就是估计完成每一项工作可能需要的时间。由于事先无法确定未来项目实际进行时将处于何种环境,所以对工作时间只能进行近似估算。

估算的工作时间应尽可能地接近现实,便于项目的正常实施。为了达到这个目的,无论采用何种估算方法,都应当考虑对未来的实际环境产生影响的因素和条件,包括:工作清单、约束和假设条件、组织可能提供的各种资源配备、已识别的项目风险等。

工作时间估算的方法有类比估算、定额估算、经验估算和专家判断估算、三时估算等方法,其中的三时估算法是经常被采用的方法,公式如下:

某工作的持续时间＝(最乐观时间＋4×最可能时间＋最保守时间)/6。

4.1.4 编制进度计划

编制项目进度计划就是确定项目工作的开始和结束时间,其主要目的是控制和节约项目的时间,保证项目在规定的时间内完成。

进度计划的表示方法主要有横道图法、时标网络图法、进度曲线法、表格法等,房地产企业一般多采用表格法和横道图法。无论采用何种方法编制的进度计划,都应当包含以下基本内容：

1) 执行的主体

对每项工作任务的责任主体进行明确,可以是个人或职能部门。

2) 时间的要求

包括任务的开始时间、完成时间、持续时间,其中,开始时间和持续时间可根据不同计划的需要明确,任务的完成时间在任何一个计划中都必须列明。

3) 优先排序

列出任务的优先顺序,使计划执行者了解什么事情是主要的,如用"A、B、C"分别表示"非常重要、重要、普通"三个不同的优先级别。

4) 任务编号

可根据需要或企业的标准化管理水平,为每一项任务分派一个编码,用以简化沟通。

5) 备注或说明

用简单的文字对完成任务的前置条件、任务的输出成果、协作部门的工作要求或重要事项的提示等进行描述。

4.2 项目进度计划管理体系

房地产企业是典型的项目驱动型组织,企业的开发经营是以项目作为基本单元的,企业的收益来源于项目的完成,企业的成功也依赖于项目的成功。随着企业开发项目的增多、规模的不断扩张,管理的难度与日俱增。如何解决由此带来的管理效率的下降？如何在全国化布局、跨地域多项目开发下,仍能保证开发过程的有序运作？品牌房地产企业成功的经验告诉我们,必须建立一套完善、有效的进度计划管理体系。

根据管理幅度和专业上的不同,应建立包括项目进度关键节点计划、项目进度总控计划和项目全周期开发计划三个级别的计划管控体系,分别对应于集团、公司和项目三个层面的管控需求,并以此界定各自的管理职责。这些计划与公司的战

第4章 项目进度管理

略规划、公司年度计划、销售计划等,构成了一个完整的计划体系,它们之间的关系如图4-1所示。

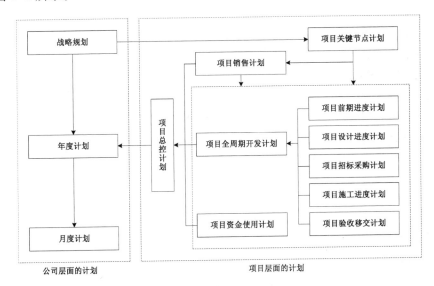

图 4-1 项目计划体系图

计划体系的清晰与否,反映了一个企业标准化管理水平的高低,更是项目团队管好项目的有效工具,各级计划的作用包括:

(1) 分清工作任务的责任主体;
(2) 界定工作任务的开始时间、完成时间;
(3) 理清工作任务的逻辑关系;
(4) 规定工作任务的合理工期;
(5) 开展工作任务的目标指引;
(6) 明确工作任务的完成标准。

4.2.1 项目进度关键节点计划

关键节点计划是指能体现项目阶段性进展的标志性时间点,通常是由集团统一定义的需要在集团层面重点关注的里程碑事件。不同的企业对关键节点的规定不同,有的管得多,有的管得少,总的来讲一般有20～30项左右。

关键节点的设置一般包括下述时间点:
1) 规划报建的时间节点

项目开发过程中,涉及大量的证件办理工作。这部分工作受政府职能部门的控制,在时间上不易把握,如国土使用权证、建设用地规划许可证、工程规划许可证、施工许可证、预售许可证等等。而且,许多项目迫于资金、工期等的压力,在实际操作中往往出现"三边工程"的情况,为避免因违法违规被处罚,过程中一般都需要公司高层参与政府部门的关系协调工作。

在项目的层面,需要提前做好各项证件办理的准备工作,包括资料、图纸等,并在设置关键计划节点时留出相应的余量,以消化由于政府部门拖延、报送资料反复等不可预见因素造成的时间滞后。

2) 建设工程的重要节点

工程的重要建设节点往往意味着资金的支付、销售的回款等与投资回报相关的时间,因此,设置相应的把控节点是非常必要的。这些节点包括:项目开工、结构出±0.00、结构封顶、竣工验收等。这些节点一旦设置,没有特殊情况是不能调整的。

3) 影响项目现金流的节点

影响项目现金流的节点包括产品定位、方案设计、建设开工、结构封顶、预售许可、项目交付等。这些节点是财务部门进行收入预测、现金流预测的时间基础,更是公司年度经营目标能否完成的前提保障。

通过分析不同企业对关键节点的不同规定,我们可以知道,关键节点计划大体可以分为三种类型:一种是以龙湖为代表的营销导向型关键节点,突出其营销导向的管控文化;一种是以碧桂园为代表的进度导向型关键节点,体现了其快速开发的管控理念;一种是以万科为代表的综合型关键节点,这种综合型的关键节点既重视营销,又重视进度。

典型的项目关键节点计划如表 4-1 所示。

表 4-1 项目进度关键节点计划

任务编号	序号	关键节点任务名称	优先等级	开始时间	完成时间	责任人	备注
	1	土地获取	A				
	2	立项批复	A				
	3	建设用地规划许可证	A				
	4	国有土地使用证	A				
	5	规划方案复函	A				
	6	产品定位	A				
	7	方案设计	A				
	8	施工图	A				

续表 4-1

任务编号	序号	关键节点任务名称	优先等级	开始时间	完成时间	责任人	备注
	9	总包招标	A				
	10	售楼处	A				
	11	样板示范区	A				
	12	预售证	A				
	13	建筑工程规划许可证	A				
	14	施工许可证	A				
	15	地下结构工程(结构出±0.00)	A				
	16	地上主体结构工程(结构封顶)	A				
	17	外装修工程	A				
	18	内装修工程	A				
	19	机电安装工程	A				
	20	市政工程	A				
	21	园林工程	A				
	22	取得竣工备案表	A				
	23	交付使用	A				

集团管控的关键节点计划有助于实现集团与项目公司对计划的分层级管理，有助于明确项目进度计划管控的重点，并能够统一对集团内的各项目公司计划达成情况进行考核的评判标准。经项目启动会批准的《项目进度关键节点计划》是项目的指导性、纲领性计划，具有全周期的指导性作用，没有特殊原因不得修改。

4.2.2 项目进度总控计划

总控计划的节点设置更加细致并且涵盖了关键节点计划中的时间点，为了清晰界定项目的阶段性进度节点，以完成其相对应的公司经营指标，总控计划应随着项目的进展，不断调整以符合事实。

项目进度总控计划中由项目全周期开发计划、项目销售计划和项目资金使用计划三部分组成。资金计划、销售计划由职能部门编制，开发计划由项目部编制。

项目的总控计划是项目团队完成项目的主要管理工具，通过在计划中明确职责分工、工作界面、时间要求、工序穿插等内容，使各专业以进度目标为统一方向开展工作。总控计划的执行、调整、监控由项目经理负责。

总控计划里面除应包含关键节点计划中的时间节点外，还应包括以下内容：

1）项目取证

向政府报批报建、验收等工作往往是不可控的工作，此部分内容应在计划中体现，以引起部门、公司领导的关注，并提前预估存在的时间风险。

2）项目难点

项目难点是指开发过程中专业能力比较弱的工作，如拆迁、新技术应用、特殊项目地段处理等。

3）多部门协作的工作

涉及集团、公司等职能部门审核、决策的事项往往是推进工作的决定性因素，如方案审定、成本指标的确认、招标采购等。

4）与费用相关的工作

资金计划的落实与否与项目的进展直接相关，工程建设过程中，往往因款项的未及时支付而导致订货、施工等进度的延误，这里面有审批流程复杂、冗长的原因，有资金计划没有与工程进度相匹配的原因，因此，总控计划中应包括所有与资金支付有关的节点，如土方完成、地下结构完成、结构封顶、脚手架拆除、外墙封闭等。

4.2.3 项目全周期开发计划

《项目全周期开发进度计划》按工作阶段并考虑专业职能的划分，有5个组成部分，分别是项目前期、设计、招采、施工、验收交付等专项工作计划。它们是指导具体工作实施，并协调各部门按目标要求推进项目进展的操作型计划，计划编制过程中项目部应与职能部门进行充分的沟通、讨论，以免疏漏。

1）项目前期计划的主要节点

包括土地中标、土地出让合同签订、立项、建设用地规划许可证、规划方案复函、取得土地证、工程规划许可证、年度投资计划、施工许可证等，如表4-2所示。

表4-2 项目前期专项进度计划

任务编号	任务名称	优先等级	开始时间	完成时间	责任人	备注
1	项目拓展及前期工作					
1.1	获取项目信息					
1.1.1	经营管理部门向公司提供意向项目信息	C				

第4章 项目进度管理

续表 4-2

任务编号	任务名称	优先等级	开始时间	完成时间	责任人	备注
1.1.2	新区域项目信息获取	C				
1.2	土地阶段投资分析	C				
1.3	投资评审会	B				投资评审报告
1.4	集团董事会审核	A				
1.5	土地获取	A				土地成交确认书
1.6	土地出让合同(包括勘界、地形测绘等)					
1.6.1	完成拆迁	B				
1.6.2	土地出让合同签订	B				土地出让合同
1.7	经营部门向项目部移交项目资料	C				
1.8	项目启动会	A				启动会汇报稿
1.9	项目立项					
1.9.1	交评、环评、节能	B				
1.9.2	编制可行性研究报告	B				
1.9.3	办理项目立项	A				立项批复文件
1.10	办理建设用地规划许可证	A				
1.11	办理国土使用权证土地证	A				
1.12	规划方案复函	A				
1.13	人防咨询、审批	B				
1.14	园林方案审批	B				
1.15	办理工程规划许可证	A				
1.16	办理年度投资计划	C				
1.17	人防审图	B				
1.18	消防建审	B				
1.19	施工图强审	B				
1.20	办理施工许可证	A				

2) 设计计划的主要节点

概念性设计方案、方案设计、初步设计、报批报建图(人防、消防、园林等)、招标图、建筑施工图、幕墙施工图、园林施工图、精装修施工图等的完成和提交时间,如表4-3所示。

表4-3 项目设计专项进度计划

任务编号	任务名称	优先等级	开始时间	完成时间	责任人	备注
2	设计工作					
2.1	修建性详细规划设计					
2.1.1	签订设计总包合同	C				合同文件
2.1.2	编制规划设计任务书、方案设计任务书	C				任务书
2.1.3	修建性详细规划设计征询政府相关部门意见	B				意见书
2.1.4	取得规划审查意见通知书	A				通知书
2.2	土地开发业态规划	C				
2.3	召开设计启动会议	C				会议纪要
2.4	概念方案设计					
2.4.1	确认总平面设计方案	B				
2.4.2	确认单体平面、功能配置方案	B				
2.4.3	确认各专业技术方案	B				
2.5	确认建筑立面(含幕墙)方案设计	A				方案评审会纪要
2.6	项目精装方案设计					
2.6.1	确认内装平面、空间划分方案设计	B				
2.6.2	确认样板间方案设计	B				审批文件
2.6.3	确认内装效果方案设计	B				
2.6.4	确认夜景照明方案设计	B				

第4章 项目进度管理

续表 4-3

任务编号	任务名称	优先等级	开始时间	完成时间	责任人	备注
2.6.5	重要部品设计样板选型	B				
2.7	项目园林方案设计					
2.7.1	确认园林概念方案设计	B				
2.7.2	确认园林方案设计	B				
2.8	审核项目地质详细勘察报告	C				
2.9	编制建筑设计任务书	C				
2.10	组织初步设计审批	C				
2.11	组织施工图审核并下发	C				
2.12	精装施工图下发	C				
2.13	园林景观施工图下发	C				
2.14	二次深化设计					
2.14.1	幕墙施工图设计审核	B				
2.14.2	消防控制设计审核	B				
2.14.3	智能化设计审核	B				
2.14.4	电力设计审核	B				
2.14.5	燃气设计审核	B				
2.14.6	上水设计审核	B				
2.14.7	雨、污水设计审核	B				
2.14.8	热力设计审核	B				
2.14.9	电信设计审核	B				
2.14.10	市政中水设计审核	B				
2.14.11	有线电视系统设计审核	B				

3) 招采计划的主要节点

设计、咨询服务(招标代理、造价咨询、监理等)、报批报建、顾问咨询、施工(土方、总包、幕墙、消防、弱电等)、材料设备等的招标采购时间节点,如表 4-4 所示。

业主方的项目管理

表 4-4 项目招标采购专项进度计划

任务编号	任务名称	优先等级	开始时间	完成时间	责任人	备注
3	招标采购					
3.1	监理单位招标	A				
3.2	造价咨询单位招标	C				
3.3	总包单位招标	A				
3.3.1	外幕墙工程（门窗）	B				总包招标
3.3.2	精装修工程	B				总包招标
3.3.3	园林招标	B				总包招标
	其他建安施工类招标					均为总包招标
3.3.4	市政公用工程施工承包	B				
3.3.5	弱电工程（广播、综合布线、保安监控等）	B				
3.3.6	钢结构加工及安装工程	B				
3.3.7	电梯供应及安装工程	B				
3.3.8	夜景、庭院照明工程	B				
3.3.9	VRV多联体空调系统供应及安装工程	B				
3.3.10	冰蓄冷供应及安装工程	B				
3.3.11	厨房设备供货及安装	B				
3.3.12	洗衣房设备供货及安装	C				
3.3.13	实木门窗供应及安装工程	B				
3.3.14	户内橱柜供应及安装工程	C				
3.3.15	锅炉房设备供应及安装工程	C				
3.3.16	柴油发电机供应及安装工程	B				
3.3.17	AV系统供应及安装工程	C				
3.3.18	灯光场景控制系统供应及安装工程	C				
	材料设备类招标					均为总包招标

第4章 项目进度管理

续表 4-4

任务编号	任务名称	优先等级	开始时间	完成时间	责任人	备注
3.3.19	高低压配电柜供应	A				
3.3.20	潜水排污泵供应	C				
3.3.21	给水变频设备供应	C				
3.3.22	冷却塔供应	B				
3.3.23	空调泵供应	B				
3.3.24	空调机组、新风机组、风机盘管、加湿器供应	A				
3.3.25	风冷冷水机组供应	B				
3.3.26	冷水机组供应	A				
3.3.27	风机供应	B				
3.3.28	锅炉供应	B				
3.3.29	消火栓泵、自动喷淋泵、消火栓系统及自动喷淋系统稳压装置供应	B				
3.3.30	旋转门供应	A				
3.3.31	石材供应	A				
3.3.32	墙地砖供应	C				
3.3.33	洁具供应	C				
3.3.34	开关插座供应	C				
3.3.35	建筑灯具供应	C				
3.3.36	装饰灯具供应	C				
3.3.37	静电地板供应	B				
3.3.38	装饰木门供应	B				
3.3.39	地板供应	C				
3.3.40	门锁管理系统供应	C				
3.3.41	标志标牌供应	C				
3.3.42	地毯供应	C				

4) 施工计划的主要节点

临建搭设、打桩、土方护坡、地下结构(出±0.00)、结构封顶、幕墙封闭(含外装)、初装修工程、机电安装、精装工程、市政工程、园林工程等,如表 4-5 所示。

表 4-5　项目施工专项进度计划

任务编号	任务名称	优先等级	开始时间	完成时间	责任人	备注
4	施工阶段					
4.1	建设准备					
4.1.1	委托测绘院钉桩测量、交成果、确定红线	B				总包进场前完成
4.1.2	接收并委托照管场地、现场零星临建					
4.1.2.1	场地接收手续办理	B				
4.1.2.2	委托并签订场地安全照管协议	B				
4.1.3	勘察设计	A				
4.1.4	监理单位进场	B				
4.1.5	施工单位进场	B				场地移交、项目首次会等
4.1.6	施工用地"三通一平"	B				施工水源、电源、道路、场地平整
4.1.7	场地围挡	B				
4.2	建筑工程规划许可证办理	A				
4.3	施工许可证办理	A				
4.4	开工时间	A				总监签发的开工令
4.5	土方护坡工程	B				
4.6	验槽	B				
4.7	地下结构施工	B				
4.8	结构出±0.00	A				
4.9	地上结构施工					
4.9.1	非标准层施工	B				

第4章 项目进度管理

续表 4-5

任务编号	任务名称	优先等级	开始时间	完成时间	责任人	备注
4.9.2	标准层施工	C				
4.9.3	钢结构工程	C				
4.9.3.1	钢结构工程					
4.9.3.2	屋面钢结构					
4.10	结构封顶	A				
4.11	屋面工程	C				
4.12	外装修施工					
4.12.1	样板确认	A				
4.12.2	施工方案报审	C				
4.12.3	幕墙(门窗)的三性试验	B				
4.12.4	外装施工	C				
4.12.5	淋水试验	B				
4.12.6	外装验收	A				
4.13	二次结构					
4.13.1	砌筑隔墙	C				
4.13.2	轻质隔墙安装	C				
4.14	初装修					
4.14.1	地下室装修					
4.14.1.1	人防层	C				
4.14.1.2	设备层	C				
4.14.1.3	管理用房	C				
4.14.1.4	车库	C				
4.14.1.5	设备用房	B				
4.14.1.6	消防水池	B				
4.14.2	地上公共部分,设备间装修					
4.14.2.1	楼梯间及楼梯前室	B				

续表 4-5

任务编号	任务名称	优先等级	开始时间	完成时间	责任人	备注
4.14.2.2	公共卫生间	B				
4.14.2.3	储藏间	C				
4.14.2.4	电梯厅	B				
4.14.2.5	管道竖井	C				
4.14.2.6	设备用房	C				
4.14.3	门窗安装					
4.14.3.1	防火门安装	B				
4.14.3.2	卷帘门安装调试	B				
4.14.3.3	管道竖井门	C				
4.14.3.4	房门安装	C				
4.15	精装修施工					
4.15.1	首层大堂装修施工	A				
4.15.2	标准层装修施工	B				
4.15.3	会议室装修施工	B				
4.15.4	办公区域装修施工	B				
4.15.5	员工餐厅设计及施工	B				
4.15.6	室内园林景观装修施工	B				
4.16	机电安装					
4.16.1	随土建结构内的预留预埋	B				
4.16.1.1	电气预留预埋					
4.16.1.2	暖通及给排水预留预埋					
4.16.2	给排水工程	B				
4.16.2.1	生活给水					
4.16.2.2	生活排水					
4.16.2.3	消防给水					
4.16.2.4	设备安装					

续表 4-5

任务编号	任务名称	优先等级	开始时间	完成时间	责任人	备注
4.16.3	电气系统工程	B				
4.16.3.1	配管配线					
4.16.3.2	桥架、线槽安装					
4.16.3.3	电缆、母线敷设					
4.16.3.4	照明器具安装					
4.16.3.5	配电箱柜					
4.16.3.6	防雷接地					
4.16.3.7	变配电室安装					
4.16.3.8	等电位连接安装					
4.16.3.9	柴油发电机安装					
4.16.3.10	备用及不间断电源安装					
4.16.3.11	电气设备试验调整					
4.16.4	弱电系统安装	A				
4.16.4.1	施工图的二次深化设计					
4.16.4.2	卫星及有线电视安装					
4.16.4.3	综合布线安装					
4.16.4.4	巡更系统安装					
4.16.4.5	车库管理系统					
4.16.4.6	门禁安装					
4.16.4.7	楼宇自控安装					
4.16.4.8	电信覆盖安装					
4.16.4.9	火灾自动报警安装					
4.16.4.10	保安监控安装					
4.16.4.11	智能化集成					
4.16.4.11.1	建立系统通讯协议					
4.16.4.11.2	给水系统集成					

续表 4-5

任务编号	任务名称	优先等级	开始时间	完成时间	责任人	备注
4.16.4.11.3	中水系统集成					
4.16.4.11.4	空调系统集成					
4.16.4.11.5	景观照明系统集成					
4.16.4.11.6	消防报警及联动系统集成					
4.16.4.11.7	电梯系统集成					
4.16.4.11.8	变配电系统集成					
4.16.4.11.9	锅炉房系统集成					
4.16.4.11.10	热力站系统集成					
4.16.4.11.11	冷冻机房系统集成					
4.16.5	地下交通画线	C				
4.16.6	电话交换机系统安装	B				
4.16.7	中水处理系统安装	C				
4.16.8	软化水处理系统安装	C				
4.16.9	直饮水处理系统安装	C				
4.16.10	风冷机组系统安装	B				
4.16.11	电伴热、融雪系统安装	C				
4.16.12	锅炉房及管路系统安装	B				
4.16.13	制冷站系统安装	B				
4.16.14	电梯安装	B				
4.16.15	暖通及空调工程	B				
4.16.15.1	送排风管道					
4.16.15.2	送排风机					
4.16.15.3	空调机组					
4.16.15.4	风机盘管安装					
4.16.15.5	冷却塔设备安装					
4.16.16	擦窗机设备安装	C				

第4章 项目进度管理

续表 4-5

任务编号	任务名称	优先等级	开始时间	完成时间	责任人	备注
4.16.17	喷泉及水景系统施工	C				
4.16.18	热力站工程	A				
4.16.19	天然气系统工程	B				
4.16.20	设备单体调试及联合调试	A				
4.16.20.1	设备单体调试					
4.16.20.2	系统调试					
4.16.20.3	联合调试					
4.16.20.4	整体验收					
4.17	小市政配套工程	A				
4.17.1	自来水工程					
4.17.2	雨水工程					
4.17.3	污水工程					
4.17.4	热力系统工程					
4.17.5	燃气工程					
4.17.6	电力工程					
4.17.7	电信工程					
4.17.8	有线电视工程					
4.18	园林、道路及景观工程					
4.18.1	土壤测试					
4.18.2	景观施工图交底					
4.18.3	进场施工准备					
4.18.4	场平					
4.18.5	效果调整					
4.18.6	室外照明及灯光					
4.18.7	标示标牌安装					
4.19	大市政配套工程	A				

续表 4-5

任务编号	任务名称	优先等级	开始时间	完成时间	责任人	备注
4.19.1	自来水工程					
4.19.2	雨水工程					
4.19.3	污水工程					
4.19.4	热力工程					
4.19.5	燃气工程					
4.19.6	电力工程					
4.19.7	电信工程					
4.19.8	道路工程					
4.19.9	园林绿化工程					

5）验收交付的主要节点

防雷验收、水压检测、配电工程验收、消防验收、竣工验收、环保验收、规划验收、市政验收、环卫验收、绿化验收、档案验收、竣工备案、建设用地复核验收、办理土地证审批、办理房产证审批等，如表 4-6 所示。

表 4-6　项目验收专项进度计划

任务编号	任务名称	优先等级	开始时间	完成时间	责任人	备注
5	验收移交	A				
5.1	工程验收					
5.1.1	基础验收					
5.1.2	±0.00 以下结构验收					
5.1.3	地上结构验收					
5.1.4	防雷验收					
5.1.5	热力站验收（验收合格意见书）					
5.1.6	电梯验收（验收合格意见书）					
5.1.7	人防验收（验收合格意见书）					
5.1.8	消防验收					

续表 4-6

任务编号	任务名称	优先等级	开始时间	完成时间	责任人	备注
5.1.9	规划验收					
5.1.10	办理申请门牌号批复手续					
5.1.11	环保验收					
5.1.12	卫生防疫验收					
5.1.13	竣工验收					
5.2	竣工备案					
5.3	公司内部联合验收					
5.4	向用户(或物业)交楼					
5.5	项目后评估					

上述计划节点应包含关键工作线路上的节点,并符合关联工作的逻辑关系。

专项工作计划经讨论、调整、汇总后形成的《项目全周期开发进度计划》,涵盖了项目开发的全过程工作节点,是公司计划管理部门进行信息收集和协调资源的基础。

4.2.4 现场施工计划体系

结合项目现场的具体情况,应建立由总承包单位负责,项目各方共同参与编制和执行的施工计划体系,施工计划体系一般可分为三级。

1) 一级计划

由项目部编制完成的《项目进度全周期开发计划》,内容涵盖项目开发建设整个过程所有影响进度的工作,此计划经由公司职能部门、监理、设计及施工总承包四方共同确认后,作为项目现场实施的总体控制性、指导性计划,即一级计划。

2) 二级计划

二级计划是由各专业分包依据一级计划编制,总承包汇总,业主、监理核定的专业工程施工网络计划(仅限一级分包),主要目的为划分流水、协调专业内施工内容与顺序。此计划可作为现场协调施工进度、安排资源配置、进行分项验收的依据。

3) 三级计划

三级计划即由施工总承包汇总各分包人提报的二级计划,并进而编制涵盖各专业施工内容的短周期施工计划,即《月度工程综合计划》《工程进度周计划》,突出专业施工间的施工流动安排及对施工场地的占用。

三级计划要求总包单位汇总,每周、月上报监理公司和业主。监理和业主据此对现场进度进行把控。

4.3 项目进度控制

任何考虑周全的计划都不可能全部预见到实施过程中发生的一切问题,而建设项目是在动态条件下进行的,因此,进度计划的控制必定是一个动态的过程。这个过程包括对进度计划的跟踪、检查和调整,通过对进度计划进行监控,对出现的偏差采取针对性措施,纠正偏差、消除原因,使建设项目的实施能在一个动态变化的过程中实现预定的进度目标。

4.3.1 项目进度的影响因素分析

项目进度管理的影响因素众多而复杂,这些因素可归纳为人的因素、材料因素、技术因素、资金因素、工程水文地质因素、气象因素、环境因素、社会环境因素以及其他难以预料的因素。这其中,项目参建各方的影响因素即人的因素是最主要的也是最根本的因素。

1) 业主方的因素

① 提供勘察资料不准确,特别是地质资料错误或遗漏而引起的未能预料的技术障碍;

② 提供的控制性坐标点、高程点资料不准确或错误;

③ 临时供水、供电工程相关手续办理和实施不及时,或供应量不能满足现场需要;

④ 办理临时占道、施工占地手续不及时,地上、地下构筑物及各种管线搬迁工作拖延,施工场地内树木的移植、砍伐工作未及时完成等,影响现场施工作业面的展开;

⑤ 施工手续不全;

⑥ 方案调整、提供图纸不及时或缺失;

⑦ 市政配套、公共设施配套条件的变化,采用不成熟的新材料、新设备、新工艺或技术方案不当等原因导致的设计变更;

⑧ 业主负责采购的材料、设备供货不及时,数量、型号、技术参数与实际所需不符,货物产品质量不合格等造成的工期延误;

⑨ 业主的组织、管理、协调能力不足,或发出错误的指令,打乱施工的正常秩序;

⑩ 不能及时支付承包商的进度款。

2) 设计方的因素

① 不能按设计合同的约定及时提供施工所需的图纸；

② 项目设计人员经验不足，各专业之间缺乏协调配合，致使各专业之间出现设计矛盾；

③ 设计深度不够，设计内容不完善，规范使用不恰当，无健全的设计质量管理体系，图纸的"错、漏、碰、缺"现象严重；

④ 与各专业设计院协调配合工作不及时、不到位，致使出现图纸不配套的情况，造成施工中出现边施工、边修改的局面；

⑤ 不能按设计合同的约定及时解决施工过程出现的设计问题；

⑥ 勘察单位提供的勘察资料不准确，特别是地质资料错误或遗漏。

3) 施工单位的因素

① 管理人员管理水平低、经验不足，致使各专业之间不能有效配合，工程组织混乱，不能按预定进度完成计划；

② 不能根据施工现场情况及时调配劳动力和施工机具；

③ 材料、设备供应滞后，数量、型号及技术参数错误，或质量不合格；

④ 施工方案不合理，施工工序安排不合理；

⑤ 施工用机械、设备、设施出现故障；

⑥ 承包商（分包商）自有资金不足或资金安排不合理；

⑦ 对安全事故、质量事故进行调查、处理；

⑧ 现场安保管理不到位，致使材料、设备、机具丢失。

4) 供应商的因素

① 货物的型号、参数、数量错误或与样品及合同约定不符；

② 产品质量不合格；

③ 包装、存储、运输及二次搬运不当造成货物破损和丢失；

④ 生产能力有限，不能按合同约定及时供货；

⑤ 运输出现问题，不能按约定时间到场。

5) 监理单位的因素

① 监理人员的专业能力、经验、水平不能满足工程监理需要；

② 责任心差、管理协调能力薄弱，不能及时发现现场存在的问题；

③ 对施工单位上报的技术方案、施工组织、进度计划等不能及时审批；

④ 人员调整频繁，影响现场工作。

6) 政府部门的因素

① 相关政策、法律法规及管理条例等变化或调整；

② 各种手续的办理程序改变；

③ 政府管理部门机构调整,管理职责调整,人员调整;

④ 办事人员的官僚作风、责任心不强、经验不足、业务能力差等原因造成效率低下。

7) 社会环境、自然环境的因素

① 施工扰民或民扰;

② 政治活动、政府会议、节假日期间的交通管制;

③ 夏、秋两季的农民工返乡麦收;

④ 恶劣的天气,如大风、暴雨、地震、台风等不可抗力;

⑤ 突发事件;

⑥ 工程地质条件复杂;地下埋藏文物的保护、处理。

从上述诸多因素来看,业主方和施工单位是影响工程进度的主要责任方。业主方项目管理人员应对影响进度的各种因素进行全面的评估和分析,科学合理地制订进度计划,并采取有针对性的预防措施,以实现对进度的主动控制。

4.3.2 进度控制的基本措施

建设项目进度控制的措施主要包括组织措施、经济措施和技术措施。

1) 组织措施

① 建立进度控制目标体系,明确设计、监理、总包及专业分包等组织机构中进度控制的负责人;

② 建立工程进度报告制度及进度信息沟通网络;

③ 建立进度计划审核制度和进度计划实施中的检查分析制度;

④ 建立进度协调会议制度,包括协调会议举行的时间、地点、协调会议的参加人员等;

⑤ 建立图纸审查、工程变更和设计变更管理制度。

2) 经济措施

① 及时办理工程预付款及工程进度款支付手续;

② 及时支付特殊的赶工费用;

③ 对工期提前给予奖励;

④ 对工程延误按合同约定收取工期延误赔偿金;

⑤ 加强索赔管理,公正地处理索赔。

3) 技术措施

① 选用对实现项目总进度目标有利的工程设计技术、工程施工技术和招标方案;

② 合理划分标段,清晰界定总包与分包、分包与分包之间的合同界面;

③ 认真审查承包商提交的进度计划,使承包商能在合理的状态下施工;

④ 编制进度控制工作细则,指导监理人员实施进度控制;

⑤ 在公司职能部门的支持下,对技术方案和技术问题及时论证、及时决策、及时上报,切实为现场施工扫清技术障碍;

⑥ 采用网络计划技术及其他科学适用的计划方法,并结合电子计算机的应用,对建设工程进度实施动态控制。

4.3.3 项目各阶段的进度管理重点

建设项目的实施大致可分为三个阶段,包括工程设计阶段、招标采购阶段和工程建设阶段。这几个阶段的工作尽管内容不同,但又是密切相关的,任何一个阶段的失误或延误,都会影响后续阶段的实施进度。因此,业主管理人员必须以项目进度关键节点计划或项目进度总控计划为目标,对各阶段工作中影响进度的主要因素进行重点管控。

1) 工程设计阶段

① 了解和掌握地质勘探、水文气象调查、测量、有关试验和科研等设计资料和设计依据的收集工作的进度,这项任务往往会延误进度;

② 编制设计专项进度计划,明确各阶段设计图纸的完成时间、会审时间、出图时间;

③ 按照设计进度计划和项目总控计划,编制材料、设备采购清单。

2) 招标采购阶段

① 按总控计划要求,编制项目采购进度计划;

② 按进度要求完成招标准备工作,完成完善的招标文件的编制并通过审定;

③ 对招标公告、发售标书、标前会议、开标、评标、决标和授标、合同谈判和授予合同等关键性阶段的工作,都必须按采购进度计划和招标文件的承诺,按期完成;

④ 招标采购工作要依法合规,切不可为了盲目抢进度而忽视了手续的办理、合同的签订。

3) 工程建设阶段

① 确定项目工期总目标,确定建设项目各阶段的任务和计划。

② 调研、分析和判断施工现场的条件和环境,编制项目的施工进度计划。

③ 按合同要求,适时发布开工指令,确保按时开工,以此计算开工工期。

④ 审查和批准所有承包商、供货商按合同要求提交的各自进度计划及年度、季度、月度实施进度计划,这些计划必须符合项目施工计划和进度关键节点计划的要求。

⑤ 严格控制关键线路上的关键工序、关键的分部分项工程和单项工程的工期。在项目实施过程中，要求各单位采用梦龙建筑软件对各自工作进行详细的网络计划编制，结合施工计划的节点要求，列出关键线路上的关键工作，配置相应的管理人员，据此进行材料、人工、机械的资源配置，确保关键工作的完成。

⑥ 定期检查施工单位的实时进度计划是否与原定计划相符，尤其要检查工程建设的实时进度能否保障项目进度关键节点的实现。当发现有较大偏离时，召开专题会或监理例会进行单位之间的工作协调，消除产生偏离的各种因素，做好进度计划的协调和调整。并对由于方案变更、设计变更或其他因素造成的可能的进度滞后进行预测，提前做好预案。

⑦ 协调建设项目各参与方的计划安排，尽可能减少相互间的干扰，努力实现各方的均衡生产。

⑧ 协调和控制材料、设备按计划供货，使其与总进度计划吻合。

⑨ 控制并及时处理设计变更，适时调整进度计划，严格控制和处理工期延误，督促优化投入资源，保障总进度目标的实现。

⑩ 及时组织各项工程验收，督促下一个工序及时进行。

4.3.4 进度计划的调整

编制进度计划不是一项一劳永逸的工作。最初的进度计划是调整的起点，这些调整是基于在期限内完成任务、降低成本或满足资源约束的需要提出的。另外，项目经理经常必须对项目实施的实际情况作出反应，通过调整进度以使项目所处的时间、成本、资源或绩效回到正轨。修改进度计划的可能原因包括（但不限于）：

- 为了符合顾客规定的交付日期
- 为了保证产品的交付能抓住市场的机遇
- 为了推迟现金流出
- 为了适应资源的约束
- 为了应对紧急事件或危机
- 为了应对最初没有考虑到的顾客要求

进度计划调整的工作流程如图 4-2 所示。

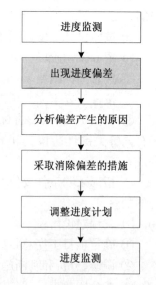

图 4-2 进度调整的工作流程

1) 进度监测

在项目实施过程中，项目管理人员应定期对进度计划执行情况进行跟踪检查，

以便及时发现问题,进度检查的主要工作包括:

① 定期跟踪检查,并收集反映工程实际进度的数据。

② 将收集到的数据进行必要的整理,按计划控制的工作项目进行统计,形成与计划进度具有可比性的数据。

③ 将数据与计划进度进行对比,通过对比,可以确定实际进度与计划进度之间是否产生偏差。常用的对比检查方法有:横道图法、S形曲线法、前锋线法等。

2) 偏差分析

① 分析出现进度偏差的工作是否为关键工作。如果出现进度偏差的工作位于关键线路上,即该工作为关键工作,则无论其偏差有多大,都将对后续工作和总工期产生影响;如果出现偏差的工作是非关键工作,则需要根据进度偏差值与总时差和自由时差的关系作进一步分析。

② 分析进度偏差是否超过总时差。如果工作的进度偏差大于该工作的总时差,则此进度偏差必将影响其后续工作和总工期,必须采取相应的调整措施;如果工作的进度偏差未超过该工作的总时差,则此进度偏差不影响总工期。至于对后续工作的影响程度,还需要根据偏差值与其自由时差的关系作进一步分析。

③ 分析进度偏差是否超过自由时差。如果工作的进度偏差大于该工作的自由时差,则此进度偏差将对其后续工作产生影响,此时应根据后续工作的限制条件确定调整方法;如果工作的进度偏差未超过该工作的自由时差,则此进度偏差不影响后续工作,因此,原进度计划可以不作调整。

3) 进度调整的方法

① 改变工作之间的逻辑关系

主要是改变关键线路上各工作之间的先后顺序和逻辑关系,寻求缩短工期的途径。逻辑关系的调整是不改变工作的持续时间,而只改变工作的开始时间和完成时间,且只有当实际情况要求改变施工方法或组织方法时才可进行。调整时,应避免影响原定计划工期和其他工作的顺利进行。

② 压缩子项目的工作持续时间

这种方法是不改变各项工作之间的逻辑关系,而是通过采取增加资源投入、提高劳动效率等赶工措施来缩短某些工作的持续时间,使工程进度加快,以保证按计划工期完成该工程项目。这些被压缩持续时间的工作是位于关键线路上的工作,同时,这些工作又是其持续时间可被压缩的工作。具体的赶工程序如表4-7所示。

表 4-7 项目赶工的程序

序号	工作方法
1	识别关键线路
2	在关键线路上选择赶工成本最低的活动,先把它的工期缩短一个单位
3	重新识别关键线路(增加的关键线路将会在某一时刻出现)
4	做出下一步的赶工决定,再次在关键线路上找出赶工成本最低的活动。如果关键线路多于一条,找出赶工成本最低的活动组合
5	重复步骤 2 到 4,直到不能再赶工。当赶工成本超过项目赶工收益的时候,或者当关键线路已经都被缩短到极限的时候,赶工就完成了

赶工是几乎所有项目都会面临的一个问题,在缺乏客观的赶工成本数据时,为了选择要赶工的任务,项目团队应该将注意力集中于关键线路,除此之外,还有其他的因素需要考虑,包括:

a. 前期活动。一般而言,压缩前期的活动比压缩后期的活动要好,这给项目交付期间出现的不可预见情况留出余地。

b. 处于瓶颈的活动。找出处于聚焦点的活动,一些后续的活动在该活动没完成之前不能开始。

c. 持续时间长的活动。在大多数情况下,持续时间长的活动比持续时间短的活动更容易找到压缩的机会。

d. 劳动力密集或技术含量低的活动。压缩一个只需增加人力投入的简单活动比压缩一个需要增加资本支出的技术依赖性活动的成本低。

e. 受不可控风险影响的活动。一些活动比其他活动更容易受到风险的影响。例如,项目的结构施工如果面临雨季的到来,那么,应该明智地尽早完成屋顶施工,特别是在预计会有暴风雨到来时。

f. 可分解的活动。一些活动比其他的活动更容易分解成小部分,并分配给更多的人去完成。

总之,理性的赶工方法不仅可以帮助项目团队做出最好的选择,还能为公司的高层决策提供一个逻辑合理、准备周密的解决方案。

③ 关键线路的长度调整

当关键线路的实际进度比计划进度拖后时,应在尚未完成的关键线路中选择资源强度小或费用低的工作缩短其持续时间,并重新计算未完成部分的时间参数,将其作为一个新的计划去实施。

若关键线路的实际进度比计划进度提前,当不拟提前工期时,应选用资源占有

第4章 项目进度管理

量大或者直接费用高的后续关键工作,适当延长其持续时间,以降低其资源强度或费用;当确定要提前完成计划时,应将计划尚未完成的部分作为一个新的计划,重新确定关键工作的持续时间,按新计划实施。

④ 工作项目的增减调整

对工作项目进行增、减调整时,需要符合的规定是:不打乱原网络计划总的逻辑关系,只对局部逻辑关系进行调整;在增减工作项目后应重新计算时间参数,分析对原网络计划的影响。当对工期有影响时,应采取调整措施,以保证计划工期的不变。

⑤ 资源提供条件的调整

在讨论赶工措施时,我们假定所需的资源都能够得到。但在具体的项目环境条件下,这些假设并不总是成立的。资源很可能会有限制,包括人员、材料、信息、设备、资金和空间条件等。当资源供应发生异常时,应采用资源优化的方法对计划进行调整,或采取应急措施,使其对工期的影响最小。

4.4 个人工作计划

项目进度目标的实现需要项目团队全体成员的团结协作和共同努力,因此,项目经理应将项目目标进行分解,根据职能、专业和个人的业务经验等,合理分配每一个成员的进度目标职责。个人计划的进展情况可以通过每周的项目例会或《工作周报》(如表4-8)的形式,在团队之间进行沟通。

个人工作计划中应包括下述内容:

(1) 目标

需要完成的工作份额、一个目的或指标。

(2) 程序

为达到目标需要采取的主要行动。

(3) 时间

行动的开始时间、结束时间、持续时间。

(4) 预算

为完成目标需要的花费或资源。

(5) 预测

预计在某一时点可能发生的情况。

(6) 组织

为完成目标,需要的配合、协作或授权。

(7) 标准

明确描述完成目标所要交付的成果。

表 4-8 工作周报(模板)

更新日期:××××年××月××日　星期×　　　　　　　　　　编制人:×××

序号	工作任务	完成时间	进展情况及存在问题
1			
2			
3			
4			
5			
6			
7			
8			
9			
10			

第 5 章　项目采购管理

招标采购工作是房地产开发价值链中最重要的环节,是保障项目效益的重要举措,它的工作效果直接决定了后续工作的质量。因此,企业必须建立规范的采购管理制度和工作流程,并保障采购工作在各个阶段得到有效的监控。

5.1 采购管理的基本原则

一般情况下,采购货物、建筑工程和相关服务的方式有招标采购、谈判采购、询价采购、单一来源采购等。其中,招标采购具有公开透明、公平、公正的特点,通过多个投标人之间的竞争,有利于招标采购人从中选择优秀的产品和服务供应商。

招标投标行为是市场经济的产物,并随着市场的发展而发展,招标采购管理必须遵循市场经济活动的基本原则。

1) 遵循"公开、公平、公正和诚实信用的原则"。各国立法及国际惯例普遍确定,工程项目招标投标必须遵循"公开、公平、公正和诚实信用的原则",这既是对招标行为的要求,也是对投标行为的要求。

2) 依法合规的原则。招标采购的管理工作必须符合中华人民共和国法律、法规及政府招标管理机构的要求,并应在过程中按照政府的相关规定及时完成项目各阶段应办理的招标申请、审批、备案等手续。

3) 目标性原则。招标采购行为是项目目标得以实现的重要保障,是体现项目各项指标要求的具体化操作,因此,在招标采购过程中应重点做到:

① 资格预审文件、招标文件以及合同条款中的内容必须满足项目质量、进度、造价、安全管理、文明施工等方面的目标要求;

② 在编制招标控制价时,除了考虑项目上对材料、设备功能、技术和标准等的特殊要求外,还应符合项目成本目标的要求;

③ 编制招标采购工作计划时要统筹考虑,不仅要按预定时间完成相应的工作,还要确保采购的结果满足技术标准、质量标准和成本指标的要求,使招标安排实现进度、质量、效益的最佳组合。

5.2 采购管理的法律依据

招标采购的一个重要特点,就是要充分发挥市场竞争机制的作用,使投标人在平等条件下公平竞争,优胜劣汰,从而实现资源的优化配置,提高项目的经济效益。我国于2000年1月1日起开始实施的《中华人民共和国招标投标法》(简称《招标投标法》),为我们开展招标采购管理工作提供了法律上的依据,它的作用主要体现在以下几个方面:

1) 规范招标投标活动。在以往的招标投标活动中,存在着一些比较突出的问题,如招标投标程序不规范、招标投标中的不正当交易和腐败现象等。因此,依法规范招标投标活动,是我们的首要工作。

2) 提高经济效益。招标的最大特点是让众多的投标人进行竞争,以最低或较低的价格获得最优的工程、材料、设备或服务,因此,按照《招标投标法》的要求,制定符合企业自身需求的招标投标制度,并在项目实施中严格执行,对于保障投资资金的有效使用,提高投资效益,有着重要的意义。

3) 保证项目质量。由于招标的特点是公开、公平和公正,将采购活动置于透明的环境之中,防止腐败行为的发生,使工程、材料、设备、服务等招标项目的质量得到保证。从某种意义上说,招标投标制度执行得如何,是项目质量能否得到保证的关键。

4) 保护企业的合法权益。无论是规范招标投标活动,还是提高经济效益,或是保证项目质量,最终目的都是为了保护企业的合法权益。因此,也只有在招标投标活动得到规范、经济效益得以提高、项目质量得以保证的前提下,企业的合法权益才能得以维护。

5.3 采购管理的工作内容

随着社会的发展和技术的进步,建设项目在功能、质量、进度、造价、安全、环境、管理等方面的要求越来越高,而且,整个项目参建方众多,合同关系复杂。以上这些要求决定了招标管理工作具有工作量大、工序复杂、交叉工作多等特点。例如,在项目建设过程中,进行施工总承包单位招标时必须同时进行部分设计招标和材料、设备招标,在进行各专业分包工程招标时必须同时进行材料、设备采购招标等。因此,招标采购工作必须有序组织、周密规划,项目招标采购的工作流程如图5-1所示。

第5章 项目采购管理

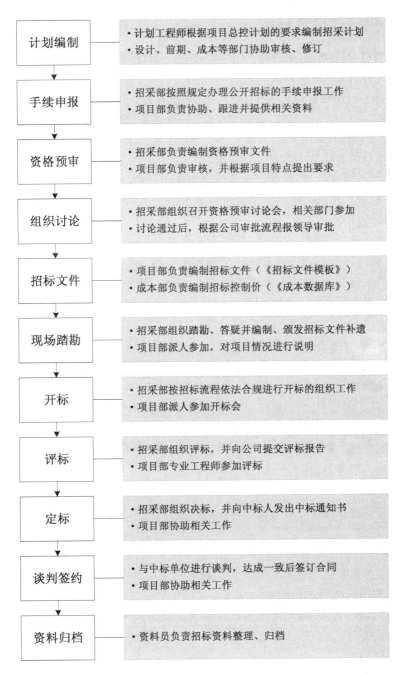

图5-1 招标采购的工作流程

5.3.1 招标采购工作计划

根据项目合约规划、项目总控计划的要求，项目部计划工程师负责编制项目的招标采购工作计划，招采部派驻项目的招采工程师负责协助。计划编制过程中应首先明确每一项招标的招标范围、时间要求、招标方式、责任分工、招标控制价等五个关键要素。

1) 招标范围

确定项目的招标范围需要综合分析项目的设计要求、施工要求、材料设备、仪器功能、技术要求及其他相关资料，并结合目前我国设计、监理、施工、材料设备供货的市场情况，确定非法定强制招标范围内根据以上情况应当进行招标的招标范围。

2) 时间要求

采购计划中应明确各项招标的开始时间、完成时间，具体工作内容包括：

① 分析项目的总控计划及分项工程进度计划，通过细化每项工程的具体工期要求，既而细化每项工程、每项材料、每项设备采购的招标时间要求，确保招标工作与其他项目管理工作紧密衔接，同时，确保每一项工程不因招标工作安排的不合理而被延误；

② 充分考虑每项招标的复杂程度、难易程度，因地制宜地确定每项招标工作的完成时间；

③ 进行招标工作时间安排时注意统筹安排，尽量节省招标费用和招标时间；

④ 明确资格预审文件的提交和批准时间、招标文件编制及提交公司审批时间、投标人短名单的提交和批准时间；

⑤ 明确回标、开标时间，评标报告提交和批准时间，合同文件提交公司、公司批准时间及合同签订时间。

3) 招标方式

招标方式直接决定了招采工作的持续时间，可通过以下工作对招标方式进行确定：

① 收集并分析国家、公司所在地区有关招标、投标方面的法律、法规及规章，确定项目是否属于法定强制公开招标的招标范围；

② 确定邀请招标的范围；

③ 根据项目每项工程、每项材料设备采购任务的不同特点确定采用国内招标还是国际招标。

4) 责任分工

项目部计划工程师负责招标采购计划初稿的编制，前期、设计、成本等部门协助审核，具体的责任分工如表 5-1 所示。

第5章 项目采购管理

表 5-1 招标采购计划编制的责任分工

序号	责任部门	工作内容	备注
1	项目部	1. 根据现场进度计划提出采购清单、采购时间要求等 2. 及时根据现场的变化,提出采购变化需求	
2	设计部	1. 根据总控计划的要求,对设计单位的采购时间提出需求 2. 对招标文件的技术条款进行审核	
3	招采部	确定单项采购的采购方式	
4	成本部	编制招标清单、招标控制价	
5	经营管理部	1. 审核采购计划的合理性,是否符合项目总控计划要求 2. 报公司决策层审批,通过后作为月度计划考核的依据	

5)招标控制价

将招标控制价与成本指标进行对比,及时发现采购金额与预期目标的偏差,从而有效地控制项目成本。

6)计划编制

在上述工作的基础上,项目部进行《项目招标采购工作计划》的编制、修改、实施,具体程序如图 5-2 所示。

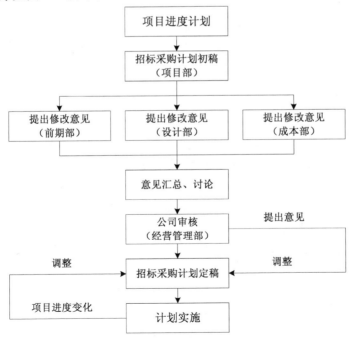

图 5-2 招标采购计划编制的工作程序

编制招标计划时应注意以下事项：
① 采购的工程、货物或服务的数量、技术规格、参数和要求；
② 所采购的工程、货物或服务在整个项目实施过程中的哪一阶段投入使用；
③ 每一项采购彼此间的联系；
④ 全部采购如何分别捆包，每个捆包应包括哪些类目；
⑤ 每个捆包从开始采购到到货需要多少时间，从而制定出每个捆包采购过程阶段时间表，并根据每个捆包采购时间表制定出项目全部采购的时间表；
⑥ 限制条件：由于竞争的存在、项目的具体要求或其他条件的限制，导致某些招标采购工作必须在某些时刻完成，此外，招标过程中总会存在一些关键事件或者一些里程碑事件，这些都是招标过程所必须考虑的限制因素；
⑦ 对整个采购工作的协调管理。

5.3.2 办理招标申请、审批手续

1）按照国家的法律、法规及政府主管部门的规定，收集、整理出进行设计、勘察、监理、施工及材料设备招标需满足的不同申请条件、申请程序及审批时限。

2）根据以上国家规定确定每次招标申请、审批手续的办理计划。该计划的内容主要包括：申请材料的内容、各种材料的递交时间、领取相关材料的时间等。

3）及时追踪审批情况并处理其间遇到的问题，直至招标获得批准。

4）与政府主管部门建立经常性联系，确保能够及时了解政府有关招标方面的政策、规定。

5.3.3 资格预审

对投标申请人的资格进行审查，是为了在招标过程中剔除资格条件不适合承担招标工程的投标申请人。采用资格审查程序，可以缩减招标人评审和比较投标文件的数量。资格审查程序，既是招标人的一项权利，也是大多数招标活动中经常采取的一道程序。

一般来说，资格审查方式可分为资格预审和资格后审，无论是资格预审还是后审，都主要审查投标申请人是否符合下列条件：
① 具有独立订立合同的权利；
② 具有履行合同的能力，包括专业、技术资格和能力，资金、设备和其他物质设施状况，管理能力，经验、信誉和相应的从业人员；
③ 以往承担类似项目的业绩情况；
④ 没有处于被责令停业，投标资格被取消，财产被接管、冻结，破产状态；
⑤ 在最近3年内没有骗取中标和严重违约及重大工程质量问题；

⑥ 法律、行政法规规定的其他资格条件。

目前，在招标活动中，招标人经常采用的是资格预审方式。经过资格预审后，招标人应向资格预审合格的潜在投标人发出资格预审合格通知书，告知获取招标文件的时间、地点和方法，并同时向资格预审不合格的潜在投标人告知资格预审结果。

资格预审文件由招采部负责编制，包括资格预审须知和资格预审表两部分。

5.3.4 编制招标文件

招采部以公司的《招标文件模板库》作为基础，编制相应的招标文件初稿，项目部专业工程师负责具体技术条款的编制，文件汇总、讨论、修订后报公司领导审批。

1) 招标文件的编制要求

① 根据建设工程的建设程序，结合招标计划和设计、勘察、监理、施工及材料设备采购招标的不同特点编制相应的招标文件；

② 合理划分标段或标包；

③ 结合项目的特点，对投标人须知、招标范围及报价要求、投标文件编写、技术标准与要求、开标方法及程序、评标方法及程序、决标方法及程序等内容做出科学、细致、明确的规定；

④ 编制主要合同条款时，在依法合规的前提下最大限度地保护公司的利益，最大限度地保证工程的质量、进度、安全，最大限度地节省项目投资；

⑤ 招标文件中规定的实质性要求和条件，应用醒目的方式标明；

⑥ 明确投标人是否可以提交投标备选方案以及对备选方案的处理办法。

2) 招标文件的内容

招标文件应当包括招标项目的技术要求、对投标申请人资格审查的标准、投标报价要求和评标标准等所有实质性要求和条件以及拟签订合同的主要条款。一般情况下，招标文件应当包括下列内容：

① 投标须知

包括工程概况，招标范围，资格审查条件，工程资金来源或者落实情况，标段划分，工期要求，质量标准，现场踏勘和答疑安排，投标文件编制、提交、修改、撤回的要求，投标报价要求，投标有效期，开标的时间和地点，评标的方法和标准等。

② 招标工程的技术要求、设计图纸及工程、设备、材料的综合说明

通常招标时的图纸并不是工程所需的全部图纸，在投标人中标后还会陆续颁发新的图纸以及对招标时图纸的修改。因此，在招标文件中，除了附上招标图纸外，还应该列明图纸目录。

③ 工程量清单及附件

工程量清单是投标人投标报价和签订合同协议书的基础,是确定合同价格的唯一载体。实践中常见的有单价合同和总价合同两种主要合同形式,均可以采用工程量清单计价,区别仅在于工程量清单中所填写的工程量的合同约束力。

④ 投标文件的格式要求

投标文件格式的主要作用是为投标人编制投标文件提供固定的格式和编排顺序,以规范投标文件的编制,同时便于评标委员会评标。

⑤ 拟签订合同的主要条款

为了提高效率,招标人应结合合同示范文本的合同条款,编制本企业的标准合同文本模板。

⑥ 投标保函相关要求及保函格式。

3) 招标控制价

招标控制价应根据下列依据编制与复核:

① 设计图纸及有关资料、招标文件,国家规定的技术、经济标准及规范。

② 招标控制价价格由投资、利润、税金组成,应保证其额度在已经批准的成本指标限额内。

③ 保证招标控制价已考虑人工、材料、机械台班费等价格变动因素,同时包括施工不可预见费、包干费和措施费等。

④ 考虑施工现场情况、项目特点及常规施工方案。

4) 发标前的工作

根据实践经验,很多招标文件在发出后出现了很多问题,如图纸不全或版本不对、工期时间不符合现场要求、标段划分不合理等等,结果造成工作的反复,不仅延误了时间,而且采购的质量得不到保证,为后期的现场管理带来风险。

为避免上述问题的出现,项目部应在文件发出前,组织公司各职能部门及主管领导,对招标文件进行讨论、会审,确保招标文件的质量。

讨论、会审的重点内容包括:

① 技术条款的合理性;

② 招标图纸的深度是否满足清单编制要求;

③ 工期要求的合理性;

④ 对投标人的资质、资格要求;

⑤ 控制价的合理性;

⑥ 招标范围、标段的界面划分是否清晰、合理,尤其是与总包单位的界面划分;

⑦ 招标方式、承包方式、付款方式、评定标原则等是否合理。

第5章 项目采购管理

5.3.5 现场踏勘

招标人根据招标项目的具体情况,可以组织投标申请人踏勘项目现场。项目部应派人参加现场踏勘,并详细介绍项目的现场情况,客观地解答投标人提出的问题。对工程项目的介绍一般包括下列内容:

1)项目的地理位置、地形、地貌、管线设置情况;
2)现场的环境,如交通、供水、供电、污水排放等;
3)临时用地、临时设施搭建以及现场总平面布置的情况等。

对于潜在投标人在阅读招标文件和现场踏勘中提出的疑问,招采部应根据情况编制详细的招标文件补遗并颁发给所有投标人,该文件将作为招标文件的一部分,对所有投标人均具有法律约束力。

5.3.6 开标、评标阶段

开标应当在招标文件确定的提交投标文件截止时间的同一时间公开进行。开标地点也应当为招标文件中预先确定的地点。开标应由招标人主持,邀请所有投标人参加。

评标是审查确定中标人的必经程序,是保证招标成功的重要环节,评标的主要工作内容包括:

1)组织评标委员会

为了确保评标的公正性,评标不能由招标人或其代理机构独自承担,而应组成一个由有关专家和人员参加的评标委员会,负责依据招标文件规定的评标标准和方法,对所有投标文件进行评审。

2)经济评审

对所收到的投标书进行核算,详细分析各投标书中的报价及虚报,分析投标书是否存在漏报及技术错误等。

3)技术评审

对投标文件的技术评审内容主要包括:

① 施工总体布置。着重评审布置的合理性,分阶段施工的还会审查其各阶段施工方案之间的衔接是否合理,以及如何避免与其他承包商之间在交叉作业时发生纠纷。

② 施工进度计划。审查投标人的施工进度计划是否满足项目的总体进度要求,是否科学合理且切实可行。有阶段工期要求的工程还要审查投标人的进度计划是否满足该要求。而且,还要从投标人拟投入项目的施工机械、设备及人员的情况分析、判断投标人是否在中标后能够实现自己的这些承诺。

③ 施工方法和技术措施。主要评审各投标人所采取的施工方法和技术措施是否能保证工程的质量要求、进度要求及安全要求,并且附有相关的保证措施。

④ 材料和设备。由承包商采购的材料和设备是否在质量和性能上满足设计要求和招标文件中要求的技术规范和技术标准,必要时要求投标人报送材料和设备的样本、技术说明书或型号、规格、产地证明等材料。

⑤ 技术建议和替代方案。仔细分析投标人提出的技术建议和替代方案,评定技术建议是否具有可借鉴性,替代方案是否会影响工程的技术性能和质量。

4) 管理能力和技术能力评价

对投标人的具体管理机构及组成人员进行综合评审,对其提交的相关资质、经验等证明材料的真伪进行调查分析,对其施工方案的可行性、科学合理性以及对招标文件的响应程度进行分析,给出客观评价。

5.3.7 授标签订合同阶段

评标结束后,应与拟中标人进行商谈,详细、客观记录谈判内容并将谈判各方达成一致的内容合理地、恰当地包含到拟签订的合同条款中;澄清投标文件中有关投标报价、技术方案及合同条件等内容,保证在此过程中坚决且最大限度地维护公司利益。

合同协议的签订应依据《中华人民共和国合同法》等有关法律法规和招标文件、中标人的投标文件以及中标通知书等,招标人与中标人合同谈判的洽谈纪要也应作为合同的组成部分。

中标人不与招标人订立合同的,投标保证金不予退还并取消其中标资格。没有提交投标保证金的,应当对招标人的损失承担赔偿责任。

5.3.8 招标资料归档、保存

招标工作结束后,项目部资料员应负责整理招标过程中的各种资料并进行保管,并对招标资料统一分类、归档,列出具体的资料清单,以保证过程资料的完整性和信息的可追溯性。

5.4 采购管理中应注意的问题

5.4.1 招标代理机构的局限

根据《招标投标法》的相关规定,目前绝大多数的采购均采用招投标方式,随着各项规章制度的完善和实施,招标工作逐步走上系统和规范。在目前的项目建设过程中,开发商通常是委托有资质的招标代理机构进行招标采购工作。一方面,代理机构具有相应的技术资质,具有从事相关业务的经验,可以减轻业主的工作量,减少失误。但从另一方面来看,招标代理机构也存在如下一些问题:

1) 注重形式大于内容

由于招标代理机构的工作人员并非技术专家,加上所从事的工作特点,具体工作的管理人员往往会比较注重招标形式,注重招标过程的程序符合性中的细枝末节,从而忽视了招标的具体内容。

2) 理论知识水平不高

由于招标代理机构把大量的精力放在承揽业务方面,造成对招标理论方面的知识缺乏了解,无法把握招标过程的实质和内容。

3) 业务不精

总是用一套程序化的内容,替代不断变化的客观情况,造成招标代理机构的业务水平普遍比较低。

针对上述情况,建设单位不能过分依赖招标代理机构,特别是在技术层面,要充分发挥开发商的经验积累和技术能力,各职能部门和项目部应对招标文件进行充分的讨论和审核。

5.4.2 合理分包的统筹考虑

工程总承包作为一种通行的建设项目组织实施方式,在我国经过 20 多年的发展,取得了很大的成绩。其实质是按照经济人假设原理,将传统模式下业主的部分管理权转移给承包商,赋予总承包企业更多的管理权限,使参与方在自身利益最大化的同时也使项目目标达到最大程度的实现。

1) 实行工程总承包的优点

① 管理层次清晰。工程总承包有利于理清工程建设中业主与承包商、业主与供货商、总包与分包、执法机构与市场主体之间的各种复杂关系。比如,在工程总承包条件下,业主选定总承包商后,工程建设、货物采购、专业工程等环节直接由总承包负责确定,业主不必再实行平行发包,避免了发包主体主次不分的混乱状态,也避免了执法机构过去在一个工程中要对多个市场主体实施监管的复杂关系。

② 有利于优化资源配置。国外经验证明,实行工程总承包可以有效减少资源占用并降低管理成本。在我国的实践过程中,可以体现在三个方面。一是业主方摆脱了工程建设过程中的杂乱事物,避免了人员和资金的浪费;二是总包方减少了变更、争议、纠纷和索赔的耗费,使资金、技术、管理各个环节的衔接更加紧密;三是分包方的社会分工专业化程度由此得以提高。

③ 有利于提高全面履约能力,并确保质量和工期。实践证明,实施工程总承

包可以充分发挥大型承包企业所具有的较强技术力量、管理能力和丰富经验的优势。同时，由于各建设环节均置于总承包商的指挥下，各环节的综合协调效率大大提高，这对于确保质量和进度是十分有利的。

2）实行工程总承包的缺点

实行工程总承包也存在一些不利的因素，主要有：

① 工程的造价可能较高。实行工程总承包会对承包企业的资质有较高的要求；另外，总包针对各个分包商、供货商要收取相应的总包管理费，并且对总包管理人员以及管理能力方面都提出了较高的要求，这些行为都会相应地提高工程的总体造价。

② 管理能力强、经验水平高的总承包商数量少。一些施工单位虽然有总承包资质，但其只具备主体结构施工的能力，当涉及其他专业施工时，特别是一些专业性较强的分部工程，常常无能为力，此部分工程施工都要进行分包，而总承包商又缺乏相应的管理能力和技术水平。

③ 建设周期可能会较长。实行工程总承包的前提是必须有完整的施工图纸，这样，才能进行后续的招标工作。而在实际操作中，完成全部施工图纸至少需要几个月的时间，这势必会造成开工时间的滞后，使建设项目的工期压力非常大。

3）合理分包的适用条件

针对上述情况，作为业主方的采购管理人员应会同工程、成本、设计等职能部门，充分分析项目的特点，统筹考虑，把一些专业性较强的施工项目进行合理分包。

合理分包的实质就是合理的配置资源。合理的分包有利于降低成本，便于管理、缩短工期。同时，合理的分包可以提高供应商的准入门槛，确保工程质量。而且，有利于良性竞争、规避风险，避免由于总承包商能力欠缺造成的工期滞后、质量下降等问题。

合理分包的适用条件包括：

① 项目规模大、技术复杂、建造标准高，一家承包商的能力和经验不足以完成项目的所有施工内容。

② 工期紧迫，施工图纸不能短时间内完成就需要开工的项目。一般而言，开发商迫于资金成本的压力和销售预期计划的达成，很难做到完成全部施工图纸后再进行招标和开工建设。

③ 业主方的项目管理团队具备相应的管理能力和经验。

④ 企业有满足项目需求的合格供应商、战略供应商资源库。

采用施工总承包，还是平行发包，不同的采购模式对建设工程项目的费用、进度、质量等目标控制以及合同管理、组织协调等的影响不同，其各自的特点如表5-2所示。

表 5-2　不同承发包模式的特点

序号	管理内容	施工总承包	施工平行发包
1	费用控制	① 一般以施工图作为投标报价的基础,投标报价的依据比较具体; ② 开工前就有明确的合同价格,有利于业主对总造价的控制; ③ 若在施工中发生设计变更,则可能发生索赔	① 对每一部分工程的发包均以施工图为基础,投标报价的依据比较具体,工程的不确定性降低,合同双方的风险也降低了; ② 每一部分的工程均可通过招标选择最好的施工单位,有利于降低工程造价; ③ 需要最后一份合同签订后,才知道项目的总造价,对投资的早期控制不利
2	进度控制	需要等施工图全部完成,才能进行总包招标,开工日期较迟,这是施工总承包最大的缺点,因此,对于工期紧迫的项目是个限制	① 分段招标,缩短了建设周期; ② 需要进行多次招标,招标时间长; ③ 业主负责总体的协调,管理风险大
3	质量控制	质量的好坏取决于总承包单位的管理水平、技术水平,对总包的依赖程度大	① 不同分包之间形成一定的制约机制,有利于质量控制; ② 合同交叉界面多,管理协调如果不到位,则不利于整体质量的控制
4	合同管理	① 只进行一次招标,并与总承包签订合同,合同管理的工作量大大减少; ② 如果施工图未完成或图纸质量差,则造成合同的变更、索赔增加,不利于总体造价的控制	① 招标工作量大; ② 合同管理工作量大; ③ 合同界面复杂,现场管理和协调的工作量非常大,对业主的管理水平要求高
5	组织协调	业主只对总承包单位进行管理,协调工作量小	① 业主承担了类似总包的角色,对所有单位进行管理协调,工作量大; ② 需要配备较多的人力,管理成本高

5.4.3　采购质量的影响因素

　　质量是企业获取竞争优势的决定性因素,采购管理的质量控制将决定企业能否成功地提供优质的产品和服务。调查表明,至少 50% 以上的质量问题是由供应商提供的产品和服务造成的,因此,项目管理人员必须对影响采购质量的各种因素进行分析,提前采取规避和预防措施,提高项目的采购质量。

　　影响采购质量的主要因素有 5 个,分别是沟通因素、信息因素、招标文件因素、招标控制价因素和合同包与标段划分因素。表 5-3 列出了这些影响因素的可能事例,项目采购人员应会同技术、成本与合约等相关负责人采取有针对性的工作,以规避风险,保证质量。

表 5-3 采购质量的影响因素

序号	影响因素	可能的事例
1	沟通因素	① 合同条款不明确;② 备案手续不全;③ 与监管部门沟通不够
2	信息因素	① 市场价格情况掌握不够;② 信息不对称;③ 政策与动态了解不够;④ 合格供应商数量不够,缺乏竞争性;⑤ 对新技术、新材料、新设备缺乏了解
3	招标文件因素	① 文件不协调或前后内容矛盾;② 文件条款不规范、不符合法规要求;③ 技术资料深度不够和不完整;④ 图纸不全、遗漏、错误
4	招标控制价因素	① 招标控制价不合理,过高或过低;② 工程量清单描述不清楚,工程量与实际数量差异较大;③ 计价原则不统一或约定不清楚
5	合同包与标段划分因素	① 总包与分包的界面划分模糊、责任不清楚;② 合同包划分不合理,过大或过小;③ 技术资料有重复或遗漏

5.4.4 关于评标方法的选择

评标方法的选择对招标结果起着决定性的作用,项目采购人员应根据招标内容的不同选择适宜的评标方法,从而保证招标质量。常用的评标方法有经评审的最低投标价法和综合评分法两种。

5.4.4.1 经评审的最低投标价法

经评审的最低投标价法的评审过程是：首先对投标人进行符合性评审,检查各投标人是否满足招标文件实质性要求,然后对评审合格的投标人进行技术、商务一般性条款、与价格有关的因素的评审,根据招标文件规定的调整项目和调整系数,形成可以比较的评标价格,并按照由低到高给出中标候选人排名。

采用经评审的最低投标价法评标,对于实质上响应招标文件要求的投标进行比较时,可以考虑与投标报价直接相关的量化折价因素,而不再考虑技术、商务等与投标报价不直接相关的其他因素。价格因素可能调整的内容包括：投标范围偏差、投标缺漏项(或多项)内容的加价(或减价)、付款条件偏差引起的资金时间价值偏差、交货期(工期)偏差给招标人带来的直接损益,以及虽未计入报价但评标时应当考虑的税费、运输保险费及其他费用的增减等。表 5-4 列出了报价以外的其他主要折算因素的内容。

表5-4 主要非价格因素表

序号	主要因素	折算报价内容
1	运输费用	货物如果有一个以上的进入港,或者有国内投标人参加投标时,应在每一标价上加上将货物从抵达港或生产地运到现场的运费和保险费;其他由招标单位可能支付的额外费用,如运输超大件设备需要对道路加宽、桥梁加固所需支出的费用等
2	交货或竣工期限	① 货物的交货期早于规定时间,一般不给予评标优惠,因为施工还不需要时的提前到货,不仅不会使招标人获得提前收益,反而要增加仓储管理费和设备保养费。但工程工期的提前一般会给项目带来超前收益 ② 对交货或完工期在所允许的幅度范围内的各投标文件,按一定标准(如投标价的某一百分比),将不同交货或完工期的差别及其对招标人利益的不同影响,作为评价因素之一,计入评标价中
3	付款条件	如果投标人所提的支付条件与招标文件规定的支付条件偏离不大,则可以根据偏离条件使招标人增加的费用(利息等),按一定贴现率算出其净现值,加在报价上
4	零部件以及售后服务	如果要求投标人在投标价之外单报这些费用,则应将其加到报价上。如果招标文件中没有作出"包括"或"不包括"规定,评标时应计算可能的总价格将其加到投标价上去
5	设备的技术性能和质量	可将投标书中提供的技术参数与招标文件中规定的基准参数的差距,折算为价格,计算在评标价中
6	技术建议	可能带来的实际经济效益按预定的比例折算后,在投标价内减去该值
7	优惠条件	可能给招标人带来的好处,以开标日为准,按一定的换算办法贴现折算后,作为评审价格因素
8	其他可折算为价格的要素	按对招标人有利或不利的原则,增加或减少到投标价上去。如:对实施过程中必然发生,而投标文件又属明显漏项部分,给予相应的补项增加到报价上去

1) 最低投标价法的优点

① 能够节约资金。经评审的最低投标价法是投标人根据自身实力及市场信息自主报价,可以在一定程度上抑制投标报价虚高,从而节约项目资金。

② 规范招标行为。经评审的最低投标价法可以最大限度地防止某些单位或个人的非法干预,投标人如果想要中标,必须以市场为导向进行报价,而且价格必须有竞争性,从而达到规范招标行为的目的。

③ 有利于提高项目的综合技术水平。最低投标价法必然导致那些管理水平低、设备技术落后、生产成本高的企业无法中标,而那些技术先进、管理有方、产品

或服务性价比好的企业则具有竞争力,从而使工程项目的技术水平和功能质量得到保证。

2) 最低投标价法的缺点

① 成本价不易界定是最低价评标法的核心问题。招标文件在要求最低投标价的同时,要求投标人不得以低于成本报价竞标,否则,作为废标处理。但是,成本因企业的不同而不同,也就是说每个投标人的成本都是不一样的,因此,对成本价的界定是非常困难的。

② 采用经评审的最低投标价法在投标文件基本符合要求的情况下,主要强调价格因素,这样就可能造成产品质量的下降或管理、服务水平的降低。

③ 采用经评审的最低投标价法,很可能形成低价的恶性竞争。很多承包商的投标原则,是低价中标、高价索赔,在后续的现场管理、图纸质量、变更洽商、进度延误等方面寻找机会,一旦业主方有违约事项,就会引起承包商的恶意索赔,从而给现场的管理带来很大的困扰。

3) 最低投标价法的适用范围

经评审的最低投标价法,适用于按标准定制的产品或通用服务项目,这些产品或服务一般使用通用技术,标准比较明确,品种单一,成本价容易界定,采购金额相对较少。评标小组在对投标文件进行资格审查和符合性审查的基础上,只需对技术部分和商务部分进行合格与否的评议,无需对投标文件的技术部分进行优劣评价。

5.4.4.2 综合评分法

综合评分法,是在招标文件中设定商务、技术、价格评价内容的标准和权重,根据综合总分值确定中标人排名顺序的一种评标方法。

评价项目、分值权重、评分方法等均应在招标文件中做出明确规定。评标人员在对各个评价因素进行量化时,不得超出或更改招标文件已有的要求,对技术部分和商务部分进行量化后,再对这两部分的量化结果进行加权,计算出每一投标人的综合评价分。

1) 综合评分法的优点

① 对投标人的评价比较全面。综合评分法综合考虑了投标人所出价格、技术水平、财务状况、信誉、服务以及对招标文件的响应等多种因素,可以比较全面地评价投标人的综合实力和服务水平。

② 有利于发挥评标专家的作用。由于是评价专家综合打分,在技术评审方面可以充分发挥专家的经验,对最优的投标文件进行选择。

③ 有效防止恶意低价竞争。由于是采用技术、商务等的综合评分,价格不是唯一的竞争因素,因此,有效避免了"恶意低价竞标"现象的出现。

2) 综合评分法的缺点

① 评标因素及权重的合理性界定比较困难。由于项目的具体特点、实施背景、条件等的不同,对评标因素的选择、权重的分配会有比较大的主观性,要做到完全科学、合理的界定评标因素及权重会比较困难。

② 由于评标小组一般都是临时组建的,评标专家在短时间内难以充分理解评标对象,难以全面掌握评标因素及其权重,打分会有一定的随意主观性。比如,在加工订购招标时,投标人提供的设备型号各异,难以合理确定不同技术性能的有关分值和每一性能应得的分数,有时甚至会忽视某一投标人设备的一些重要指标;另外,有时投标人的技术上比较落后,但由于其报价得分较高,总得分反而有可能排在技术比较可靠的投标方之前。

③ 在一定程度上减弱了价格的竞争,有时会使项目造价有所提高。

3) 综合评分法的适用范围

一般情况下,商务、技术因素比较复杂,对完成项目目标影响比较大的招标项目,可以采用综合评分法。

5.4.5 采购管理中的 5R 原则

采购管理的实质是企业效益的最大化,而在采购过程中需要遵守哪些原则才能达成这个目标?采购专家提出的 5R 原则是我们可以借鉴的工作方法,即在适当的时候、以适当的价格,从适当的供应商处买回所需数量的、满足质量要求的货物、工程或服务。

1) 适价(Right price)

适价就是在满足质量标准、技术规范和使用功能的前提下,采购到尽量低价的商品。而要达到这个目的,采购人员要做到以下几点:

① 多渠道询价。在得到企业的合作供应商报价后,还应寻求一些新供应商的报价。因为,与企业长期合作的供应商,往往不会报出比原来中标价格更低的报价,而原有的中标价格可能并不是他们的最低报价。

② 核实报价条件。不同的供应商在报价中往往会有一些附加条件,如技术参数、付款、供货期、加工数量、运输条件、对现场的要求等,因此,采购人员必须将不同供应商报价中的条件转换一致,这样的比价才具有真实度和可信度。

③ 议价。经过比价环节后,随着进一步的深入沟通,不仅可以将详细的采购要求传达给供应商,而且可以随着合同的临近签订,通过谈判促使供应商进一步给予让利。

2) 适质(Right quality)

质量是企业生存的根本,如果不能保证产品的质量,无论采购的价格如何低廉都没有了意义。因此,在询价过程中,必须有明确的质量标准和技术参数要求。

3) 适时(Right time)

为了确保项目的进度目标实现,采购的货物、工程和服务必须按照总控计划的要求按时到达。

4) 适量(Right quantity)

合理确定采购数量是采购人员的一项关键工作,在此之前,应和项目管理人员进行充分的提前沟通,综合考虑如下因素:

① 批量采购可以降低采购价格。项目上可以统一采购的项目应进行合并,并考虑一定的变更数量和备品备件数量。

② 如果现场条件不具备存储或施工的条件,应合理划分供货或施工的时间段,避免由于业主方的原因造成索赔。

③ 采购的数量应是供应商的能力可以完成的。在以往的项目中,业主方为了降低造价而将若干个写字楼的幕墙工程全部委托给一家单位,结果由于其加工能力、安装能力和现场管理能力有限,工程的竣工时间滞后了6个多月,给业主造成了难以弥补的损失。因此,授标前对供应商的考察和综合评估工作就显得至关重要。

5) 适地(Right place)

适地原则是指优先选用与项目地点距离较近的供应商,这样做的好处是缩短了运输距离,可以降低采购成本;另外,在与供应商沟通时更加方便快捷,使过程中出现的问题能得到及时解决。

5.5 建立供应商信息库

随着房地产市场的快速发展,优质的、稳定的供应商已经成为支撑企业快速成长的核心要素。因此,建立规范的供应商信息库是非常必要的。

招采部是建立信息库的主责部门,也是维护、更新、管理、评价的牵头人。根据供应商的类别不同,设计部、前期部、项目部等分别负有推荐、考察、评价的职责。

5.5.1 供应商分类

依据供应商所提供的产品或服务,一般可将供应商分为以下几个类别:

1) 咨询服务类

如监理公司、造价咨询、招标代理、沉降观测、基坑监测、供电咨询、环评咨询等。

2) 勘察设计类

如建筑设计、勘察设计、园林设计、精装设计、市政专项设计以及各类与设计有关的顾问咨询等。

3）工程施工类

如土方工程、建安总承包、幕墙工程、弱电工程、变配电工程、消防工程、精装修工程、园林工程以及各类市政工程等。

4）材料设备类

如空调机组、电梯、冷却塔、水泵、石材以及各类精装修主材等。

5）报批报建类

这类供应商或服务机构一般是直接或间接与政府单位有隶属关系，并且与项目的各类报批、报建、验收等直接相关。如地名办理、文物勘探、树木伐移、房屋测绘、订桩地形图测绘等。

5.5.2 供应商信息收集

招采部根据供应商的不同类别，建立合格供应商的入库标准，包括资质等级、注册资金、服务范围、业绩要求等。公司各职能部门根据分管的业务范围进行推荐，凡是符合要求的都可作为信息库的潜在供应商，招采部定期组织工程、设计研发等部门对其进行考察，考察合格并经公司审批后即可成为合格供应商。

考察工作需要各个职能部门各司其职，发挥专业能力，综合评定供应商的资格水平，考察的分工如下：

1）招采部：资质等级、注册信息、财务状况以及是否有不良记录等。

2）工程部：安全许可证、专项资格证书、工程业绩、市场服务范围、售后服务等。

3）设计研发部：技术服务能力、制造加工水平、产品知名度、产品的技术领先性等。

考察结束后，各部门应分别编写考察报告，由招采部汇总并得出明确的是否入库结论，报公司审批。

5.5.3 供应商管理

为确保供应商的优质、稳定，必须对其进行有效的评估、管控，做到优胜劣汰。

在实践中，按阶段对供应商进行评估是比较客观、真实、有效的方法。所谓按阶段，就是在供应商的履约期、竣工结算期、质保期等几个阶段，分别对其进行评价（表5-5）。

1）评价周期

每半年开展一次，即每年的6月、12月各一次。

2）评价对象

在评估周期内所有新签、履行以及质保期内的合同。

3) 评估人

以项目部、招采部、成本部等部门为主，涉及专业的可增加评估人，如设计类供应商的评估应有设计部参加。

4) 评价结果

对于评价结果为优秀的供应商，建议发展为战略合作伙伴，对于比较差的供应商建议清除出供应商信息库。

表 5-5 供货类供应商评估表(模板)

供应商名称		法人代表		联系电话	
公司地址					
货物名称		供货种类			
	评价项目				
企业概况	企业知名度(20 分)				得分
	1. 相关领域的国际知名企业(20 分) 2. 相关领域的国际知名企业在中国的合资企业(15 分) 3. 相关领域的国内知名企业(10 分) 4. 相关领域的国内一般企业(5 分) 5. 以上都不是(0 分)				
	管理层稳定性(10 分)				得分
	1. 非常稳定,2 年内不变动或仅有 1 次变动(10 分) 2. 比较稳定,1 年内不变动或仅有 1 次变动(5 分) 3. 不稳定,1 年内变动超过 2 次(0 分)				
	供货能力(30 分)				得分
	1. 具备全系列产品供货能力,且非常稳定(30 分) 2. 具备部分产品的供货能力,比较稳定(20 分) 3. 具备少量产品供货能力,不太稳定(10 分) 4. 供货能力极不稳定,范围有限(0 分)				
	地理位置(10 分)				得分
	1. 位于北京 500 公里范围以内(10 分) 2. 位于北京 1 000 公里范围以内(5 分) 3. 位于北京 1 000 公里范围以外(0 分)				
	市场地位(30 分)				得分
	1. 占相关产品市场份额的 20%或者更高(30 分) 2. 占相关产品市场份额的 10%～20%(15～20 分) 3. 占相关产品市场份额的 5%～10%(10 分) 4. 占相关产品市场份额的 5%以下(5 分)				

第 5 章　项目采购管理

续表 5-5

评价项目		
生产制造	生产能力(40分)	得分
	1. 现有生产能力能否满足公司订单需要？是(20分)；否(0分) 2. 未来生产能力扩张有无潜力？是(10分)；否(0分) 3. 现有生产能力是否稳定？是(10分)；否(0分)	
	生产技术及设备(30分)	得分
	1. 生产技术及设备非常先进，居于行业领先水平(30分) 2. 生产技术及设备比较先进，在行业中有较好声誉(20分) 3. 生产技术及设备一般，但有较大提升潜力(10分) 4. 生产技术及设备比较落后，提升潜力有限(5分) 5. 生产技术及设备非常落后，处于行业淘汰边缘，难以提升(0分)	
	生产制造过程控制(30分)	得分
	1. 生产制造过程文件完备，控制程序非常严格(30分) 2. 生产制造过程文件完备，执行得比较严格(20分) 3. 生产制造过程文件比较完备，但执行得并不严格(10分) 4. 生产制造过程文件缺乏，执行松散(0分)	
技术研发	研发业绩(50分)	得分
	1. 企业是否有专利或市级以上科技成果？是(10分)；否(0分) 2. 上一年度企业新产品数量占总产品数量比重？40%以上(20分)；20%以上(15分)；10%以上(10分)；10%以下(0分) 3. 上一年度企业新产品销售额占总销售额比重？40%以上(20分)；20%以上(15分)；10%以上(10分)；10%以下(0分)	
	技术资料完整性(20分)	得分
	1. 进行业务交流所提供资料非常完整，完全满足业主的需要(20分) 2. 进行业务交流所提供资料基本完整，基本满足业主的需要(15分) 3. 进行业务交流所提供资料不完整，部分存有缺陷(10分) 4. 进行业务交流时，无法按要求提供技术资料(0分)	
	样品提供及时性(30分)	得分
	1. 样品提供按照规定时间及时送达(30分) 2. 样品提供推迟3天(20分) 3. 样品提供推迟1周(10分) 4. 样品提供推迟1周以上(0分)	

续表 5-5

	评价项目	
质量管理	质量管理体系(20分)	得分
质量管理	1. 是否获得 ISO9000 质量认证？是(10分)；否(0分) 2. 是否提供有效的质量体系内外审核记录？是(10分)；否(0分)	
质量管理	质量过程控制(30分)	
质量管理	1. 过程控制非常严格，有严格的程序，且检验设备非常齐备(30分) 2. 控制比较严格，控制手段完善，检验设备能满足质检需要(20分) 3. 控制一般，检验设备仅能满足部分质检需要(10分) 4. 过程控制缺乏，难以保证产品质量控制过程(0分)	
质量管理	产品质量总体合格率(50分)	得分
质量管理	1. 以往一年交货记录中，未发生产品质量不合格的情况(50分) 2. 以往一年交货记录中，发生过1次产品质量不合格的情况(40分) 3. 以往一年交货记录中，发生过2次产品质量不合格的情况(30分) 4. 以往一年交货记录中，发生过3次产品质量不合格的情况(0分)	
物流运输	交期(50分)	得分
物流运输	1. 交货非常及时，从未发生过拖延、延迟的现象(50分) 2. 交货比较及时，偶尔发生过拖延，但未影响进度(40分) 3. 交货一般，时有发生过拖延、延迟的现象(20分) 4. 交货不及时，经常发生拖延、延迟的现象(0分)	
物流运输	运输方式(20分)	得分
物流运输	1. 在发运方式上是否能根据需要灵活处理？是(10分)；否(0分) 2. 发运过程中是否对物品有必要的保护措施？是(10分)；否(0分)	
物流运输	紧急订单处理(30分)	得分
物流运输	1. 是否愿意承接公司的紧急订单？是(10分)；否(0分) 2. 紧急订单是否按约定完成？是(20分)；否(0分)	

续表 5-5

评价项目		得分
安全环保	ISO 14000 和 SA 8000 认证(30分)	得分
	1. 是否通过 ISO 14000 认证？是(15分)；否(0分) 2. 是否通过 SA 8000 认证？是(15分)；否(0分)	
	环境保护(30分)	得分
	1. 企业制造过程中是否存在环境污染？是(0分)；否(15分) 2. 制造过程中是否采取措施以降低污染？是(15分)；否(0分)	
	安全管理(40分)	得分
	1. 企业是否建立有安全管理制度或机制？是(15分)；否(0) 2. 企业是否对员工实行强制安全教育？是(15分)；否(0) 3. 企业有无安全事故防范措施？是(10分)；否(0)	
总计得分		评价等级

注：1. 表中各分项评价指标满分均为 100 分，打分后再计算相关加权平均值，根据得分确定供应商等级。计算公式：供应商总得分＝∑评价项目得分×评价项目权重/100＝(企业概况×15%＋生产制造×15%＋技术研发×10%＋质量管理×35%＋物流运输×15%＋安全环保×10%)/100
2. 公司对供应商分为 4 个等级，战略供应商(A 级)：评分≥85 分；优质供应商(B 级)：评分≥75 分；合格供应商(C 级)：评分≥65 分；淘汰供应商(D 级)：评分＜60 分。

5.5.4 战略供应商

战略采购是一种有别于常规采购的思考方法，前者的注重要素是"最低总成本"，而后者的注重要素是"单一最低采购价格"。战略采购是一种系统性的、以数据分析为基础的采购方法，是以最低总成本建立服务供给渠道的过程，一般采购是以最低采购价格获得当前所需资源的简单交易。

为了有效地整合资源、提高工作效率、降低开发成本，充分平衡企业内外部优势，与优质供应商建立战略合作关系成为提高房地产企业专业化水平，实现协同发展、共生共赢的发展趋势。

1）战略供应商的范围

战略采购的本质目的是为了降低成本、保证质量和进度，从这些角度出发，对于战略供应商的范围界定，可参照以下几个原则：

① 合同金额大，对质量、进度有决定性作用的供应商。如：建安总承包、幕墙、电梯、空调机组、精装修等。

② 对人员素质要求高的供应商。如：造价咨询、监理、设计等。

③ 产品成熟、技术稳定的供应商。如洁具、灯具、开关插座、瓷砖、涂料、网络

地板、成品门等。

为了保持竞争性,建议每一种产品或服务的战略供应商数量不少于2家。

2)战略供应商的选择原则

战略供应商的选择包括以下几个重要的原则:

① 考虑总体成本。成本最优并非采购价格低,而应同时考虑采购成本、使用成本、管理成本和其他无形资本。如购买一部电梯,采购的决策者如果忽略了日后维护保养费用、零部件更换费用、产品使用年限等因素而只考虑价格,采购的总成本实际上是没有得到控制的。因此,必须有总体成本考虑的远见,必须对整个采购流程中所涉及的关键成本环节和其他相关的长期潜在成本进行评估。

② 在事实和数据信息基础上进行协商。战略采购过程不是对手间的谈判,而应该是一个商业协商的过程,协商的目的不是一味比价压价,而是基于对市场的充分了解和企业自身长远规划的双赢沟通。在这个过程中需要通过总体成本分析、第三方服务供应商评估、市场调研等为协商提供有力的事实和数据信息,帮助企业认识自身的议价优势,从而掌握整个协商的进程和主动权。

③ 建立双赢的伙伴关系。"合作、双赢"是现代市场经济的先进理念,合作双方通过互为支持、共同成长的伙伴关系,确立双赢的合作基准,从而在激烈的市场竞争中实现共同发展的目的。

第6章 项目合同管理

合同管理是项目管理的核心,是实现项目目标和过程控制的依据和法律保障。由于业主是工程项目建设过程的总集成者,同时也是建设工程项目生产过程的总组织者,因此,业主方合同管理是全过程、全寿命周期的合同管理,其重要性主要体现在以下几个方面:

1) 工程中的合同数量众多、关系复杂,业主方的合同管理在参建各方的合同管理中处于支配地位,起主导作用。

2) 工程项目建设周期长,建造过程复杂,过程中的冲突、争执、风险多,而合同是预防风险,解决冲突和争执,进行索赔和反索赔的法律依据。

3) 合同条款中对项目的各类目标(工期、质量、费用等)均有明确的约束性要求,因此,合同管理是实现项目整体目标的根本保障。

6.1 合同管理的基本原则

根据市场经济的规范性要求,合同管理过程应始终遵循如下基本原则:

1) 依法合规的原则。合同的主体、内容、形式、订立程序等都必须符合法律法规的规定,唯有如此,合同才会受到国家法律的保护,当事人预期的目的才有保障。

2) 权责对等原则。在项目开发的过程中,各类合同的双方有权利就必然有责任,合同中应杜绝只有权利没有责任的条款。

3) 公平交易原则。公平原则是民法的基本原则之一。在订立工程项目合同中贯彻公平原则,反映了商品交换等价有偿的客观规律和要求。贯彻该原则的最基本要求即是签约各方的合同权利、义务要对等而不能有失公平,要合理分担责任。

4) 遵循合作、和谐、共赢的当代理念。

6.2 合同管理的法律依据

建设工程项目的合同管理,不但需要合同本身的规范和完善,也需要相关法律法规的支持和完善。经过改革开放 30 多年的法律建设,我国在这方面的立法体系已基本完成。与工程项目合同有直接关系的是《中华人民共和国民法通则》(简称《民法通则》)、《中华人民共和国合同法》(简称《合同法》)、《中华人民共和国招标投标法》(简称《招标投标法》)和《中华人民共和国建筑法》(简称《建筑法》)。

1)《民法通则》

《民法通则》是调整平等主体的公民之间、法人之间、公民与法人之间的财产关系和人身关系的基本法律。合同关系也是一种财产(债权债务)关系,因此,《民法通则》对规范合同关系作出了原则性的规定。

2)《合同法》

《合同法》是规范我国市场经济财产流转关系的基本法,工程项目合同的订立和履行也要遵守其基本规定,工程项目实施过程中,会涉及大量的合同,均需遵守《合同法》的规定。

3)《招标投标法》

《招标投标法》是规范工程建设市场竞争的主要法律,也是规范合同管理行为的法律,能够有效地实现公开、公平、公正的竞争。发包人和承包人的合同行为必须遵守《招标投标法》的规定。

4)《建筑法》

《建筑法》是规范建筑活动的基本法律,工程项目合同的订立和履行就是一种建筑活动,合同的内容也必须遵守《建筑法》的规定。

5) 其他法律

工程项目合同的订立和履行还涉及其他一些法律关系,需要遵守其相应的法律规定,包括《中华人民共和国担保法》《中华人民共和国保险法》《中华人民共和国劳动法》《中华人民共和国仲裁法》和《中华人民共和国民事诉讼法》等。

合同必须符合法律规定,这是合同法的基本原则之一。当事人订立、履行合同,应当遵守法律、行政法规,尊重社会公德,不得扰乱社会经济秩序、损害社会公共利益。只有依法成立的合同,才受法律保护,对当事人具有法律约束力。合同如果违反了法律、行政法规的强制性规定,则此合同无效,且自始就没有法律约束力。合同无效有两种情况:一种是合同部分无效,即合同中某些条款不符合法律规定,则这些条款无效,但不影响其他部分的效力,其他部分仍然有效;另一种情况是合同的主要条款违反法律规定而导致整个合同无效,但它不影响合同中独立存在的有关解决争议方法的条款的效力。

6.3 工程项目合同的特点

建设工程项目投资大、工期长以及一次性的特点,使工程项目的合同具有区别于其他类合同的一些特点。

1) 工程项目合同是一个合同群体

因为工程项目参与单位众多,一般由多项合同组成一个合同群,这些合同之间分工明确,层次清楚,自然形成一个合同体系。

2) 合同的标的物仅限于工程项目所涉及的内容。与一般的产品合同不同,工程项目合同涉及面主要是建筑物、构筑物的建设,道路、管网的建设,土木工程的建设以及材料、设备的加工、制作、安装等的管理,而且都是一次性过程。

3) 合同内容庞杂

与产品合同比较,工程项目合同庞大复杂。大型项目要涉及几十种专业、上百个工种、几万人作业,合同内容自然庞大复杂。

4) 工程项目合同主体只能是法人

《合同法》《建筑法》《招标投标法》《建设工程质量安全条例》等法律和行政法规,都规定了工程项目合同的当事人只能是法人,公民个人不能成为工程项目合同的当事人。

5) 工程项目具有较强的国家管理性

工程项目标的物属于不动产,工程项目对国家、社会和人民生活影响较大,工程项目的合同订立必须符合政府的规定,在履行中必须接受政府的监督和检查。

6.4 合同管理的基本内容

合同管理贯穿于建设项目实施的全过程,在项目建设的各阶段都必须用合同的形式来约束各方的责任、权利和义务。按照建设程序中不同阶段的划分,工程项目合同包括前期咨询合同、勘察设计合同、监理合同、招标代理合同、造价咨询合同、工程施工合同、材料设备采购合同等。

建设项目合同体系中,各类合同既有相关性又有区别,不同合同的管理既有共性又有区别。但建设项目合同管理的基本内容均应包括合约规划、合同签订管理、合同交底、合同履行管理、合同变更管理、合同终止等。如图6-1所示。

在项目部,合约工程师负责协助项目经理对合同进行起草、谈判、执行、统计、归档、调阅、变更、补充、修订、索赔、保全及诉讼等工作。

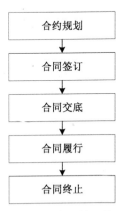

图6-1 合同管理的基本内容

6.4.1 合约规划

项目合约规划是表达项目如何实现经营目标、建设目标的载体,是项目前期统一工作思路和认识的平台。通过合约规划为设计、工程、采购、营销等部门搭建共同工作的平台,各部门按照合约规划既定的合约方式开展工作。

编制合约规划时需要解决的主要问题有:项目应分解成几个独立合同,以及每个合同的工程范围如何;采用何种委托方式和承包方式;合同的种类、形式和条件;合同重要条款的确定等。

从上述内容可以看出,合约规划工作应在项目实施有关采购之前进行,它直接影响后续招标采购工作的进展。根据A企业的要求,合约规划应在项目启动会召开前完成。

6.4.1.1 合同分类

1) 合同分类

由于工程项目具有投资大、工期长、参与单位多的特点,一个项目的合同数量往往会比较多,形成了一个合同群。为有效地对合同进行管理,首先应将合同进行分类。按照合同标的内容,建设工程合同可以分为设计类合同、前期类合同、咨询服务类合同和建安类合同四类。

① 设计类合同。主要包括建筑设计、专项设计、市政设计以及与设计有关的咨询合同、顾问合同等。

② 前期类合同。主要指与投资决策、规划报建等工作相关的合同,如可研分析、环评咨询、产权办理、开工手续办理等。

③ 咨询服务类合同。主要指不形成建筑实体的咨询、监测、服务类合同,如监理、造价咨询、招标代理、基坑监测等合同。

④ 建安类合同。主要指与形成建筑物实体有关的合同,如土方施工、建安总承包、机电安装及设备供货等。

2) 合同类型

在确定了合同分类的基础上,合约规划还需要确定各个合同的类型。不同类型的合同各有其使用条件,对于合同各方,又有各自不同的权利、责任和风险。项目管理实践中,应根据具体情况选择适宜的合同类型,合理的合同类型选择有利于减少合同纠纷、降低工程风险,并顺利实现项目的目标。

合同类型按照计价方式的不同,主要有单价合同、总价合同和成本加酬金合同三种类型,其各自的特点及使用范围如表6-1所示。

表 6-1 合同类型各自的特点及其适用范围

合同类型	特 点	适用范围
单价合同	① 招标前,发包人无需对工程做出完整、详尽的设计,因而可以缩短招标时间; ② 能鼓励承包商提高工作效率,节约工程成本,增加承包商利润; ③ 支付费用只需用单价乘以工程量即可求得,支付程序简便; ④ 工程造价不易控制	适用于招标时尚无详细图纸或设计内容尚不十分明确、工程量无法准确计算的工程
总价合同	① 合同管理和结算比较简单,基本在投标时即可确定工程造价; ② 承包商需要承担单价和工程量的双重风险,报价一般较高	适用于设计深度满足精确计算工程量的要求,工程范围明确,施工条件稳定,结构不甚复杂,工期较短的工程项目
成本加酬金合同	① 能在设计资料不完整的情况下实现早日开工,早日完工; ② 合同价格在签订合同时不能确定,业主承担着全部工程量和价格的风险; ③ 承包商不承担风险,虽然利润不高,但可确保赢利; ④ 承包商没有节约成本的积极性,工程造价不易控制	① 开工前工程内容不十分确定,设计未完成就要求开工; ② 质量要求高或采用新技术、新工艺,事先无法确定价格的工程; ③ 带有研究、开发性质的工程

综上所述,合同类型的选择,应考虑下列因素:
① 工程设计的深度;
② 工程项目的技术先进性;
③ 项目的规模及其复杂程度;
④ 承包商的意愿和能力;
⑤ 工程进度的紧迫程度;
⑥ 业主方的管理能力;
⑦ 外部因素或风险,如政治局势、恶劣气候、通胀等。

采用何种类型的合同并不是固定不变的,有时,一个项目中的不同工程部分或不同阶段,可能采用不同类型的合同,应根据项目的特点和实际情况,全面、反复地权衡利弊,选定最佳的合同类型。

6.4.1.2 合同数量

合同数量的多少与企业的管理模式和项目的管理能力直接相关。合同太少,可能不能体现专业划分的原则,合同太多、分解过细,则造成交界面太多,给现场的管理造成很大难度。根据实践经验,一个15万平方米左右的写字楼项目(含精装修），合同数量控制在 30 个左右比较合适。

在具体确定合同数量时，应首先做好以下几项工作：

1）界定项目范围

根据土地上市文件、环境调查资料和类似项目的数据，并充分考虑项目的限制条件和制约因素，如遮挡、交通、特殊的功能要求等，对项目的范围有一个清晰的界定。

2）合约体系

是采用独立发包，还是放在总包合同中？这要考虑两方面的问题，一个是企业的合格供应商是否足够，一个是项目团队的管理能力。如果合格供应商数量可供选择的比较多，而且项目的管理团队有相应的管理经验和能力，就可以适当多考虑一些分包。

① 施工总承包。施工总承包作为一种工程项目管理模式，由于其具有层次分明、责任明晰、管理规范等先进性，在目前的项目建设中是比较普遍被采用的模式，但作为项目管理人员，必须对其存在的优点、缺点有全面的认识和了解，以便于结合企业和项目自身的特点进行采购方案的确定。

a. 施工总承包的优点

有利于理清工程建设中业主与承包商、总包与分包、执法机构与市场主体之间的各种复杂关系。比如，在工程总承包条件下，业主选定总承包商后，工程分包、材料设备采购等环节直接由总包确定，业主从而不必再实行平行发包，避免了发包主体主次不分的混乱状态，也避免了执法机构过去在一个工程中要对多个市场主体实施监管的复杂关系。

有利于优化资源配置。业主方摆脱了工程建设过程中的杂乱事物，避免了人员与资金的浪费；减少了变更、争议、纠纷和索赔的耗费，使资金、技术、管理各个环节衔接更加紧密。

在强化总包管理责任的前提下，有利于控制总体的工程造价。并且，由于实行整体发包，招标成本大幅降低。

有利于提高全面履约能力，确保项目整体的质量和工期。由于工程建设的各个环节均置于总承包商的指挥下，可以充分发挥大型承包企业所具有的较强技术力量、管理能力和丰富经验的优势，大大增强工程各个环节的综合协调余地，这对于确保质量和进度是十分重要的。

b. 施工总承包的缺点

施工总承包方在可能进行分包的情形下会收取适当的分包商管理费，这样会造成费用略为偏高，同时总承包方一般会具备较高的资质等级，这也会造成发包费用偏高。

第6章 项目合同管理

采用施工总承包采购需等到施工图全部出具完全后才可开始招标,开工日期较迟,建设周期势必较长,对进度控制不力。

c. 施工总承包的适用范围

适用施工平行承发包的情形:项目规模很大,一家施工单位难以承揽;工期要求紧迫,图纸未出完即开工建设;建设方有足够的管理人员应付多家施工单位的管理工作。

施工总承包适用于除了平行承发包适用的几种情形外的所有工程发包。

② 设计总承包。所谓设计总承包就是由一家具备相应资质的设计单位负责工程项目的所有建筑设计任务,包括方案设计、初步设计、施工图设计以及幕墙设计、机电设计、精装修设计、园林设计等专业设计内容。

设计总包的优点在于:由于有设计总包单位的参与,业主方设计协调的工作量大大减少;并且,由于业主方的设计合同只有一个和总包单位的合同,减少了不同设计合同之间的界面管理,从而减少了冲突、纠纷、扯皮的现象。其缺点在于:总包单位的选取很重要,如果由主要承担施工图设计的单位承担设计总包的工作,很难对方案设计单位进行有效控制,如果由方案设计单位作为总包,则对后续的初步设计、施工图设计单位管理难度也会比较大。另外,由于只有一个总包设计合同,业主方对专业设计单位的指令是间接发出的,如果有一些方案性或功能性的改变,则管理程序、变更程序的协调会比较复杂。

3) 合同界面

合理界定各参建单位之间的合同界面是合约规划的前提,特别是总包和分包之间的工作界面必须界定清楚,以避免由于界面不清而引起的现场扯皮、变更洽商、进度滞后等问题。

主要分包单位与总包之间的合同界面范围描述如表6-2所示。

表6-2 总包与分包工作范围界面表

序号	承包商	工作界面
1	总包	① 按设计图纸完成井道的施工,按电梯供应商交底要求完成电梯工程留洞预埋及相关基础工程; ② 提供电梯/自动扶梯调试所需临时供电,以配电箱柜为界限; ③ 负责机房内的主电源开关(配电箱)、固定电气照明、电源插座、照明开关和通风设备安装,提供和安装由电梯机房及井道外连接至中央控制室之间的线槽、线缆; ④ 提供电梯门框用的调直和调平的数据,提供混凝土填料材料用于框缘、厅门框、地基和底坑的填充和灌浆,为所有电梯底坑提供排水设施; ⑤ 未办理正式移交手续之前按照电梯分包人要求进行成品保护、层门预留孔的安全保护栏、安全防护网的设置

业主方的项目管理

续表 6-2

序号	承包商	工作界面
1	电梯	① 负责电梯井道内脚手架的安装,负责电梯延伸的所有电梯设备; ② 井道内永久性照明由电梯安装公司负责,包括机房和底坑的井道照明控制开关; ③ 机房内的消防电梯迫降控制线由消防施工单位负责,电梯安装公司负责提供接口; ④ 机房、轿箱、消防控制中心的三方对讲控制线由消防施工单位施工,电梯安装公司负责提供轿箱和机房的接口; ⑤ 轿箱内的闭路监控施工由智能化施工单位负责,电梯安装公司负责在轿箱内提供摄像头的位置;轿箱其余施工由电梯安装公司负责
2	总包	① 按设计图纸和幕墙交底内容完成与幕墙有关的预留、预埋、补洞、开洞、堵洞、水泥砂浆塞口收口等; ② 负责对有关的分包进行工作协调、作业面提供以及进度、质量、安全的全面监督、管理
	幕墙	包括外门窗、玻璃幕墙、石材幕墙和遮阳系统的二次深化设计、材料采购、现场安装、调试、验收等
3	总包	① 按设计图纸和精装交底内容完成与精装有关的设备基础(如果有)、预留预埋件、预埋管(包括地脚螺栓)、预留洞、补洞、开洞、堵洞等; ② 负责对精装单位进行现场协调、作业面提供以及进度、质量、安全的全面监督、管理; ③ 负责提供现场轴线、水平线、标高线以及相关技术数据
	精装	根据施工图纸要求,包括所有室内精装区域内的二次深化设计,装饰工程的材料采购、现场施工、设备安装、用电末端(如开关、灯具)、二次配管配线、给排水支路管线、卫生洁具安装以及自施工范围内的成品保护等

总承包还应对以上专业分包单位及其他独立施工单位提供以下现场施工协调、配合和管理工作,具体包括:

① 在工地现场为专业分包提供临时办公室、临时卫生间、辅助设施及库房,并确保其所占用场地不能妨碍施工及材料运输。

② 提供给专业分包单位合理之施工空间及通道,专业分包单位须负责修补由其本身引致在施工场地通道上所造成的损坏。

③ 提供在施工场地上的爬梯、脚手架及升降电梯,并确保其安全性。

④ 提供标高及定位的基准点、线,并确保其准确性。

⑤ 按合同约定提供专业分包工程施工所需脚手架、安全网、围板等;对工地上所有物料和机械提供安保措施;提供分包现场用水、照明及电力的供应至指定位置供专业分包单位使用,包括提供测试及调试所需用量及负荷,专业分包单位及独立

施工单位须自行从供水点再驳管道及从供电点再驳线路,并在不需时拆除。总承包方须确保这些设施的正常使用及符合安全规定,及定时检查、维修。施工现场用水电费均由总承包方负责。

⑥ 总承包方须配备专职安全人员检查各专业分包单位的安全施工情况,在发现不符合施工现场安全规定时督促其及时改正。

⑦ 总承包方须在工地上及每栋建筑物内每层设置建筑垃圾集中堆放点,并需每日定时清理、运走。

⑧ 在工程交付发包方正式接管前,进行全面的清理工作。

⑨ 合同约定的其他事项。

在确定合同数量时,还应考虑如下因素:

① 以对工作任务的技术可分割性分析为基础,控制不必要的、过多的工作界面分割。

② 以经济上最有利作为合理性判断。

③ 以技术上是否可能与合理可靠为必要条件。

④ 考虑各项分包工程在合同责任的搭接上既不出现重复也不出现遗漏,并使每一承包商的工作范围尽可能达到必要的生产经营规模。

由于项目的合同数量比较多,为避免编制合约规划时的合同漏项,在 WBS 的基础上编制合同网络图是一个直观而有效的方法。如图 6-2 所示。

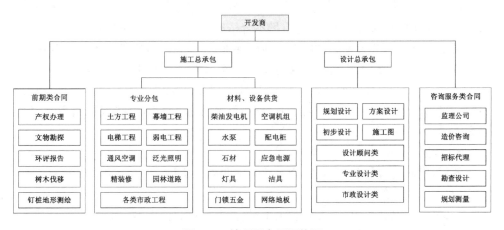

图 6-2 某项目合同网络图

6.4.1.3 合同重要条款的确定

在编制合约规划期间,根据成本指标、进度计划等约束条件,应提前对进度、成本、质量影响比较大的合同进行梳理,如土方、结构、机电、幕墙、电梯、弱电、变配电、精装修、园林、进口设备等。

通过对主项合同的商务、技术条款的起草、讨论、审定等工作,细化合同内容,为招标文件的编制做好准备,更为后续的项目管理提供强有力的合同保障。

合同条款的控制要点包括:

1) 合同目标的要求

工期目标、质量目标、安全文明施工目标、职业健康环境目标、现场管理目标等应在合同条款中予以明确,并有相应的违约责任条款。但应注意目标的合理性、可达性和可操作性,避免因业主工作的滞后造成承包商的索赔。

2) 合同范围的要求

即应由承包人完成的合同内容说明,包括报批报建手续、承包范围说明、定期上报的文件(计划、报告、说明、表格等)和竣工交付应履行的职责等。

3) 应达到的技术标准要求

应执行的国家和地方标准规范,包括设计、材料、工艺、验收和特殊的技术约定。

4) 对主要管理人员的要求

对承包商驻工地代表(项目经理)和主要管理人员的任职资格、工作职责、工作经验等进行提前约定,确保合同执行者的能力、经验满足项目的要求。

5) 违约条款

针对上述合同内容,对未达到约定标准或未予履行的,要有针对性的违约索赔条款。比如在精装修合同中,对于质量不合格的处理可做如下规定:

质量不合格的必须按照监理工程师的要求进行返工,返修费用由乙方承担,工期不予延长。如乙方未能按要求及时处理质量问题或质量事故,监理工程师有权委托他人进行处理,发生的一切费用加15%管理费可从甲方给乙方的任何款项中扣回。因乙方装修质量问题导致工期延误的,乙方须向甲方赔偿因此造成的所有损失。

6) 其他

签订《廉政建设协议书》及安全、消防、文明施工协议。

6.4.1.4 编制合约规划

合约规划为后续工作的开展制定了量化的指导目标,编制中应考虑如下因素:

1) 确保完成项目目标。
2) 符合公开招标、内部招标的时间要求。
3) 考虑招标图纸的完成时间,并留出清单编制的时间。
4) 综合考虑图纸深化、材料准备、施工样板等的时间消耗。

A企业的项目合约规划模板参见附录C。

6.4.2 合同签订

合同签订工作包括合同初稿编制、中标单位确定、洽谈签约、合同下发等内容，如图6-3所示。

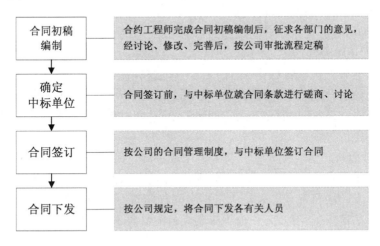

图6-3 合同签订的工作流程

1) 合同初稿编制

为提高工作效率，加快合同的起草、审批、签约等事项，企业应根据自身特点，建立符合需要的、标准化的"合同文件模板库"。模板库的建立不仅可以提高效率，还可以使项目管理的各类经验、教训通过标准合同模板的形式得到总结、积累和沉淀，从而支撑企业的快速发展。

在实际应用中，如果已有标准合同模板的应直接使用，没有的应采用类似或接近的合同模板修改、补充后使用。

2) 合同洽谈

在确定中标单位后，与其进行签约前的合同谈判是至关重要的工作环节。合同洽谈时应做好以下几项工作：

① 确立洽谈的具体目标。确定有意义的洽谈目标对谈判成功非常重要，每个谈判成员都要清楚谈判要达到的目标，以及这些目标基于什么样的假设才能成立。

② 收集相关信息。通过对相关信息的收集、整理、分析和研究，谈判人员就会有较充分的思想准备，明确洽谈内容的主客观环境，寻找可行的途径，达到谈判的目标。通常在合同洽谈前需要收集以下信息：产品质量、市场价格、供应商的供货能力、技术水平、商业信誉等。

③ 制定谈判策略。安排谈判进程，明确洽谈的内容，以及谈判团队由哪些人

组成等等。

6.4.3 合同交底

合同交底是合同执行人员充分了解合同内容,把握合同重要条款,确保合同目标实现的重要工作步骤。合同交底一般由合约工程师负责组织,项目部有关人员参加,并应做好交底记录。合同交底的目的包括:

1) 全面了解合同内容

合同是当事人正确履行义务、保护自身合法权益的依据。因此,项目部全体成员必须首先熟悉合同的全部内容,并对合同条款有一个统一的理解和认识,特别是合同工作范围、合同条款的交叉点和理解的难点,以避免不了解或对合同理解不一致带来工作上的失误。

2) 规范管理行为

合同界定了双方当事人(业主与监理、业主与分包商)的权利义务界限,规范了各项工程活动。项目部全体人员应依据合同规定进行各项工程管理活动,以使各项行为具有法律依据,有效防止由于权利义务的界限不清引起的争议,提高合同的管理效率。

3) 有利于合同风险的事前控制

合同管理人员向项目部全体成员介绍合同意图、合同关系、合同基本内容、合同的重要条款等内容,有利于项目部成员领会意图、集思广益,思考并发现合同中的问题,如合同中可能存在的风险、合同中的矛盾条款、用词含糊以及界限不清的条款等,并针对这些问题提前采取风险规避措施,避免在合同执行中发现问题后带来的措手不及和失控,降低合同执行的风险。

4) 提高合同管理意识

项目的各项指标是否能够完成,很大程度上取决于合同执行的力度和效果。项目部必须建立合同文档管理制度、合同跟踪管理制度、合同变更控制程序以及合同争议管理流程,严格按照合同约定进行管理和协调,充分树立合同管理意识,提高项目管理水平。

合同交底的主要内容应包括:

① 工程概况及合同范围;
② 合作单位的概况及合同执行人员情况;
③ 合同的有效期限;
④ 合同约定的项目目标,如质量目标、进度目标、安全与文明施工目标等;
⑤ 合同中对材料、工序、验收等工作内容的约定;
⑥ 双方争议的处理方式、解决程序;

⑦ 发包方的主要职责，包括提供场地、图纸、道路、支付款项、下发指令等；

⑧ 合同双方的其他主要权利、义务。

6.4.4 合同履行

合同是项目管理的核心依据，项目建设过程中应始终以合同的履行作为控制要点，并重点注意如下事项：

1) 合同文件的解释顺序。

按照国家的相关规定，除专用合同条款另有约定外，解释合同文件的优先顺序如下：

① 合同协议书；

② 中标通知书；

③ 投标函及投标函附录；

④ 专用合同条款；

⑤ 通用合同条款；

⑥ 技术标准和要求；

⑦ 图纸；

⑧ 已标价工程量清单；

⑨ 其他合同文件。

与合同有关的通知、批准、证明、证书、指示、要求、请求、同意、意见、确定和决定等往来函件，均应采用书面形式，并应在合同约定的期限内送达指定地点和接收人，同时办理签收手续。

2) 深入基层，及时掌握执行过程中的动态变化。

3) 细致完整地做好变更、索赔、纠纷等原始证据的取证工作，并对其准确性、完整性、有效性进行审定、完善；及时完成原始证据的整理、存档工作。

4) 在执行合同过程中对条款产生分歧或理解不一致的问题，进行解释、完善。

5) 对问题或争议的产生、处理过程，进行过程原始记录和参与取证。组织或参与争议处理过程的全洽谈。

6) 随着项目进程的变化，及时进行追踪管理(包括变更、索赔处理)。

6.4.5 合同终止

合同管理工作经过准备、洽商、签订、执行、完成等几个过程后，进入终止程序。合同的终止一般有按约终止和中途中止(双方协商或法定事由)两种情况。

1) 按约终止

合同按约定履行完成后即可办理终止，终止前应落实如下事项：

① 各部门履行会签手续,保证合同内容的完整履行;
② 合同约定的保修责任是否履行完成;
③ 合同约定的项目移交、技术服务、物业培训、竣工资料提供等合同义务是否履行完整。

2) 中途中止

正常情况下,合同当事人应当按照约定全面履行自己的义务,但是,应当先履行债务的当事人,有确切证据证明对方有下列情形之一的,可以中止履行:
① 经营状况严重恶化;
② 转移财产、抽逃资金,以逃避债务;
③ 丧失商业信誉;
④ 有丧失或者可能丧失履行债务能力的其他情形。

6.5 索赔管理

建设工程索赔是指在工程合同履行过程中,合同当事人一方因对方不履行或未能正确履行合同或者由于其他非自身因素而受到经济损失或权利损害,通过合同规定的程序向对方提出经济或时间补偿要求的行为。索赔是一种正当的权利要求,它是合同当事人之间一项正常的而且普遍存在的合同管理业务,是一种以法律和合同为依据的合情合理的行为。索赔是互相的、双向的,承包商可以向业主索赔,业主也可以向承包商索赔。业界有句话叫"中标靠低价,赚钱靠索赔",因此,工程索赔管理的好坏,直接关系到业主方的根本利益,加强工程索赔管理,可以有效降低建设成本,减少经济损失。

6.5.1 承包商向业主的索赔

承包商向业主的索赔主要包括:变更索赔、延期索赔、抢工索赔以及不可抗力的后果索赔等,表6-3为我国《建设工程施工合同示范文本》中可引用的索赔条款。在合同管理的过程中,我们应认真分析和排查可能引起索赔事件的诱因,尽可能防止和减少索赔事件的发生。

表6-3 《建设工程施工合同示范文本》中承包商可引用的索赔条款

序号	条款	索赔的基础、理由或权利	工期延长	费用增加
1	4	发包人要求承包人需要特殊保密的措施费		√
2	6.2	工程师指令错误给承包人造成的损失	√	√

第6章 项目合同管理

续表6-3

序号	条款	索赔的基础、理由或权利	工期延长	费用增加
3	7.3	因发包人原因,承包人在施工中采取的紧急措施	√	√
4	8.3	发包人未能完成其义务(9项工作),造成延误	√	√
5	12.2	发包人因其自身原因,推迟工作	√	√
6	12	因发包人原因暂停施工	√	√
7	13	工期延误条款(7种情况)	√	√
8	15	发包人要求工程部分或全部达到优良标准	√	√
8	15	工程质量因发包人原因达不到约定条件	√	√
9	16	工程质量因发包人原因造成的返工、修改		√
9	16	发包人检验合格后,又发现承包人造成的质量问题	√	
9	16	工程师影响施工正常进行,如检验为合格	√	√
10	18	工程师要求重新检验,如工程合格	√	√
11	19.5	由于设计原因试车达不到验收要求	√	
11	19.5	由于设备制造原因试车达不到验收要求,且设备为发包人采购	√	√
12	23.3	合同价款调整条款(4种情况)		√
13	27.4	发包人供材料、设备延误或不合格	√	
14	29.1	设计变更	√	√
15	39.3	不可抗力	√	
16	43.2	工程施工发现地下障碍和文物而采取的保护措施	√	√
17	44.6	因发包人原因,解除合同,由发包人按合同支付已完成工程价款,赔偿承包人有关损失		√

6.5.2 业主向承包商的索赔

由于承包商不履行或不完全履行合同约定的义务,或者由于承包商的行为使业主受到损失时,业主可向承包商提出索赔。索赔的内容主要有:

1) 工期延误索赔。由于承包商的责任,使工期拖后,业主有权对承包商进行索赔,即由承包商支付误期损害赔偿费。

2) 施工缺陷索赔。当承包商的施工质量不符合合同的要求,或使用的设备和材料不符合合同规定时,业主有权向承包商追究责任,要求补偿所受的经济损失。

3) 承包商不正当地放弃工程的索赔。承包商不合理放弃工程,业主有权从承包商手中收回由新的承包商完成工程所需的工程款与原合同未付部分的差额。

6.5.3 索赔的证据

证据是索赔的关键,证据不足或没有证据,索赔是不能成立的。除合同文本外,常见的可以索赔的证据有以下几种:

1) 投标文件。投标文件是合同的重要组成部分,其内容包括承发包双方的要约和承诺,在索赔要求中可以直接作为证据。

2) 会议纪要。在施工过程中,有关各方针对工程召开的一切会议的纪要。但纪要要经过参与会议的各方签认,或由发包人或其代理人签章发给承包人才有法律效力。

3) 往来信件。合同双方针对工程问题提问的答复信或认可信等。

4) 指令或通知。发包人驻工地代表或监理工程师发出的各种指令、通知,包括工程设计变更、工程暂停等指令。

5) 施工组织设计。经发包人驻工地代表或监理工程师批准的进度计划、施工组织设计或施工方案。

6) 施工现场的各种记录。如施工记录、施工日报、检查记录、气象记录、各种验收报告,以及可以直观的、注明日期的工程照片。

7) 建筑材料的采购、运输、保管和使用等方面的原始凭证。

8) 政府主管工程造价部门发布的材料价格信息、调整造价的方法和指数等。

9) 国家发布的法律、法令和政策文件,特别是涉及工程索赔的各类文件。

6.5.4 做好索赔管理的措施

工程索赔是业主方维护自身合法权益的有效途径,也是保证建设项目顺利开展的重要保证。业主方在进行索赔管理时,首先要加强防范意识,坚持预防为主的方针,努力做好事前、事中、事后控制,认真分析和排查可能引起索赔事件的诱因,尽可能防止和减少索赔事件的发生。具体来讲,应该做好如下工作:

1) 减少设计变更

任何设计的变更都会为承包商的索赔提供机会,因此,在进行设计管理工作时,对可能引起设计变更的环节,如工程项目的设计方案(包括类型和尺寸)、工程的质量标准、施工顺序和时间安排等一定要认真审查。另一方面,对提供给承包方的原始资料也要认真核查,这也是引起承包方索赔的主要环节。因此,在审查原始资料时,应该尽量避免出现如下错误:

① 设计施工图与现场实际施工在地质、环境等方面的差异过大；

② 设计图纸对规范要求、施工说明等表达不严明，对设备、材料的名称、规格型号表述不清楚；

③ 工程量计算错误、遗漏或缺陷。

2) 认真编制招标文件

工程招标文件是业主方项目实施的重要依据，是签订合同的基础，招标文件的95%左右的内容均将成为合同内容，因此在进行招标工作的同时，编好招标文件非常重要。

在工程招标和合同谈判阶段，应仔细研究合同条件，并邀请监理工程师参与决策，使招标文件、合同文件、技术规范的编写更加规范、完善，避免由于合同文件的缺陷而引起索赔。合同中各个文件的内容要一致，尽量避免和减少相互之间的矛盾以减少索赔事由；文件用语要规范、严谨、清晰、简练，以便产生争端时易于判断；要注意相对公正地处理业主和承包商的利益，风险要合理分担；对于价值高、工程量大的项目可要求承包商投标时提交"单价分析表"，以备评标后处理索赔时使用。

3) 做好现场管理

在项目实施阶段，项目部应做好以下工作：

① 建立工程项目文档管理系统，委派专人负责工程资料和其他经济活动资料的记录、收集、整理工作。

② 进行合同监督和跟踪管理，首先保证自己全面履行合同，不违约，并动态地跟踪和监督对方的履行情况，一经发现不符合或出现有争议的问题应立即进行分析，并根据情况提出书面改正要求或索赔。

③ 明确监理的职权范围，避免其在工作中越权发出不适当的指令，引起索赔。

索赔管理是一项复杂而系统的工程，做好此项工作的重点是管理者思想上要重视，原则是预防为主，中心环节是相关证据(资料)的收集和整理。在工程项目的实施过程中，只有做好以上工作，才能有效地防止承包商的索赔，同时也可以在自己的权益受到损害时积极应对，避免或减少损失。

第 7 章 项目设计管理

随着竞争压力的日益增大,房地产公司必须在不断降低成本的同时提高产品质量、缩短开发周期,还要满足不断提高的法律和环境要求,实现这些目标的能力在很大程度上依赖于产品设计。

设计阶段完成的设计文件,确定了工程项目的建设规模、使用功能、装备水平、建造标准、建筑造型,同时也基本确定了建设项目的总投资。各项设计任务能否按照项目总控计划的要求顺利完成,直接影响工程招标、规划报建和工程建设等后续工作的实施。因此,项目的设计管理是项目建设过程中预控管理的关键环节。

设计的主要工作、设计配合工作在整个房地产价值链中的阶段如图 7-1 所示。

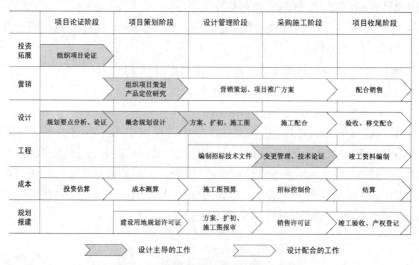

图 7-1 房地产价值链中的设计管理

7.1 设计的基本原则

建设项目通过工程设计体现项目的投资建设目标。工程设计要切合实际、安全适用、技术先进、经济合理,在满足功能需求的同时应始终贯彻下列基本原则:

第7章　项目设计管理

1) 确保实现使用功能

满足使用功能要求是建筑设计的首要任务。根据《项目产品定位报告》或设计委托合同中关于项目功能实现的具体要求，落实相关工作。包括方案论证、初步设计审核、施工图审核、二次深化审核、专项方案论证等各项工作，确保实现项目的功能性目标。

2) 采用合理的技术措施

正确选用建筑材料，根据建筑空间组合特点，选择合理的结构、施工方案，使房屋坚固耐久，建造方便。

尽量采用先进、成熟、适用的技术。同时根据国内的管理水平和消化能力，积极吸收国外的先进技术和经验，着眼于提高国内技术水平和制造能力。必须引进的国外新技术和设备，要与我国的技术标准、原材料供应、生产协作配套、维修与零部件的供应条件相协调，确保项目后期的运营、维护、保修的实现。

工程设计必须安全可靠、方便施工，并保证项目建成投产后长期安全正常运行。根据工程的不同性质与要求，从实际情况出发，合理地确定设计标准，防止追求过高的设计标准。

3) 具有良好的经济效果

建设项目是一个复杂的物质生产过程，需要大量人力、物力和资金，在房屋的设计建造中，要因地制宜、就地取材，尽量做到节省劳动力，节约建造材料和资金。

技术设计阶段对项目建设投资的影响占到 $75\%\sim85\%$，而且根据其所做的设计概算对整个投资控制目标来说，具有相当的指导意义和可操作性，所以，这一阶段的工作重点将放在对设计概算的审查上。应主要通过对设计概算的编制依据、概算构成等进行审查，并通过与国内外同类项目的投资进行对比分析，以不超过项目投资估算为目标进行控制。若在审查中，发现其在建筑结构体系以及有关材料、系统、设备、仪器仪表的选择方面存在一定的不合理性或不经济，应及时向公司提交具体的分析论证以及相关的合理化建议。

4) 考虑建筑物美观要求

建筑物是社会的物质和文化财富，它在满足使用要求的同时，还需要考虑人们对建筑物在美观方面的要求，考虑建筑物所赋予人们在精神上的感受。

5) 符合总体规划要求

单体建筑是总体规划中的组成部分，单体建筑应符合总体规划提出的要求。建筑物的设计，要充分考虑和周围环境的关系，例如原有建筑物的状况、道路的走向、基地面积大小以及绿化要求等方面和拟建建筑物的关系。

6) 设计进度满足项目进度目标

按照项目总控计划的时间节点要求，考虑适度的交叉，梳理出各项设计工作之间合理的时间、次序等的逻辑关系,在满足整体进度节点要求的前提下,适当留出一定的设计修改、机动时间。

根据设计工作与其他相关工作的逻辑关系,项目部设计经理负责编制各阶段设计工作的时间指标(如最早开始时间、最晚开始时间、最早完成时间、最晚完成时间等),然后通过招标文件要求及随后的合同洽谈工作,确定各设计单位的设计进度计划和详细的出图计划,并在计划执行过程中对其进行动态监测,确保设计文件能够得到及时提交,进而满足整体项目的进度要求。

7.2 设计管理的基本内容

设计工作的质量直接决定了项目最终所能达到的质量水准,同时也决定了项目实施的秩序程度和费用水平。设计中的任何错误都将在计划、施工和运行中扩展、放大,从而造成更大的失误和损失,设计工作在房地产开发周期中的重要性越来越凸显。

鉴于此,项目部应投入相当的精力进行设计管理工作,及早进行控制并严格周密地协调。

设计管理的基本工作内容如图 7-2 所示。

7.2.1 设计的接口管理

建设项目的接口管理,主要指工程设计与外部协作的接口管理,包括工程设计阶段对拟采用的新技术、新材料、新工艺、新设备组织的可研试验和成果评价,工程勘察设计不同环节之间的接口管理和成果评审。

1) 设计与外部协作的接口管理

业主方应负责设计过程中与外部协作的接口管理工作,主要内容有:

① 对工程设计中拟采用的超出现行技术标准的新技术、新材料、新工艺、新设备组织开展科研试验和成果评审,并最终确定采用的方案。技术论证的工作流程如图 7-3 所示。

② 负责外部协作条件的取证。

③ 办理环境影响防治或整治措施、水土保持设计、劳动安全与消防、征地移民调查和安置规划等专题设计的报送、评审和审批。

④ 协调设备供应厂商提供主要设备技术规格、性能、参数、控制性结构尺寸与基础图。

2) 设计各环节的衔接和管理

① 工程勘察主要技术成果与参数的审查;

第7章 项目设计管理

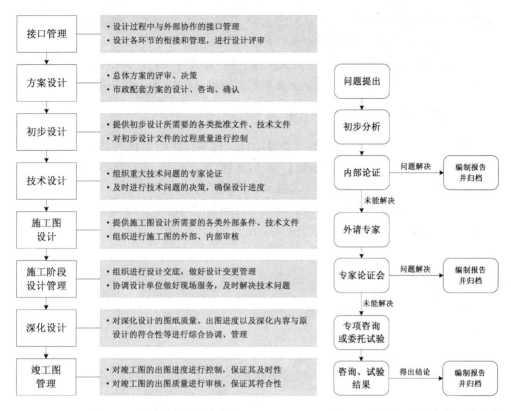

图 7-2 设计管理的基本内容　　图 7-3 设计技术论证的工作流程

② 设计方案比选和设计大纲审查,包括总体布置、设计原则、重大关键的技术标准、参数、结构方案、机电方案、设备设施方案等;

③ 组织设计方案成果审查,并提出设计建议方案;

④ 组织专业技术问题设计审查,及时组织攻关科研与试验;

⑤ 组织设计成果审查,提出优化设计的意见;

⑥ 审批各阶段成果。

3) 组织工程设计评审

由建设项目业主组织有关专家或机构进行工程设计评审,目的是控制设计成果质量,优化工程设计,提高效益。设计评审包括设计方案评审、初步设计评审和施工图设计评审三方面的内容。

① 设计方案评审:总体方案评审、专业设计方案评审、设计方案审核(进行技术经济比较和多方案论证);

② 初步设计评审:审核设计项目完整性,设计基础资料(勘察成果)可靠性,以

及设计标准是否符合预定要求,总平面布置、功能布局、交通流线组织是否合理,设计方案比较是否全面,经济评价是否合理;

③ 施工图设计评审:对设备、设施、建筑物、管线等工程对象的尺寸、布置、选材、构造、相互关系、施工及安装质量要求的详细设计图和设计说明进行审核。

7.2.2 方案设计管理

方案设计的主要工作内容是对建设项目和建筑区进行总体规划,进行建筑设计(包括建筑造型、立面、布局、规划)和区域布置,确定建筑、人防、园林绿化、交通、消防等的方案设计,提出建筑模型和技术经济指标等。

在方案设计阶段,建设单位需要向城市规划部门申报本工程的规划意见书,规划部门在规划意见书中将对拟建项目提出具体要求,规划意见书是方案设计的依据。

方案设计管理的要点包括:

1)总体方案审核

内容包括:项目布局、建设规模、产品方案、设备配套条件、市政配套条件、投资估算等。

2)环境影响审核

方案设计是否符合环评报告批复意见的要求,是否考虑到生态环境和自然保护许可。

3)市政配套

水源、电源、热源及其供应线路、供应方式、供应指标是否可靠合理;通信方式、线缆、通道、网络等是否满足项目的使用要求。

4)重要设备的选用

工程中的重要设备选用方案是否可靠合理。

7.2.3 初步设计管理

1)初步设计的前置条件

① 建设项目可行性研究报告经过审查,并已获得核准文件;

② 已办理征地手续,并取得城市规划部门和国土资源管理部门提供的建设用地规划许可证和建设用地红线图,或取得当地政府的承诺;

③ 取得规划部门提供的规划设计条件通知书、环保部门批准的环境影响评价报告书;

④ 已办理各种外部协作条件的取证工作,完成科研、勘察任务,并转交设计单位,作为设计的依据。

2) 初步设计的深度要求

① 多方案比较:在充分细致论证设计项目的经济效益、社会效益、环境效益的基础上,择优推荐设计方案;

② 建设项目的单项工程要齐全,要有详尽的工程量清单和计算书,主要工程量误差应在允许范围以内;

③ 主要设备和材料明细表要符合订货要求,可作为订货依据;

④ 总概算不应超过可行性研究投资估算总额的10%;

⑤ 满足施工图设计的准备工作要求;

⑥ 满足招投标、施工准备、开展施工组织设计的要求;

⑦ 满足经核准的可行性研究报告中所确定的主要设计原则和方案。

7.2.4 技术设计管理

重大项目有特殊技术问题需要论证时,应增加技术设计工作。

1) 技术设计主要解决的问题

技术设计是根据已批准的初步设计,对设计中比较复杂的项目、遗留问题或特殊需要,通过更详细的设计和计算,进一步研究、论证和明确其可靠性和合理性,准确地决定各主要技术问题。其设计深度和范围,基本上与初步设计一致。

2) 技术设计的审批

技术设计是初步设计的补充和深化,一般不再进行报批,由建设项目业主直接组织审查、审批。审批的技术设计文件转回设计单位,开展施工图设计。

7.2.5 施工图设计管理

1) 施工图设计的前置条件

① 对初步设计或招标设计的审核文件、批准的工程建设计划和核发的施工图设计条件已经准备齐全。

② 初步设计审查时提出的重大问题和初步设计的遗留问题已经解决;施工图阶段勘察及地形测绘已经完成。

③ 外部协作条件,水、电、交通运输、征地、安置的各种协议已经签订或基本落实。

④ 主要设备订货基本落实,基础图资料已收集齐全,可满足施工图设计的要求。

2) 施工图设计的深度要求

① 满足土建施工的要求;

② 满足材料、设备的订货需要;

③ 满足非标准设备和结构件的加工制作；

④ 满足施工组织设计的编制；

⑤ 工程项目、规格、标准与工程量应满足招标施工、计量计价的要求；

⑥ 设计说明和技术要求应满足施工质量检验、完工验收的要求；

⑦ 满足工程监理和项目计算机信息化管理需要（每一部分详图要有工程量清单）。

3）施工图审核

施工图审核分为强制审核和内部审核，强制审核由国家规定的施工图审核单位来进行，并且出具书面的图纸审核意见，强制审核主要审查设计图纸对规范、标准的遵守情况，根据实践经验，强制审核对于项目的使用功能、经济性审核不够侧重。为了有效控制设计的总体质量，必须自行组织专家对图纸进行内部审核，审核的主要内容包括：

① 设计内容符合可行性研究报告所确定的方案和各项技术要求。

② 结构安全可靠，符合城市规划和各级建设主管部门的规定。在规划上符合城市规划部门对建筑物高度、建筑面积、建筑容积率、绿化率、建筑密度等的要求；符合市政管理部门对道路、给排水等配套设施要求；符合园林局对绿化指标、绿化方案的要求；符合环保、卫生等部门对项目环保卫生的要求。

③ 审查设计的保守性和不足。设计的安全系数过高、过于保守会导致浪费，而安全系数过低或不足则会导致安全隐患。

④ 审核图纸中出现的"错、漏、碰、缺"等情况，以及建筑专业、结构专业、水电、通风等各专业之间的协调性、一致性。

⑤ 详细核对每个房间的功能及布置，做到最大限度的设计合理，保证人流方向合理、通畅，消防符合要求，安全没有死角。

⑥ 审核餐厅、厨房区域的人流通道、物流运输通道、通风系统、防火措施、燃气安全措施等内容。

7.2.6 施工阶段的设计管理

1）施工图设计交底

设计交底的目的是为了保证工程质量，使施工单位熟悉设计图，了解工程特点、设计意图和关键部位的质量要求，及时发现设计图错误并进行修改。

设计交底会由业主方组织实施，参加单位一般包括业主、设计、监理、承包商四方的有关管理和技术人员。由工程设计单位介绍工程概况、特点、设计意图、施工要求、技术措施等有关注意事项；再由施工单位提出设计图中存在的问题和需要解决的施工技术难题，通过四方协商，拟定解决方案，并以会议纪要形式记录在案。

2）设计变更

由于设计原因、建设条件变化或施工原因,提出修改施工图设计的,由提出修改的单位提出具体意见与理由,经工程监理单位组织讨论后,由设计单位负责修改设计。凡涉及重大结构变化、规格与工程量变化大的、改变某些功能特性的,应经过建设项目业主审批后才能修改设计。修改后的设计应按设计图审查程序对主要内容进行审查。

3）设计的现场服务

根据项目的规模和复杂程度,在设计委托合同中应对设计单位的现场服务内容进行约定,以确保设计意图的实现和现场技术问题的及时解决,一般可做如下约定：

① 根据工程进展和业主需要,委派设计代表驻场办公,及时处理施工过程中发生的与设计有关的技术问题,并做好业主的参谋,确保设计质量和设计意图的顺利实现。

② 与监理单位、施工单位保持紧密的联系,按时参加现场的监理例会、工程例会,及时发现与设计有关的技术、质量、安全等问题。

③ 积极采纳合理化建议,在符合规范要求和不降低建设标准的前提下,努力降低工程造价,配合业主做好投资控制。

④ 参与工程验收,包括中间施工过程验收、专项验收、竣工验收,指出工程施工需要整改的内容以及应达到的质量和技术标准。

7.2.7 深化设计管理

深化设计工作是实现设计功能、优化设计工艺、提高项目质量的关键环节。深化设计的专业一般包括精装修、幕墙、钢结构、园林、机电、弱电等,其内容应满足以下要求：

1）满足建筑设计的要求,充分体现设计意图

深化设计是建筑设计的最终体现,深化图纸必须满足建筑设计的要求并与建筑设计的设计风格保持一致。

2）满足建筑功能及专业性的要求

深化设计是建筑功能、观感等的直接体现,必须满足各个专业的功能性需求。

3）满足规范规定及节能环保要求

深化设计首先必须满足国家、地方及行业相关规范的要求,所选用的材料必须满足节能、环保、安全等的要求。

4）满足创优的要求

除满足上述各项要求外,深化设计还应满足项目本身的特殊创优要求,如长城

杯(北京)、鲁班奖、LEED 认证等。

深化设计的基本工作流程如图 7-4 所示。

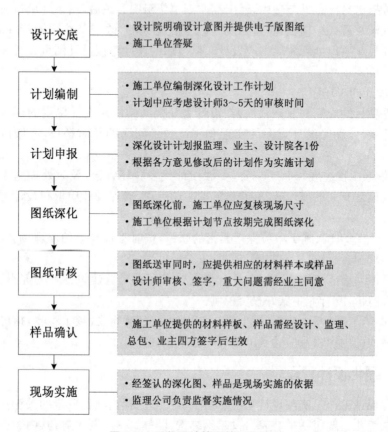

图 7-4 深化设计管理的工作流程

7.2.8 竣工图的管理

竣工图是建设工程竣工档案的重要组成部分,是真实反映建设工程项目施工结果的图样,是工程决算、交房、维护和改建的最重要依据。

1) 竣工图的管理要求

① 竣工图由施工单位编制、组卷,监理单位审核签字,项目部及设计部专业工程师须核实变更依据及竣工图的完整性、准确性和系统性;

② 施工单位按规范要求整理组卷,项目部组织竣工图验收,经项目部验收合格后,向公司档案室进行移交;

③ 竣工图是工程决算的依据,有施工图而没有竣工图的工程不得决算,未在

竣工图上表述的修改与变更一律不作为结算依据；

④ 竣工图是工程的重要组成部分，施工单位若不按时递交合格的竣工图（及竣工资料），在支付工程款或结算时，将视工程未完工，施工单位、监理单位将承担相应的责任。

2) 竣工图的质量要求

① 竣工图应与工程实际境况相一致；

② 竣工图的图纸必须是蓝图或绘图仪绘制的白图，不得使用复印的图纸；

③ 竣工图应字迹清晰并与施工图大小比例一致；

④ 竣工图应有图纸目录，目录所列的图纸数量、图号、图名应与竣工图内容相符；

⑤ 竣工图应使用国家法定计量单位和文字；

⑥ 竣工图应有竣工图章或竣工图签，并签字齐全。

7.3 设计管理的工作重点

7.3.1 设计质量管理

工程设计质量包括设计对象和设计结果两方面：一是工程的质量标准，包括采用的技术标准、设计使用年限、工程规模、达到的生产能力等；二是设计工作质量，包括设计成果的正确性，各专业设计的协调性，设计文件的完备性、明确性、合规性。

影响工程质量的因素很多，其中很重要的一个影响因素是设计质量。设计文件决定了建筑的造型、结构强度、抗震等级等，同时也决定了建筑本身功能性的满足程度。我国工程质量事故统计资料表明，由于设计方面原因引起的质量事故占40.1%，由于施工方面原因引起的质量事故占29.3%，其他原因（如材料、设备等）引起的质量事故占30.6%。可见，设计质量和施工质量一样应加以控制。

管理控制的要点包括：

1) 设计前控制

① 确保设计原始资料的可靠性。重点是工程勘察的地形地质资料和参数、水文特征的资料等。

② 设计大纲合理、全面。包括：设计原则、设计规程、规范、技术标准；基本数据和条件，设计参数、定额、指标；建设规模论证、设计方案比选；材料工艺设计准则，重大技术问题论证研究的技术方法；设计计算公式与应用软件；要求达到的经济效益与技术水平等。

③ 建立工程设计工序质量控制措施与设计校审制度。

2) 设计成果评审

对设计文件的质量,主要依据其功能性、可靠性、可实施性等几个特性是否满足要求来衡量。

① 功能性。包括:建设规模、产品方案、可行性研究报告或初步设计审批文件的要求;公用工程及辅助工程配套合理;总图布置合理,相关安全防护设施符合规范要求。

② 可靠性。包括:设计基础资料齐全、准确、有效,计算依据可靠合理,设计条件正确,设计文件的内容深度、格式符合规定要求;专业设计方案比选应有论证报告,结论明确;采用的设备、工艺技术、材料均应先进可行,采用的新工艺、新设备、新材料均已通过鉴定,并有相应的证明材料;便于维修和建立维修保障,备品备件自给率符合要求;定型设备应选择国家或行业的系列化、标准化产品,严禁选用淘汰产品。

③ 可实施性。包括:建筑、结构设计应考虑项目建设地区的具体情况和施工单位的作业技术能力、装备水平,并应提出施工验收准则;设计中应考虑高、大、重设备的运输及安装方案、实施条件、检验置换作业及其他特殊安装要求;现场制作的设备应考虑现场作业条件及环境特点等因素;工程设计文件应提供主要设备、材料的采购、制作和检验的技术要求。

7.3.2 设计进度管理

设计阶段进度控制的主要任务是出图控制,也就是要采取有效措施促使设计人员如期完成符合设计要求的初步设计、技术设计、施工图设计图纸。为此,要审定设计单位的工作计划和出图计划,并经常检查计划执行情况,对照实际进度与计划进度及时调整进度计划。

设计阶段进度控制的方法是规划、控制和协调。规划是指编制确定项目设计阶段总进度计划和分阶段进度目标;控制是指在设计阶段,以控制循环理论为指导,进行实际进度与计划进度的比较,发现偏差后及时采取纠偏措施;协调是指协调各设计单位的进度关系,协调与各有关主管部门、设备供应商的关系。

1) 设计进度计划

在设计单位提交的设计进度计划表上,综合考虑与施工、设备采购搭接的问题,与设计充分协商后,确定一个双方认可的项目设计各阶段进度计划(主要是设计单位出图计划)。同时,根据设计实际进展情况,及时发现并协助设计单位解决出现的问题,必要时,对进度计划作出调整。

2) 设计进度报告

业主应当要求设计单位提交每月的设计进度报告。设计进度报告是设计单位对当月设计工作情况的小结,它应当包括以下内容:设计所处的阶段,建筑、结构、水、暖、电等各专业当月设计内容和进展情况,业主变更对设计的影响,设计中存在的需要业主方决策的问题,需提供的其他参数和条件,招标文件准备情况,拟出图纸清单,如出现进度迟延需说明原因及拟采取加快进度的措施,对下个月设计进度的估计等。

7.3.3 设计投资管理

投资控制贯穿于项目建设的全过程,贯穿于工程设计的全过程。实践表明,不同建设阶段对建设工程项目投资影响的程度是不同的,对项目投资影响最大的是项目投资决策和工程设计阶段。设计阶段影响项目投资的可能性为35%~85%,因此,在建设项目作出投资决策后,控制项目投资的关键就在于设计管理。

设计阶段投资控制的基本原理是动态控制原理,即在项目设计的各个阶段,分析和审核投资计划值,并将不同阶段的实际投资值与计划值进行动态跟踪比较,当其发生偏离时,分析原因,采取纠偏措施,使项目设计在保证项目质量和功能的前提下,充分考虑项目的经济性,使项目的总投资控制在计划总投资范围之内。

在工程设计阶段,正确处理技术与经济的对立统一关系是控制投资的重要原则。在工程设计中,既要反对片面强调节约,忽视技术上的合理要求,使建设工程项目达不到使用功能的要求;又要反对重技术,轻经济,使设计过于保守造成浪费或盲目追求技术先进性的倾向。设计阶段投资控制的方法主要有:实行设计方案竞选和工程设计招标,应用价值工程优化设计,积极推行限额设计及标准设计等。

1) 方案竞选和设计招标

建设项目工程功能设计的质量水平,对建设项目的投资控制有决定性的影响。通常采用方案设计竞选和工程设计招标的方式获得优秀的方案设计并选择优秀的工程设计单位,其目的是促使工程设计单位为实现确定的建设项目功能目标、质量目标、工期控制目标、费用控制目标,采用先进、可靠的技术,降低工程造价,提高投资收益。

2) 应用价值工程优化设计

价值工程是对于现有技术的系统化应用策略,是对产品进行功能分析并以最低总成本来实现产品的必备功能,提高产品价值的一种科学的经济技术分析方法。用公式表示为:

$$V = \frac{F}{C}$$

式中:V——价值因数,反映产品功能与费用的匹配程度,是评价产品经济效益的一种尺度；

F——功能因数,反映产品所具有的能够满足某种需要的属性；

C——成本因数,从根据顾客提出的功能要求进行研制、生产到用户所花费的全部成本。

对同一工程项目的不同工程设计方案进行价值关系分析比较,所得到的 V 值越高,方案越优。在工程设计阶段应用价值工程分析比较能够在确保建筑产品功能不变或提高的前提下,优化工程设计,努力降低建设和生产成本,使工程设计更符合业主的目标要求。

3) 限额设计

限额设计就是以批准的工程建设项目可行性研究报告和投资估算为限额,部署实施工程方案设计和初步设计,并以批准的工程初步设计及概算造价为限额,部署控制施工图设计；同时,各阶段、各专业设计工种在保证工程建设项目使用功能和质量安全的前提下,按分配的投资(成本)限额严格控制设计并利用价值工程原理优化设计方案,提高投资效益。

限额设计并不是单纯地强调节约投资,其基本内涵是尊重科学、实事求是、精心设计和保证设计的科学性。投资分解和工程量控制是实行限额设计的有效途径和主要方法。限额设计的前提是合理确定设计规模、设计标准、设计原则及合理确定有关概预算基础资料,通过层层限额控制设计,实现对投资限额的控制与管理,同时实现对设计规模、设计标准、工程数量与概预算指标等各方面的控制。

根据实践经验,在具体实施限额设计过程中还存在许多问题,这些问题必须给予足够的重视,否则,就会与投资控制的初衷和项目总体目标的实现产生偏离。

① 为了限额而设计。设计单位为了满足限额设计的指标要求,按照批准的项目总投资进行费用分解,将所设计项目的造价水平去贴近批准的项目总投资。大量事实证明,传统的投资定额、计价依据、估算深度、决策者的知识和经验的局限性以及设计单位自身利益的影响,使限额设计与真正的优化设计有相当大的距离。

解决途径有两个：一是对类似工程进行深入剖析以解决价值过剩的问题；二是根据优化设计节省的费用额度,对设计单位实施激励政策和风险机制。

② 先设计,后算账。基于项目资金成本的考虑,在实际的工作中,给设计单位留出的设计时间一般都非常紧迫,结果就会造成先赶图、再算账,使设计概算偏离设计限额的情况。

因此,在建设项目的各个阶段都应配备工程造价人员,在不同阶段编制相应的造价文件,对工程投资进行分析、比较,并将结果反馈给设计人员,从而能动地影响设计,改变过去设计人员只管画图、造价人员只管算账,只能被动地反映工程造价的情况。

7.3.4 设计变更管理

设计变更是指由于功能改变、设计问题、建设条件变化或施工原因等提出修改施工图设计的,由提出修改的单位提出具体意见与理由,经工程监理单位组织讨论并同意后,由设计单位负责修改设计的工作。变更中凡涉及重大结构变化,材料或设备规格、工程量变化大的,改变某些功能特性的,必须经过建设项目业主审批后才能修改设计。

设计变更的管理程序一般如图 7-5 所示。

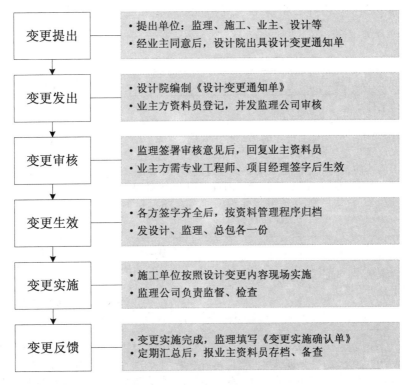

图 7-5 设计变更管理的工作流程

在项目建设过程中存在着许多不确定因素,由此发生的设计变更是不可避免的。而由于大量的设计变更带来投资增加、工期滞后、质量下降等不良后果,也是非常普遍的现象。因此,做好设计变更的管理工作,对投资目标的控制、进度目标的实现、质量目标的保障都是非常重要的。

目前,大多数业主和监理单位都把变更管理和控制的重点放在工程施工阶段,而缺乏对建设项目设计阶段的变更管理和评价。事实上,项目实施阶段的绝大多数工程变更都源于设计阶段的图纸质量,只有最大限度地提高项目设计阶段的出图质量,才能从根本上解决变更数量多、成本超支、进度滞后的问题。

实践中,可以采用编制设计变更汇总表的办法进行设计阶段的变更控制。所谓变更汇总,就是开发企业将以往项目的设计变更进行统计、整理,并按照建筑、结构、水、暖通、电气等进行专业分类,把所有发生过的具有共性的设计变更进行总结,形成一个统计模板,在与设计单位签订设计合同时作为合同附件,要求设计单位在出图之前按照《设计变更统计表》(如表7-1所示)的内容逐条对照、检查,凡是表中列出的问题在图纸中不得出现,否则,应有相应的违约罚则。而在设计阶段的图纸会审环节,除了常规的审核内容之外,此表也应成为图纸审核的一个必需步骤。

表7-1 设计变更统计表(示例)

专业:建筑

序号	变更前图纸做法	变更原因	变更后做法
一	主体工程		
1	地下结构防水保护层为砌筑做法	基坑开挖时尚未有正式施工图,则造成在地下结构施工完成后,现场肥槽普遍偏小,如按原设计进行砌筑保护层施工,实际操作难度非常大且无法保证防水质量	保护层更改为挤塑聚苯板,要求符合国标《绝热用挤塑聚苯乙烯泡沫塑料(XPS)(GB/T10801.2-2002)》的要求,参数要求:板厚≥50 mm,抗压强度≥250 kPa,燃烧性能达到B2级,板材带表皮
2	直饮水机房地面排水为明沟做法	明沟排水不符合卫生要求	B3直饮水机房因卫生要求,由明沟排水改为同层地漏连接排水管排水;因地漏高度加上管径加上坡度的总高度大于300 mm,故原地面高度由300 mm改为350 mm
3	原设计机房下楼板无保温做法	为保证机房的空调运行效果并出于节能的考虑	在三层计算机机房区域下的二层顶板上(2-6/E-J)范围内增加20 mm厚超细无机纤维保温。做法参见08BJ1-1总14棚温3A。具体范围详见附图
4	原设计机房顶板层地面无防水做法	为确保机房的正常运行,防止因楼上地面积水造成机房的进水,建议增加地面防水	应计算机机房专业要求,对其顶板即四层地面附图所示范动作区域,加设防水措施:在钢筋混凝土楼板上增加1.0厚水泥基渗透结晶型防水材料(型),材料总用量不少于1.5 kg/m²
5	……		

第7章 项目设计管理

续表 7-1

序号	变更前图纸做法	变更原因	变更后做法
二	零星工程		
1	原设计盖板为预制混凝土盖板	美观度差,易损坏,搬动困难,不方便操作	地下室所有集水坑泵坑、B2 变配电室管沟检查孔、B1 消防水池检查孔、B1 夹层高压电缆分界室检修孔、泵房泵坑检查孔盖板,改为钢制检查孔盖板,盖板采用 3 mm 厚花纹镀锌钢板,盖板刷防锈漆 2 遍,灰色面漆 2 遍。详见附图
2	地上所有设备管井、电气弱电竖井、强电竖井原设计无门槛	必须有防止地面积水流入机电竖井内的措施	因专业要求,地上所有设备管井、电气弱电竖井、强电竖井内侧均做 100 mm 宽的素混凝土 C20 门槛,高出建筑楼面100 mm。地下相同位置的门槛高度同地上
3	……		
三	装饰装修工程		
(一)	细部工程		
1	地下车库原设计为水泥踢脚	施工困难,质量无保障	水泥踢脚均改为成品踢脚线做法,取消出墙面踢脚,涂料到底,踢脚线 100 mm 高范围内为灰色涂料
2	配电室踢脚为水泥踢脚	施工困难,质量无保障	配电室踢脚改为不锈钢踢脚,高度为 100 mm
3	原设计成品木制踢脚线直接安装在墙面上	木制踢脚受潮后易变形、变色、腐蚀	根据踢脚防潮要求,所有室内墙面涂料踢脚线外增加灰色 1.0 mm 厚 JS 防水涂料加 1 遍外墙涂料。高度同原踢脚线高度
(二)	门窗工程		
1	原设计顺位器、门禁安装位置在同一个地方	因顺位器与门禁部位冲突	热力站带有门禁的双开防火门,采用具有顺位功能的闭门器来代替,控制速度。其他层可参考执行
2	原设计防火卷帘为无机纤维布卷帘	防火卷帘跨度过大,易变形,影响升降	为避免变形,楼内所有特级卷帘门长度大于 13 m,均改为折板式特级防火卷帘门

续表 7-1

序号	变更前图纸做法	变更原因	变更后做法
3	原设计厨房区域防火门为不带观察窗	不方便物业管理、安全保卫等的使用需要	B1 厨房电梯通往加工间防火门原为 GFM3,现明确为 GFSM-1524-A1.5(甲),为带观察窗、有隔音效果钢质防火门
(三)	吊顶工程		
1	原设计配电室墙面及顶棚穿孔板为 0.8 mm 穿孔铝板	铝板太薄,易变形,安装后不能保证平整度	为保证质量及使用功能的要求,B2 配电室墙面及顶棚穿孔板厚度明确为 1.0 mm 穿孔铝板
2	房间吊顶材料为矿棉吸音板	地下室在夏天很潮湿,矿棉板会因潮湿变色、发黄、腐蚀	考虑地下室潮湿,地下室初装修范围内所有房间吊顶材料均由矿棉吸音板改为 15 mm 厚复合硅钙板,其降噪系数≥0.25
3	原设计图纸无反支撑做法	按规范要求,吊杆超过 1.5 m 必须增加反支撑,如图纸无做法,则清单无列项,经常引起施工单位的索赔	首层消防安防控制室吊顶标高 2.8 m,不间断电源(UPS)机房吊顶标高 3.0 m。吊杆长度大于 1.5 m,增加 L50*50 镀锌角铁反向支撑@1200。其他为 ϕ 8 吊杆(其他层房间做法同)
4	原机房吊顶为穿孔珍珠岩吸音顶棚	珍珠岩材质脆弱,安装时、安装后稍经磕碰即损坏,且不易保洁	B4 至屋顶层送排风机房、直饮水机房、给水泵房、消防水泵房、冷冻机房、热力站、空调机房、空调机房-1、空调机房-2、变配电室、风机房、柴油发电机房、新风机房、电梯机房(九层)等顶棚做法原为穿孔珍珠岩吸音顶棚,均改为穿孔铝板吸音顶棚,具体做法同"内墙 A"穿孔铝板吸音墙面做法(详见建 A009)。其顶棚保温岩棉采用玻璃丝布铺底
(四)	饰面板(砖)工程		
1	给水泵房原地面做法为耐磨混凝土,墙面抹灰+涂料	不符合卫生验收要求(详北京市卫生局文件 京卫疾控字〔2003〕87 号文及附件)	B3 给水泵房房间作法做如下更改:① 地面为 316 mm×316 mm 浅色通体砖;② 距地面 3 000 mm 以下采用内墙 10C-f2[薄型面砖墙面(防水),详 08BJ1-1,浅色釉面砖 316 mm×450 mm],防水高度 1 800 mm;③ 距地面 3 000 mm 以上采用内墙 3C 加上白色防水防霉涂料(详 08BJ1-1)

第7章 项目设计管理

续表 7-1

序号	变更前图纸做法	变更原因	变更后做法
2	原设计为水泥挡水坎	易损坏、不易清理、美观度差	为保证效果,地上所有处于精装施工区域的设有挡水坎的管井、配电间以及地下室设有挡水坎的管井、配电间外侧均贴 100 mm 高(高出建筑最高完成面)、120 mm 宽的面砖
3	地上所有机房地面原为水泥基自流平耐磨地楼面	水泥基自流平地面易开裂、不易保洁、美观度差	地上所有机房地面原为水泥基自流平耐磨地楼面及水泥基自流平耐磨地防水楼面,相应改为地砖楼面(08BJ1-1 楼 12A-1 改)及地砖防水楼面
4	……		
四	图纸不全或漏失	图纸缺、漏的内容	
1	明确地下室出地面处外墙做法,增加四处外墙详图		
2	补充楼梯顶层剖面,详附图		
3	应电梯厂家要求:顶层电梯机房内在 1.8 m 高差处细石混凝土台上设置通长栏杆和钢爬梯(参见 88J7-1【A7 型/28】,栏杆总高度为 1 100 mm,栏杆竖向间距 110 mm,一类栏杆,桥架处做法详见附图)钢爬梯做法见图集 02J401-T106。材质均为 304# 发纹亚光不锈钢。与结构连接采用钢板加膨胀螺栓方式进行固定,工字钢处采用焊接钢板方式		
4	根据机械停车位专业设计要求,确定 B2、B3 机械停车位四周挡水台做法及车位地面及节点做法,具体详见附图。机械停车位平面定位图详见专业厂家图纸		
5	B4 人防门面层做法明确:① 所有钢质人防门及混凝土人防门钢框表面涂刷一遍富锌底漆,二遍防锈漆,面漆为灰色油漆(二遍),颜色同钢质防火门框。② 混凝土人防门表面刮白,装修做法同室内竖井墙面		
6	1) 明确防火卷帘门上部封堵做法:地上采用双层双面无机纤维复合防火帘片,龙骨采用 L50 * 5 角钢@300 mm(表面刷防锈漆两遍,遇管线可适当调整)。地下采用 0.8 mm 厚双层双面镀锌复合防火帘片,龙骨做法同地上 2) 初装修范围内防火卷帘门之间的封堵做法明确如下:① 防火卷帘门为侧装时:采用 200 厚轻集料砌块封堵,表面装饰做法同周边墙体。交接缝处打玻璃胶。② 防火卷帘门为中装时,轨道间采用单面 1.5 mm 厚镀锌钢板进行封堵,横向龙骨采用 L50 * 5 角钢@400 mm。交接缝处打玻璃胶		

续表 7-1

序号	图纸缺、漏的内容
7	应冰蓄冷设备安装要求，在 B3 冷冻机房增加设备基础及排水沟。 1) 设备基础定位及尺寸参见结构变更 01-C2-040。 2) 排水沟设计断面为 300 mm×250 mm，采用不锈钢笆子(方形型材)焊接。具体定位及尺寸详见附图。 3) 排水沟做法：① 沟体采用 150 厚轻集料混凝土砌块，内灌 C15 混凝土，外侧抹 20 厚抹灰砂浆 DP-MR-M15。②沟内装修做法：20 厚抹灰砂浆 DP-MR-M15 保护层；1.5 mm 厚 JS 复合防水涂料，反出排水沟边 500 mm；30 mm 厚 C15 细石混凝土找坡层，1%坡向地漏；钢筋混凝土楼板
8	根据消防及 LEED 认证要求，11 层(结构 10 层顶板)屋面及以上除藻井处绿化平台屋面外均为高反射屋面。各层做法如下：① 1.5 mmTPO 高反射防水卷材；②50 厚 C20 细石混凝土(内配 φ6 钢筋单层双向@200)随打随抹平，36 m² 分缝，缝宽 10 mm，缝内填嵌缝密封膏；③0.4 厚塑料膜隔离层；④3+3SBS 改性沥青防水卷材(Ⅱ型、聚酯毡胎、聚乙烯膜)；⑤20 厚 DS(M20)砂浆找平；⑥最薄 50 厚 SF 憎水膨珠保温砂浆找≥1%坡[屋面传热系数为 0.6，导热系数≤0.054 W/(m·k)，坡度按平面图所示]；⑦钢筋混凝土板。其中竖向保温层沿女儿墙周边设置，其他竖向设 20 厚 DWS 防水砂浆保护层

7.4 设计工作总结

项目设计管理工作过程中的经验总结，可为其他项目提供参考依据，并不断提升公司的设计管理能力。设计总结可根据项目特点和项目持续的时间分阶段进行，或在项目结束后进行。

1) 总结的阶段

根据项目特点和时间跨度分阶段总结，如概念设计阶段、施工图阶段、竣工交付阶段。如工期比较短，可以在竣工后进行一次性总结，时间可要求为竣工验收 1 个月内完成。

2) 职责分工

设计总结应由设计部派驻项目部的设计经理负责统一编写，项目部各专业工程师配合进行专业设计的总结。

3) 内容要求

总结以文字进行论述，配合图纸、图片或影像等资料进行编制。

4) 格式要求

公司应对总结的格式进行标准化的约定，以确保总结的全面性、实用性，具体内容可参照如下目录。

第7章 项目设计管理

某项目设计总结目录

一、项目概况

（准确描述项目周边环境、交通、配套设施以及其他特点；用地性质、开发规模、规划设计指标等）

二、工作过程

（对设计单位的选择程序，设计单位的设计质量、设计成本、设计进度、施工过程配合等，重点阐述在设计管理的过程中存在的问题和应吸取的经验、教训）

1. 概念设计阶段
2. 方案设计阶段
3. 施工图设计阶段
4. 施工配合阶段
5. 设计变更总结
6. 专业技术论证
7. 精装设计总结
8. 园林设计总结
9. 深化设计总结

三、内部协作

（主要总结在工作过程中与公司各职能部门协作中遇到的问题、建议解决方案和其他心得体会）

1. 投资部
2. 市场部
3. 成本部
4. 项目管理部
5. 质量安全部

四、设计合同执行情况

（主要总结设计费的取费，与市场价格的对比情况；合同执行过程中的履约情况以及有无违约处罚、奖励等；对设计单位的总体评价）

1. 概念方案设计
2. 建筑设计
3. 精装设计
4. 园林设计
5. 其他专项设计

五、专业总结

（重点总结各个专业工程在实施过程中的心得体会，新技术、新材料的应用情况，以后的改进建议等）

1. 建筑设计
2. 结构设计
3. 电气设计
4. 通风空调设计
5. 园林设计
6. 其他专业设计
7. 施工工艺

六、管理总结

（针对上述的各章节总结内容，对今后的设计管理提出建设性改进意见）

1. 设计单位的选择程序
2. 设计任务书的内容
3. 设计合同条款
4. 其他设计管理措施

第8章 项目成本管理

随着房地产市场竞争的加剧和市场的理性回归,过去的有地就挣钱、有房不愁卖的暴利时代已不复存在,微利的市场化现实是:在同等的外部条件下,谁的成本更低谁就可以赢利和生存。作为一个立足长远发展的房地产企业,为了不断提高企业的竞争能力,建立一套行之有效的成本管理体系是必然的做法。

成本管理是通过管理活动,保证达到组织既定成本目标的过程;或是在一定的约束条件下,为达到既定成本目标采取的一系列有组织的活动。

8.1 成本管理的基本原则

"安全、质量、功能、工期和成本的协调统一"是项目管理的准则,同时也是对项目成本管理的基本要求。成本管理的目的即是在上述准则的要求下,力争投资利用的最优化,同时建造出高品质的工程、产生最佳的经济效益,并保持效益的长久性。

成本管理的基本原则包括:

1) 目标管理原则

项目的成本目标确定后,应将目标成本进行分解,并用以指导后续的设计、招标、合同签订等工作。同时,根据建设进度计划和月度用款计划真实反映工程成本状况,使目标成本始终处于监控之下。

2) 全面控制成本原则

全面成本控制是建设项目成本管理的核心,是从工程规划设计开始到竣工结算全部工作的全过程管理原则。要求成本管理人员对工程项目中每个环节进行事前成本预测、事中成本控制、事后的成本分析,并为工程结算审计和投资效益分析的后评估做好充分的基础工作。

3) 全周期成本最优化原则

随着绿色环保、低碳节能等理念在建筑业的应用,同时由于房地产项目的自持经营越来越普遍,项目成本的内涵也从过去的建设成本转变为包括运行成本和维护修理成本在内的"全周期成本"。因此,我们在制定成本目标时不仅要核算建设成本，还必须考虑到项目的安全、质量、功能以及运行成本、维护修理成本等各类因素指标，力争做到"全周期成本最优"。

4）成本动态控制原则

动态控制原则又称中间控制原则，要求成本控制工作要随着工程项目进展的各个阶段连续进行，监控过程中由于一些可变因素（如：水文地质原因、设计变更、洽商、汇率的变化等）造成的成本浮动状态。根据项目成本控制目标定期对成本浮动进行分析，及时评价动态成本的因果，使浮动成本置于有效的成本控制目标之内。

8.2 成本管理体系

成本管理体系的建立和实施，是企业成本管理水平成熟的标志，更是微利时代企业利润的保障。A企业通过多年的项目管理经验积累，建立了一套事前成本规划、事中动态控制、事后总结沉淀的以目标成本管理为导向的成本管理体系，如图8-1所示。

1）成本规划

项目初期，成本经理即应会同设计、工程、销售、招采等部门，根据项目的初步设计方案，并结合以往的工程成本数据，对项目的成本进行初步测算，用以确定项目的成本目标。

2）过程控制

在项目实施过程中，通过编制《项目动态成本汇总表》对项目成本实时监控，表中的数据随着项目进展及时更新，始终掌握项目的总成本情况。对于预计超支的项目进行管控，对于额外的变更进行核算和说明。

图8-1 成本管理体系

3）结算总结

做好过程资料（包括变更、洽商、现场签证和与成本有关的会议纪要、工程联络单等）的收集、归类、整理是及时、准确做好结算的基础。

成本人员完成结算的同时，应按照公司《成本数据库》的内容、格式要求，完成项目成本数据的整理、录入工作。

4）管理职责

目前大多数房地产企业都采取集团、公司、项目的三级成本管控模式，集团负责确定成本目标，公司负责管控，项目负责执行。公司级的成本部，是履行成本管理的核心部门，其他部门负责协助。成本部派驻项目部的成本经理，是具体操作层面的负责人。

成本经理的具体职责如表 8-1 所示。

表 8-1 成本管理职责表

序号	工作项目	职责内容	协助部门
1	建立管理机制	① 建立成本管理流程、制度,并组织实施 ② 协调公司内外部的工作	项目部
2	合同管理	① 参与权限范围内的合同谈判 ② 对合同履行情况进行检查、监督并建立合同台账	成本部 项目部
3	造价咨询管理	① 造价咨询单位的考察、评定、合同签订 ② 对造价咨询单位的工作进行监督、检查、评定	项目部
4	项目成本管理	① 项目前期,配合投资部进行投资成本估算 ② 方案完成后,负责编制项目成本目标 ③ 收集、整理项目成本数据信息	投资部 设计部 项目部
5	动态成本管理	① 编制动态汇总表,实时监控项目成本,对超出部分进行预警 ② 审核设计变更、工程洽商,提出成本意见 ③ 负责项目的结算并编制结算报告	设计部 项目部
6	成本后评价	① 总结经验和不足,完善成本管理制度 ② 编制成本后评价报告	项目部
7	建立成本数据库	① 收集、整理过程中的成本数据,建立成本数据库 ② 收集设备、材料、人工的市场信息,完善数据库 ③ 对数据库信息进行动态调整	设计部 项目部

8.3 成本管理的基本内容

基于目标管理的原则,项目在启动之初就应当对成本管理所要达成的目标进行规划,即明确目标成本。目标成本是企业基于市场状况,并结合项目的经营计划预先设定的目标。它是对项目的成本要求,是过程中检查、预警、考核的依据。项目成本管理的基本工作即是成本目标的合理确定,以及成本目标的实现和过程控制,如图 8-2 所示。

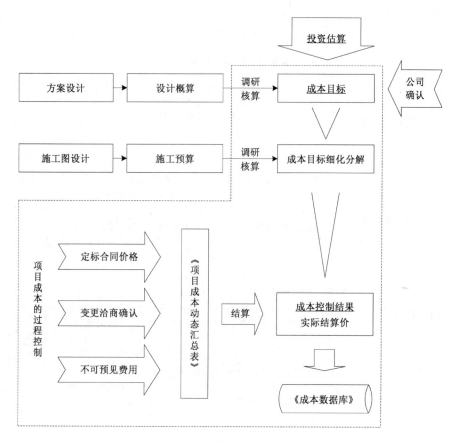

图 8-2 成本管理的工作流程

8.3.1 投资估算

在项目拿地阶段,为配合公司高层的决策,成本部应完成投资估算的编制工作,投资估算中应重点考虑如下因素:

1) 项目地块红线内外情况、政府公示的规划指标等信息。
2) 项目周边市政条件是否成熟,尤其是红线外的大市政情况,如外电源、燃气、热力等投资比较大的项目。
3) 分析项目的施工难点,有针对性地考虑合理的措施费用。
4) 区域内类似产品的成本构成及价格水平。
5) 以往类似工程项目的成本数据。
6) 分析规划方案的成熟度,考虑部分设计变更的费用。

第8章 项目成本管理

7) 公建项目(商业、写字楼等)还应分析意向客户的需求,预留结构改造、特殊空间需求改造、用电量增加等因素造成的成本增加。

8) 预期的销售方案、销售价格和资金成本。

投资估算是拟建项目前期可行性研究的一个重要内容,是经济效益评价的基础,是项目决策的重要依据。投资估算的质量如何,将决定着拟建项目能否纳入公司的经营计划,因此,投资估算应力求准确。

8.3.2 成本目标的确定

项目的成本目标必须是站在项目整体收益角度来进行评价的,而不仅仅是建安成本的高和低,基于此,目标成本的制定应遵循如下步骤:

1) 市场部、设计部应在满足客户需求的基础上明确产品定位,即采用什么样的设计方案和建造标准来满足最终用户的需求。

2) 市场部、设计部、成本部在上述标准的前提下,进一步分析目标客户关注的敏感点和必要的功能性,并排列顺序,以此决定限额设计的优先顺序。

根据标杆房企的要求,成本指标的测算工作应在终版方案图出具后30日内完成,经公司审定后作为项目的控制目标,用以指导后续的设计、采购、施工管理等工作。

成本指标的测算依据包括:

- 项目投资估算数据
- 项目地块的地质勘察报告
- 地块红线范围内外的市政管线条件
- 经政府批准的规划设计指标及规划设计方案
- 相关的资金成本、财务费用等
- 以往类似工程项目的成本数据、周边类似项目的市场价格
- 建筑、结构、机电、精装修、景观等的设计方案及设计概算

由于土地费用占比较大,而且相对比较明确,在成本指标中未包含,另外,像融资成本、管理费用、间接费用等均单独列项,不在工程成本考核范围内。

成本指标的测算成果是《项目成本指标测算报告》(参见《某项目成本指标测算报告》),报告的结论经公司审批并同意后,即作为项目的目标成本,后续的各项成本管理工作均应以此为依据。

某项目成本指标测算报告

一、工程概况

项目占地面积:20 664 m^2;

业主方的项目管理

总建筑面积:176 232 m², 其中地上面积为 74 388 m², 地下面积为 58 524 m²; 地上面积:其中写字楼为 43 320 m², 住宅 38 006 m², 混合共建 5 314 m²。

二、编制依据

　　1. 本项目规划意见书及设计方案
　　2. 参考项目地块现状市政条件
　　3. 交楼标准
　　4. 由于本项目处于设计方案阶段,部分项目的测算参考类似区域的类似项目数据进行

三、成本指标汇总

序号	成本名称	单方成本(元/m²)	合计成本(万元)	备注
1	前期费用	378	6 655	
2	基础设施费	278	4 901	
3	建安工程费	4 056	71 483	
4	公共配套费	0	0	
5	不可预见费	156	2 746	
6	合计	4 868	85 785	

四、成本指标分解

序号	成本内容	写字楼成本(万元)	住宅成本(万元)	备注
1	土地开发费用			
1.1	地价及转让费	0	0	
1.2	征地及拆迁费用	0	0	
1.3	其他费用	0	0	
2	前期工程费			
2.1	工程咨询费用	1 377	830	
2.2	报批报建费	135	65	
2.3	勘察设计费	2 793	619	
2.4	其他前期费用	527	309	
	小计	4 832	1 823	

续表

序号	成本内容	写字楼成本（万元）	住宅成本（万元）	备注
3	基础设施费			
3.1	大市政管线综合设计费	0	0	
3.2	红线内(室外)基础设施工程	1 878	1 260	
3.3	红线外基础设施工程	1 021	742	
3.4	其他基础设施建设费	0	0	
	小计	2 899	2 002	
4	建筑安装工程费			
4.1	建筑工程	31 835	17 254	
4.2	机电安装工程(初装)	14 548	7 053	
4.3	装修工程费	97	696	
4.4	其他建安工程费用	0	0	
	小计	46 480	25 003	
5	公共配套设施费	0	0	
6	间接费用	0	0	
7	不可预见费	1 939	807	
8	融资成本			
9	营销费用			
10	管理费用			
	合计	56 150	29 635	
	总计	85 785		
	单方成本(元/m²)	5 500	3 997	

8.3.3 施工图预算

施工图纸完成后,项目部的成本经理应会同设计部有关专业人员,对成本指标进一步进行细化、分析、论证,在不突破目标成本的前提下优化资金配置,提出重点控制项目的列表,进而指导现场的成本管理工作。这个阶段的成本指标细化工作重点考虑下述内容:

1) 以客户的价值为导向,突出客户关注的敏感性成本分析。
2) 以达到最佳性能价格匹配为原则,细化、调整资金投入。
3) 评估分析主要设备、材料的采购方案,指导采购工作。
4) 评估分析功能性成本投入,控制专业分包的限额深化设计。

8.3.4 动态成本管理

1) 动态成本管理方法

所谓动态成本,从本质上说是指在项目启动后的任何一个时间节点,项目成本的预结算费用。在项目进入实施阶段,由于材料、设备、劳动力的市场价格变化,以及设计变更、工程洽商等因素的影响,项目的成本目标会有一个变化,为了及时准确地反映目标成本的变化情况,就可以采用动态成本汇总表(如表8-2所示)的形式进行实时测算,随时掌握成本目标的偏离程度,并针对引起偏差的因素进行分析,采取有效的纠偏措施,保证成本目标的实现。

动态成本的公式:

动态成本=已签约合同金额+预估合同金额+已确认变更+预估变更

表8-2 某项目动态成本汇总表

单位:万元

序号	合同名称	合同金额	已确认变更	预估变更	小计	备注
一	已发生					
1	合同1	100	15	5	120	
2	合同2	200	10	15	225	
3	合同3	500	25	20	545	
4	合同4	50	3	0	53	
二	待发生					
5	合同5	300	0	0	300	
6	合同6	600	0	0	600	
7	合同7	1 000	0	0	1 000	
8	合同8	120	0	0	120	
		动态成本合计			2 963	

注:此时的项目总成本费用预计为2 963万元,通过对比成本目标就可以知道是否在控制范围内。

根据经验我们可以知道,对于已发生的费用,将来的变化一般不会很大,或者即使发生了,也可以在控制范围内,而未发生的合同和变更则常常是成本超支的原因。因此,在成本管理的过程中,我们应把精力集中在未来发生的成本上。

通过每月的成本月报,可以对动态成本的构成、变化及时掌握;并且,可对异常的变更提前进行分析、测算,达到成本预控的目的。

成本月报应包含如下内容:

① 编制说明:编制人、编制日期、编制依据等。
② 成本概况:对比上月的成本变化情况及变化原因,预估今后的成本变化情况。
③ 招标采购:本月招标采购的情况,包括中标单位、中标金额等。
④ 变更洽商:本月发生的设计变更、工程洽商统计,主要变更的发生原因说明。
⑤ 结算进度:项目整体结算进展,本月提交和完成的结算合同等。
⑥《动态成本汇总表》。

动态成本管理的效果可以用目标成本的相对变动率来衡量。业内做得比较好的企业,如万科,可以控制在 2.5% 以内,到目前为止我们的工作做得如何,可以此为参照标准进行评价。

2) 目标成本偏差的原因分析

在项目实施过程中,由于各种原因造成的目标成本变化叫做成本偏差。对偏差产生的原因进行分析,就是要找出引起偏差的原因,从而采取有针对性的措施,减少或避免相同原因的再次发生,确保成本目标的可控。

在进行偏差原因分析时,首先应当将已经导致和可能导致偏差的各种原因逐一列举出来。不同的工程项目产生成本偏差的原因有一定共性,因而可以通过对已建项目的成本偏差原因进行归纳、总结,为该项目采用预防措施提供依据。

一般来说,产生成本偏差的原因有以下几种,如表 8-3 所示。

表 8-3 成本偏差原因

序号	产生偏差的原因	引起偏差的事项
1	业主方的原因	① 增加工程项目的内容或工程量 ② 投资计划考虑不周全 ③ 建设手续不全,导致工期延误 ④ 组织协调不利 ⑤ 未及时提供施工场地
2	设计方的原因	① 设计错误或引用规范不当 ② 设计漏项 ③ 设计标准变化 ④ 设计过于保守 ⑤ 图纸提供不及时

续表 8-3

序号	产生偏差的原因	引起偏差的事项
3	施工方的原因	① 施工方案不当 ② 施工质量不合格 ③ 工期延误 ④ 总包管理能力差
4	客观原因	① 人工、材料、设备等涨价 ② 地基处理 ③ 法规变化 ④ 社会原因 ⑤ 天气原因

偏差分析可以采用不同的表达方法，常用的有横道图法、表格法和曲线法。表格法具有灵活、信息量大，并可借助计算机大大提高工作效率等优点，是最常用的偏差分析方法。

3) 采取纠偏措施

对偏差原因进行分析的目的是为了有针对性地采取纠偏措施，从而实现成本的动态控制和主动控制。纠偏首先要确定纠偏的主要对象，如上面介绍的偏差原因，有些是无法避免和预控的，如客观原因。对于施工方的原因，通常根据合同约定由承包商自行承担经济损失。因此，纠偏的主要对象是业主方的原因和设计方的原因造成的成本偏差。

纠偏可采用的方法包括：

① 寻找新的、更好的、更经济的、效率更高的设计方案；
② 购买成品，而不是在现场制作；
③ 重新选择供应商，但会产生供应风险，选择需要时间；
④ 改变实施过程；
⑤ 变更工程范围；
⑥ 索赔等。

8.3.5 建立成本数据库

随着市场竞争的加剧和多项目、规模化发展的需要，快速地决策、快速地开发、快速地销售成为房地产企业必然的做法。而在这个过程中，决策的最根本依据就是成本数据。因此，把项目过程中的经验、数据积累下来，建立符合企业需要的成本数据库，是支撑企业发展的有效方法。

成本数据库的应用主要包括以下三个方面：

1) 投资决策

在项目拿地阶段,在很短的时间内结合规划指标、当地政策性收费等,测算出项目的投资成本,为高层的决策提供依据。

2) 目标成本编制

在项目启动会之前,根据建造标准、规划指标等条件,编制项目的成本指标。

3) 招标控制价

在招标采购阶段,结合成本数据库中的材料、设备、建安综合单价等信息,编制比较准确的招标控制价。

在成本数据库建立之初,可以根据企业情况建立比较简单适用的项目成本数据库,并随着竣工项目的增多进一步丰富、完善。一般来说,可以先建立基于材料和设备的《材料、设备价格库》和基于专业分包的《单方成本数据库》,如表8-4所示、表8-5所示。

表8-4 材料、设备价格库

项目名称:

序号	材料、设备名称	规格型号	品牌	计量单位	单价	备注
一	结构工程					
1	钢筋					
2	混凝土					
二	强电工程					
1	配电箱					
2	电缆					
三	精装工程					
1	实木门					
2	网络地板					
3	地毯					
4	石材					
	……					

由于材料、设备的种类非常繁杂,可先针对用量较大和单价较高的材料、设备建立价格库。而在对历史数据进行总结时,应对材料、设备的规格型号、采购时间、采购地点等信息进行详细描述,以方便后续项目的参考使用。

表 8-5　单方成本数据库

项目名称：

序号	专业名称	范围描述	主要材料设备描述	单方造价	备注
一	结构工程				
二	强电工程				
三	精装工程				
四	弱电工程				
五	通风空调				
六	消防工程				
七	电梯工程				
八	夜景照明工程				
九	会议系统工程				
十	厨房设备工程				
十一	园林绿化工程				
	……				

上述单方成本数据库的建立，是在前述材料、设备价格库的基础上编制而成的，便于进行快速的成本测算。

数据库的建立不是一朝一夕的事情，而且，由于每一个具体项目的数据量很大，因此，需要公司委派专人负责此项工作。为确保数据的真实、准确，在数据入库前应经过成本经理的审核。

标准化数据库的建立是依据产品模块的标准化，随着工作的推进，成本的可控性会越来越强，与相关部门的矛盾也会日趋减少。而作为成本人员，制定标准化的成本数据库，判定标准的合理性、适用性，成为日益重要的工作内容。

8.4 项目各阶段的成本控制措施

8.4.1 设计阶段的投资控制

项目建设全过程都在不同程度地影响着投资费用，因此，项目投资控制必须贯穿于项目建设全过程的各个环节。然而，根据以往的经验和大量的测算分析，人们发现，对项目投资影响最大的阶段是设计阶段的各环节。专家们指出，在规划设计阶段,影响项目总投资的可能性为75%~95%;在技术设计阶段,影响项目投资的可能性为35%~75%;在施工图设计阶段,影响项目投资的可能性为5%~35%;而在项目的施工阶段,通过技术经济措施节约投资的可能性只有5%~10%。显然,控制项目投资的关键环节在于项目施工前的投资决策和设计阶段。因而,项目投资控制,既要贯穿于项目开发建设的始终,又要把重点放在项目设计及设计前的前期策划阶段。

针对设计阶段的投资控制,在合理地确定项目的成本控制目标后,就要采取科学的措施进行有效的控制,主要措施包括:

1) 优选设计单位、设计方案

选择优秀的设计单位是取得优质设计的关键,项目业主应在委托前对设计单位进行资质审查,实行设计方案招投标制度,进行多方案比选,选择最优化的设计方案,从而选择质量精良、技术先进、经验丰富的设计单位。

2) 优化设计方案

在工程设计进程中,进行多方案经济比选,从中选择既能满足建设项目功能需要,又能降低工程造价的工程设计方案是工程设计阶段成本控制的重要措施。优化设计是在工程设计阶段,在保证使用功能和使用寿命的前提下,从结构形式、机电方案、材料和设备的选型等方面进行系统分析、优化,降低工程造价。在这个过程中,可以利用价值工程的方法来确定性价比,最终来确定方案的选择。

3) 推行标准化设计

标准化设计又称通用设计,是工程建设标准化的组成部分。各种工程建设的构配件、零部件、设备、设施、成品件、材料等,只要有条件的,都应实施标准化设计或选择标准化产品。使用标准设计可以节省设计力量,缩短设计周期,缩短施工准备,简化施工工艺,加快工程建设进度,提高劳动生产率,有利于保证施工质量并降低工程的造价。

4) 实行限额设计

项目设计的优劣将直接影响建设费用的多少和建设工期长短,同样也影响建设项目以后的使用价值和经济效益。设计人员应根据限定的额度进行方案筛选与设计,避免由于过于保守的设计,任意提高安全系数而造成不必要的浪费。

实行限额设计,必须坚持尊重科学、实事求是和精心设计的原则,确保工程设计的科学性、适用性和经济合理性。限额设计的基本要求是:

① 要贯穿工程设计的各个阶段,从可行性研究、初步设计、技术设计到施工图设计都要有明确的限额目标。

② 严格控制设计变更,并把设计变更尽可能控制在工程设计阶段,并在变更设计时做到先算账后变更,使工程造价得到严格、有效的控制。

业主方的项目管理

③ 在限额设计中,应采用同一造价指标进行各阶段、各专业的造价限额分配,即以编制成本指标时采用的造价依据作为统一的限额设计依据,尽可能避免价格变动对限额设计的影响。

限额设计应根据项目投资控制计划的要求来进行具体的项目分解,并结合功能、建设标准进行核算,与投资控制计划产生偏差的,应会同成本人员、业主方管理人员讨论,协商。项目投资控制计划如表8-6所示。

表 8-6 项目投资控制计划

项目名称:

编号	项目名称	分部工程	分项工程	投资控制价（万元）	备注
1	土建工程	基坑工程			
2		地下结构工程			
3		地上结构工程			
4		屋面工程			
5		人防工程			
6		外装修工程	玻璃幕墙工程		
7			石材幕墙工程		
8			外门窗工程		
9			特殊外装饰工程		
10		内装修工程	初装修工程		
11			精装修工程		
12			大堂装修工程		
13			其他公共区域装修工程		
14	机电工程	给排水工程	给水工程		
15			排水工程		
16			中水工程		
17		空调工程	冷却塔安装工程		
18			制冷机房工程		
19			换热站工程		
20			空调机组工程		
21			空调末端工程		

第 8 章 项目成本管理

续表 8-6

编号	项目名称	分部工程	分项工程	投资控制价（万元）	备注
22	机电工程	采暖通风工程	地下室通风工程		
23			地上通风工程		
24			采暖工程		
25		电气工程	室内照明工程		
26			夜景照明工程		
27			动力配电工程		
28			防雷接地工程		
29		弱电工程	通信工程		
30			有线电视工程		
31			有线广播工程		
32			安全防范工程（门禁）		
33			综合布线工程		
34			设备监控及自动控制系统		
35			信息网络交换工程		
36			数据机房工程		
37			会议系统工程		
38			车库管理系统		
39			信息发布系统		
40			手机信号覆盖工程		
41			扩声及同声传译系统		
42		变配电工程			
43		电梯工程			
44		消防工程			
45		热力站（锅炉房）工程			
46		室内燃气工程			
47		厨房设备安装工程			

续表 8-6

编号	项目名称	分部工程	分项工程	投资控制价（万元）	备注
48	市政工程	道路工程			
49		雨污水工程（含化粪池）			
50		自来水工程			
51		电信外线工程			
52		有线电视外线工程			
53		热力外线工程			
54		燃气外线工程			
55		供电工程			
56		园林绿化工程			
57		其他			
58	建设工程其他费用	设计费	勘察设计费		
59			方案设计费		
60			建安工程设计费		
61			精装修设计费		
62			园林绿化设计费		
63			机房设计费		
64			燃气工程设计费		
65			热力工程设计费		
66			厨房工程设计费		
67			标志标识设计费		
68			市政外线综合设计费		
69		与设计有关的费用	结构咨询		
70			机电咨询		
71			幕墙咨询		
72			供电咨询		
73			人防咨询		
74			物业咨询		
75			空调咨询		
76			BIM 设计		

续表 8-6

编号	项目名称	分部工程	分项工程	投资控制价（万元）	备注
77	建设工程其他费用		施工图审查费		
78			竣工图编制费		
79		前期类咨询费用	项目建议书编制费		
80			可行性研究报告编制费		
81			环评费		
82			交评费		
83			地质灾害评估费		
84			地震灾害评估费		
85		咨询服务	造价咨询		
86			招标代理		
87			监理		
88		室内空气检测			
89		拆除费			
90		工程保险费			
91		工程试验费			
92		建设单位管理费			
93		联合试运转费			
94	预备费	不可预见费			
95		建设期贷款利息			

5）严格审查初步设计概算和施工图预算

审查的目的有两个：一是促进设计单位严格执行概、预算编制的有关规定和费用标准，提高概、预算编制的质量和水平，提高工程设计的技术先进性和经济合理性。二是努力做到概、预算准确、完整，防止出现缺项、漏项，合理分配投资，保证成本目标的实现。

初步设计概算审查的主要内容：

① 设计概算的编制依据、编制方法、编制深度。

② 设计概算的项目、规模、建设标准、配套工程投资。

③ 项目工程量是否根据初步设计图、工程量计算规则和施工组织设计的要求计算,检查是否有多算、漏算、错算现象。

④ 分析采用的定额水平及其合理性。

⑤ 调查分析人工、材料、资源供应等基础价格的合理性,施工方法和施工机械设备是否符合施工规划的要求,以及取费标准的合理性。

⑥ 设备的规格、数量与配置是否符合工艺设计要求,价格是否真实。

⑦ 单价分析的组成与计算程序方法是否符合现行规定。

⑧ 概算项目的编制内容、编制水平、静态投资、分年投资、总投资。

施工图预算审查的主要内容:

① 工程量清单的合规性、完整性和准确性。重点审查建设项目工程数量的计算是否符合《建设工程工程量清单计价规范》,在具体的清单列项中,是否有漏算和错算的情况。

② 审查分项工程的材料、设备等的单价是否有变化以及变化的原因,变化后的价格是否是市场的真实价格水平。

③ 审查各项费用的计费基数是否正确和价差调整方面处理是否得当。

6) 认真进行图纸会审

在施工前,应组织设计、施工和监理单位及有关部门对施工图进行认真会审,对图纸技术上的合理性、施工上的可行性、工程造价上的经济性进行全面的审核,及时纠正设计中的缺陷和失误,力求将工程变更的发生控制在施工之前。

7) 鼓励措施

对设计阶段投资实施有效控制,关键在于设计技术人员通过技术来解决问题:

① 鼓励、促进设计人员做好方案选择,把竞争机制引入工程设计,实行工程设计招标,促进设计人员增强竞争意识,克服单一方案造成的片面性和局限性。

② 鼓励设计人员比选出功能好、造价低、效益高、技术经济合理的设计方案。

③ 如因采用新技术、新设备、新工艺确能降低运行成本,又符合"安全、可靠、经济、适用、满足功能"的原则,而使工程投资增加,或因可行性研究深度不够造成初步设计修改方案而增加投资,应经过业主方管理人员的审定。

8.4.2 招标阶段的投资控制

招标阶段的招标文件是建设项目实施阶段性控制的关键,招标文件的主要条款,例如材料供应的方式、计价原则、付款方式等都是投资控制的重要因素。

1) 重视工程量清单的编制

工程量清单是招标文件的重要组成部分,是投标单位进行投标和进行公平竞争的基础。工程量清单质量的高低直接影响到投标者的报价和招标控制价的准确性以及施工过程中的投资控制工作。因此,工程量清单的编制必须科学合理、内容正确、客观公正。

编制工程量清单应注意以下几点:

① 编制依据要明确,编制时要仔细审阅图纸,了解设计原理、施工工艺、工程规范,全面了解工程的有关资料,避免出现漏项、计量不准等错误。对一些专业性较强的分部、分项工程,应会同专业工程师、设计师充分沟通,做到工程量的编制准确无误,避免日后的变更。

② 项目划分要细致,项目和项目之间的界限要清楚,作业内容、工艺标准、质量标准要清楚,既要便于计量,又要便于报价,项目划分得细致、合理,投标单位就没有漏洞可钻。

③ 清单说明要清晰,尤其是对现场施工条件和自然条件的说明,要准确表述,这样便于投标单位与自己了解的情况相对照,避免施工条件不符而引起施工索赔。

④ 清单的配套表格设计要合理,做到实用、直观、便于操作,这样可方便投标,也使评标工作方便快捷。

⑤ 做好工程量清单复核工作。根据工程图纸、类似工程等来确保清单定额子目的正确,检查是否有缺项、漏项,表述是否有歧义。

⑥ 加强事后跟踪。投标单位对工程量清单提出疑义的,应与清单编制单位仔细核对,若确属漏项和错项的,应据实调整。

2) 严格合同条款的约定

招标文件中的合同条款是签订合同的依据,因此,招标文件中的合同条款直接影响工程造价的控制。合理编制招标文件中的合同条款是从源头上控制工程造价最为直接的措施。在编制合同条款时,应力争做到风险量化、责任明确。

重点关注以下合同条款:

① 合同违约条款。应有对承包方违约的预测,以避免由于承包方的合同违约,给发包人造成不可弥补的损失。解决可能出现的违约问题的办法是增设合同的应变条款。

② 合同形式条款。合同中开口的内容如果太多,将非常不利于投资的控制。一般情况下宜采用固定总价合同,合同采用系数包干,不作任何合同开口。

③ 材料议价条款。材料、设备的议价范围应尽可能地少,应仅限于市场上档次较高、差价较大,招标时不易确定的材料设备。投标时与工程施工期的材料价差计入风险范畴,发包人承担物价下降的风险,承包人承担物价上涨的风险。

④ 工程计量条款。计量方法一般按工程部位和过程特性确定,以便于核定工程量和便于计算工程款为原则。

⑤ 工程风险条款。在目前工程保险还不健全的情况下,应通过投标保函、预

付款保函和履约保函等方式规范承包人的行为,降低发包人的风险。

⑥ 双方职责条款。明确界定双方的责任,量化风险,恰当合理地描述双方的职责。对有可能发生的影响造价的事件和情况明确各方责任,避免和减少索赔、争议的发生。

3) 认真进行投标分析

投标分析的重点是在投标文件符合性检查的基础上,对商务报价进行逐项的检查和分析。

投标分析的重点包括:

① 检查各投价的完整性,即是否存在少报、漏报的现象,同时比较各投标报价,找出过高或过低的报价。

② 分部分项工程量报价分析,主要针对综合单价进行分析比较。

③ 措施项目清单报价分析,着重分析措施项目是否满足要求,措施是否有保证,措施项目清单是否与投标文件中的施工组织设计相对应。

④ 其他项目清单报价分析,分析每个暂定金额报价、暂定金额报价是否与招标文件其他项目清单规定的金额相一致,总承包管理费是否包括招标文件规定的每个项目,投标人是否承诺了应承担的责任及其取费的合理性。

8.4.3 施工阶段的成本控制

施工阶段是资金投入最大的阶段,是招投标工作的延伸,是合同的具体化。加强施工控制,就是加强履约行为的管理。

施工阶段成本控制的主要工作包括:

1) 把好工程材料、设备价格关。建设工程的材料费一般要占整个建安费的60%以上,控制材料费的支出是施工阶段造价控制的关键环节。项目业主应广泛掌握建材行情,多进行市场调查,对需要认价的材料或设备货比三家,多方询价,做好价格签证,以达到降低工程造价的目的。

2) 把好工程变更关。在施工过程中,由于各方面的情况变更经常会导致工程量的变化和一些施工做法的变化,从而影响工程造价,所以我们必须对工程变更进行有效控制。控制工程变更的关键在项目业主,应建立工程签证管理制度,明确工程等有关人员的职权、分工,确保签证质量,杜绝设计变更的随意性和借设计变更任意增加建设内容、提高建设标准,使必要的设计变更合理化、合法化。根据合同约定,签证应具有时效性,事后补签不予承认。

为了确保动态成本核算的有效性和真实性,在变更洽商的管理中推行以下原则:

① 时间限制原则:合同中对变更及现场签证及其结算实行严格的时间限制,

禁止事后补办。

② 一单一算原则：一个设计变更及现场签证单应编制一份结算单，且对应一个工程合同。

③ 一月一清原则：每月 10 日前，成本部现场造价工程师、承包单位应就截止到上月末已完工且手续完备的设计变更及现场签证，核清造价并签字确认，经成本经理复核无误后随进度款结清。

④ 完工确认原则：当设计变更及现场签证完工后，项目部现场工程师和监理单位工程师必须在完工后 5 日内签字确认，如属隐蔽工程，必须在其覆盖之前签字确认。

⑤ 原件结算原则：设计变更及现场签证的结算必须要有齐备的、有效的原件作为结算的依据。

3）做好施工记录，为工程结算提供可靠依据。由于建筑工程具有复杂性、多因素影响的特点，在施工过程中不可避免地出现一些图纸以外的工程内容，作为项目业主必须做好施工记录，为工程结算提供可靠的依据，避免乙方提出不合理的索赔。

4）加强合同管理，减少施工索赔。合同管理对造价控制起着至关重要的作用，项目业主管理人员应充分理解和熟悉合同条款。一方面要利用合同条款随时解决工程造价方面的纠纷，另一方面要全面履约，以避免索赔的发生。

8.4.4 竣工结算阶段的成本控制

竣工结算阶段是成本控制工作的最后一关，也是工程成本控制管理的最重要的一环。所以，成本管理部门要加强对这一阶段的工程成本控制，委派有较高职业道德水平、较强专业技术素质和较为丰富的编审工程结算经验的人员，严格审核工程结算。在工程结算审核中，除了要有专业机构和专业人员外，还要制定相关的制度和严密的工作程序。

项目造价人员应参与工程项目投资的前期和建设实施全过程的成本管理控制，及时掌握工程进行中实际产生的各种数据，实现对工程成本的动态管理。竣工结算阶段应做好以下几个方面的审核工作：

1）核对合同条款。核对内容包括：竣工工程内容是否符合合同要求，并竣工验收合格；合同中约定的结算方法、计价定额、取费标准、主要价格等。

2）工程资料检查。包括：所有隐蔽工程均已完成验收，验收记录完整，签证手续完备，工程量与竣工图一致。

3）审核竣工图。竣工图是工程实施过程的最终结果，工程签证情况和设计变更内容，只要能反映在竣工图上的必须如实反映。对设计变更还应审核变更手续，要求原设计单位出具"设计变更通知单"和变更图纸，经设计人员签字并加盖公章确认。

4）审核现场签证项目。真实准确的现场签证是监理工程师对施工过程的现场记录。对隐蔽工程的签证内容，需同时审核施工验收记录和竣工图，看工程内容是否一致，实际操作是否按图施工。

5）审核工程量。原始施工图和竣工图是工程量的计算依据，审核之前认真阅读图纸，掌握设计变更情况和工程量计算的内在规律，按工程量清单计价规范的要求准确审核工程量。

6）审核工程综合单价。将结算项目各分项工程与原投标单价进行一一对比，招标时已有清单单价的，按原清单执行；招标时未定价的工程项目或是原清单中没有的新增项目，结算时严格按合同条款要求进行计价分析，核定综合单价。

第 9 章　项目质量管理

质量是企业赖以生存和发展的保证，也是企业管理人员的最重要工作。长远而言，质量是决定一个企业成败的最关键的因素。高质量降低了因返工、投诉赔偿而带来的成本，高质量还可以提高生产率、利润及衡量成功的其他指标。最重要的是，高质量造就了满意的顾客，而满意的顾客会以更多的购买和口碑宣传来回报企业。

工程项目质量管理的目的，就是通过管理工作，使建设项目科学决策、精心设计、精心施工，确保工程项目的质量，保证投资目标的实现。

9.1　工程项目质量的定义

建筑工程作为一种特殊的产品，其质量的含义具有下列属性：

1) 适用性

即功能，指建设项目满足使用目的的各种性能，包括理化性能（尺寸、规格、隔热等物理性能，耐酸、耐碱、耐腐蚀、防风、防尘等化学性能）、结构性能（地基的牢固、结构的强度等）、使用性能（房子的舒适度、水电设施、道路的通达等）、外观性能（房子的外观、色彩等）等。

2) 耐久性

即寿命，是指建设项目在规定的条件下，满足规定功能要求使用的年限，也就是项目竣工后的合理使用寿命周期。

3) 安全性

是指建设项目建成后在使用过程中保证结构安全、保证人身和环境免受危害的程度。建设项目的结构安全度、抗震、耐火及防火能力，人民防空的抗辐射、抗核污染、抗爆炸波等能力是否能达到特定的要求，都是安全性的重要标志。

4) 可靠性

是指建设项目在规定的时间和规定的条件下完成规定功能的能力。项目不仅要求在交工验收时要达到规定的指标，而且在一定的使用时期内要保持应有的正常功能。

5) 经济性

是指建设项目从规划、勘察、设计、施工到整个产品使用寿命周期内的成本和消耗的费用。项目的经济性具体表现为设计成本、施工成本、使用成本三者之和最优。

6) 环境的协调性

是指建设项目与其周围生态环境协调，与所在地区经济环境协调以及与周围已建项目相协调，以适应可持续发展的要求。

9.2 质量管理的基本原则

工程项目各项工作的质量如何，是建设项目成败的关键。加强管理，保证质量，才能实现预期的投资回报。因此，在项目的质量管理工作中应遵循如下基本原则：

1) 以顾客为中心

组织依存于顾客。因此，组织应当理解顾客当前和未来的需求，满足顾客要求并争取超越顾客期望。正如德鲁克所说的，顾客是组织存在的唯一理由，所以，无论什么样的组织，都要满足顾客的需求，顾客的需求是第一位的。

要满足顾客需求，首先就要了解顾客的需求。这里说的需求，包含顾客明示的和隐含的需求，明示的需求就是顾客明确提出来的对产品或服务的要求，隐含的需求或者说是顾客的期望，是指顾客没有明示但是必须要遵守的，比如说法律法规的要求，还有产品相关的标准的要求。另外，作为一个组织，还应该了解顾客和市场的反馈信息，并把它转化为质量要求，采取有效措施来实现这些要求。想顾客所想，这样才能做到超越顾客期望。

2) 领导作用

领导者确立组织统一的宗旨和方向。他们应当创造并保持使员工能充分参与实现组织目标的内部环境。作为组织的领导者，必须将本组织的宗旨、方向和内部环境统一起来，积极营造一种竞争的机制，调动员工的积极性，使所有员工都能够在融洽的气氛中工作。领导者应该确立组织的统一的宗旨和方向，就是所谓的质量方针和质量目标，并能够号召全体员工为组织的统一宗旨和方向努力。

成功的项目质量管理需要领导者高度的质量意识和持续改进的精神。

3) 全员参与

各级人员都是组织之本，只有他们的充分参与，才能够使他们的才干为组织带来收益。

全体职工是每个组织的基础。组织的质量管理不仅需要最高管理者的正确领导,还有赖于全员的参与。所以要对职工进行质量意识、职业道德、以顾客为中心的意识和敬业精神的教育,并激发员工的积极性和责任感。

4) 过程方法

所有工作都是通过"过程"来完成的,所谓"过程",是一组将输入转化为输出的相互关联或相互作用的活动,而任何过程都是向其顾客(内部的和外部的)提供产品或服务的增值活动链。一个组织的有效运作通常包含诸多相互关联的过程(过程网络),因此,必须采用系统的方法识别这些过程和相互作用并对其管理,这种方法称为"过程方法"。

"过程方法"在质量管理体系中应用时强调下列方面的重要性:

① 理解并满足顾客要求;
② 需要从增值的角度考虑过程;
③ 获得过程业绩和有效性结果;
④ 基于客观的测量。

5) 管理的系统方法

将相互关联的过程作为体系来看待、理解和管理,叫做管理的系统方法。管理的系统方法,有助于提高组织的有效性和效率。将管理的系统方法应用到质量管理中,就是建立、实施并持续改进质量管理体系,有效性和效率是衡量质量管理体系能力的重要指标。

管理的系统方法在建立和实施质量管理体系中的应用包括以下步骤:

① 确定顾客和相关方的需求和期望;
② 建立组织的质量方针和质量目标;
③ 确定实现质量目标必需的过程和职责;
④ 确定和提供实现质量目标必需的资源;
⑤ 规定测量每个过程有效性和效率的方法;
⑥ 应用这些方法确定每个过程的有效性和效率;
⑦ 确定防止不合格品产生并消除产生原因的措施;
⑧ 建立和应用持续改进质量管理体系的过程。

6) 持续改进

持续改进是组织的一个永恒的目标。在质量管理体系中,改进指产品质量、过程及体系有效性和效率的提高。持续改进包括:了解现状;建立目标;寻找、评价和实施解决办法;测量、验证和分析结果,把更改纳入文件等活动。最终形成一个戴明环(PDCA循环),并使这个环不断地运行,使得组织能够持续改进。

7) 基于事实的决策方法

有效决策是建立在数据和信息分析的基础上的。项目组织应搜集运行过程中的各种数据,然后对这些数据进行统计和分析,从数据中寻找组织的改进点或者相关的信息,及时地发现问题、解决问题并预防问题的发生,从而保证项目质量管理体系的正常运行和项目各方的利益。

8) 与供方互利的关系

组织与供方是相互依存的,互利的关系可增强双方创造价值的能力。供方提供的产品将对组织向顾客提供满意的产品产生重要影响,因此,处理好与供方的关系,是持续稳定地为顾客提供满意产品的保障。

对供方不能只讲控制不讲合作互利,特别对关键供方,更要建立互利关系,这对组织和供方都是有利的。

9.3 业主方的质量管理责任

在工程质量管理中,业主是质量控制的主体和核心。业主要确定工程项目的要求,为项目提供资金,负责组织项目队伍,还要在项目的各阶段对项目进行必要的监督控制。业主在质量管理中的主要职责包括:

1) 组织协调

所谓协调就是主动调和各参建方之间的信息交换,确保管理的效率和效果,它的内容包括人际关系、组织关系、资源技术供求信息等。由于工程建设项目具有投资大、规模大、建设周期长、生产环节多、参与方多等诸多特点,因此,业主方的协调工作就显得特别重要。业主方的管理人员在协调工作中要坚持原则、公正、公平地维护各方利益,建立必要的协商机制,定期召开项目协调会议,及时解决过程中发生的各类问题,为设计单位、监理单位、施工单位和供应商创造一个和谐良好的工作环境。

2) 依法合规

业主在工程开工前,负责办理有关施工图设计文件审查、开工报告、工程施工许可证和工程质量监督手续。组织设计和施工单位认真进行设计交底和图纸会审。施工过程中,配合政府质量管理部门的监督、检查、验收等工作,并督促施工单位对存在的质量问题进行整改,直至合格。

3) 强化技术管理

一个建筑工程项目是结构、机电、暖通、消防、幕墙、通信、环保等各种技术的集中载体,因此,要使工程项目最终达到全面质量合格的目标,必须强化技术管理工作,确保技术条件的满足和技术功能的实现。

技术管理的主要内容包括:

① 各专业配合要科学合理,各工序之间的衔接严格到位;

② 各专业严格按照技术规范、施工图纸和操作规程进行施工,对相关的技术要求要达成共识;

③ 鼓励施工单位采用新的管理方法、新的施工技术,配合施工单位对成熟的新技术、新工艺、新材料的推广应用,以促进工程质量的提高。

4) 处理好质量控制与工期、成本控制的关系

质量控制是工程三大基本控制中的重点,它与工期控制和成本控制是密不可分的整体,项目部应通过有效的全方位信息管理系统,将质量、工期、成本进行平衡控制和有节奏管理,寻找和实现它们的结合点。工期控制和成本控制的合理有效,对质量控制起到至关重要的推进作用,反之亦然。

具体要求包括:

① 工期合理。在编制工期计划时,充分考虑对质量的影响因素,尽可能使每项工作在合理的工期范围之内。在施工阶段,重点审核施工总进度计划的合理性,保证重点质量控制部位的工期;尽可能开拓施工面,使重点分部分项工程提前插入;强化各项准备工作的落实,避免待工、抢工和变更返工情况,以良好的施工秩序来保证工程质量。

② 图纸到位。在设计阶段,安排好设计的出图进度,在保证按总控计划实现工程开工的前提下,合理利用分部工程开工的搭接时间,制定施工图纸的分步出图和审批计划;加强对设计力量的监督和专业之间、设计与施工工艺之间的协调工作,保证图纸质量满足高质量施工的条件。

③ 成本分配科学。成本目标的制定应以保证工期和质量为前提,合理规划项目的成本分配结构是保证施工质量的重要环节。在成本分配时,注重保证质量重点部位的资金使用,特别是涉及功能性的项目。采购阶段,利用公平、公开、公正的社会招标竞标手段,选择资格和能力能够确保质量要求,报价合理的承包商、供应商作为合作伙伴,在合同中提出明确的质量要求,绝不以牺牲质量来降低成本。

5) 充分发挥监理的质量管理职能

为确保监理单位能够根据监理委托合同中的约定,充分履行其在工程质量管理中的各项职责,达到控制工程质量的目的,业主方应做到:

① 树立监理人员的权威,支持监理单位的各项工作开展;

② 发挥监理单位的技术专长,充分尊重监理人员对技术问题的建议权、对施工方案的审批权和对现场技术管理的控制权;

③ 根据监理规范的要求,对工程项目的质量实施全方位的监督管理,贯穿于施工准备、施工、竣工验收以及运行保驾等各个阶段。

9.4 质量管理的基本内容

项目的质量管理工作包括确定质量目标、建立质量管理体系、过程质量控制、实施质量改进等内容。如图9-1所示。

9.4.1 明确质量目标

项目的质量目标一般包含以下三个方面的内容：

1）质量合格

这是项目质量的最基本要求，即各项实体质量达到规范、标准和设计图纸的合格标准，并符合政府质量检查、验收部门的要求。

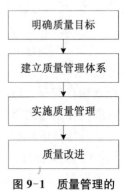

图9-1 质量管理的工作流程

2）质量奖项的要求

在项目初始阶段，根据项目特点一般还会有对于项目认证、获奖的要求，如：LEED认证（认证级、银级、金级、白金级）、长城杯（北京地区）、建筑工程鲁班奖等等，它们往往给项目的质量标准提出了更高的要求。

3）项目的综合质量

质量目标的实现不是单一的指标要求，在实际工作中，应避免为过高追求质量而牺牲其他的目标，包括经济目标、进度目标等。项目应在确保安全达标、质量合格的前提下，做到质量、工期、成本的综合指标最优，做到"安全、质量、工期、功能和成本"的协调统一。

质量目标是项目启动会的决策内容之一，它不仅是企业对项目的绩效要求，更是企业质量方针的具体落实和体现。

9.4.2 建立质量管理体系

组织是各项工作的保证，当然也是质量目标实现的保证。在组织机构的建设中，要明确各级质量责任主体，落实质量责任人，界定每个人的质量职责。同时，开展全面质量管理活动，通过全体参加人员的共同努力以及PDCA循环，实现最终的质量目标。

质量管理体系的建立包括以下三个层面的工作：

1）组织层面

在组织的层面上，质量主要是以满足外部客户的要求为中心来开展工作，主要包括：

① 明确产品定位中的客户要求；

② 明确产品建造标准的具体要求；
③ 明确项目的特殊质量要求，包括新技术应用、新产品使用和特殊质量奖项的要求。

这些要求的具体内容是公司为项目制定目标、进行决策、绩效考核、奖励和资源分配的基础。

2）过程层面

在过程层面，质量管理人员必须明确以下事项：
① 建造过程的关键部位、关键节点；
② 建造过程的检验方法、控制方法；
③ 相关职能部门的质量要求；
④ ISO 9000 体系中全过程质量管理的要求。

在项目质量管理过程中严格按照国际质量认证的各项规定进行运作，同时要求参与项目实施的所有承包商及材料供应商都已通过 ISO 9000 认证。

3）执行层面

在执行层面，产出标准必须以质量目标和顾客要求为基础，这些要求来自组织层面和过程层面。这些标准包括：
① 顾客（包括外部顾客和内部职能部门）的要求；
② 质量的精确度要求；
③ 质量的成本要求。

这些要求是现场进行质量检查、监督、管理、改进以及验收的依据和标准。

现场的项目经理是工程项目质量的第一责任人，对项目的质量管理负有全面的责任。项目经理应按照质量目标和质量管理体系的要求，有步骤、有计划地落实、实施，使工程质量、工作质量始终处于良好的状态，他的工作包括：
① 确定质量目标，并传达给项目团队的每一个员工；
② 建立和实施质量管理体系；
③ 确保项目部各岗位的职责和权限得到明确规定和沟通；
④ 确保资源的提供，为员工创造适宜的工作条件和培训机会；
⑤ 确保各部门工作职能的良好协调、顺畅沟通；
⑥ 要有公正、透明和务实的工作作风。

9.4.3 实施质量管理

质量管理应采用过程控制的方法。过程控制之所以重要，主要有以下两个原因：首先，过程控制是有效进行日常管理的基础；其次，如果不能使过程处于受控状态，就谈不上质量的改进。

控制方法包括三个部分：

1）标准或目标；

2）测量结果的方法；

3）将实际结果与标准对比，并以反馈信息作为质量改正的基础。

项目实施过程中的检查是质量过程控制的基本方法，检查又分为日常检查、巡回检查和阶段性检查。日常检查的成果是"过程检查记录表"，巡回检查的成果是"质量管理点检查表"，阶段性检查的成果是"实测实量检查记录表"。

9.4.3.1 日常检查

过程记录是对过程中的活动或已完成的质量结果留下的客观、公正、可追溯的证据，是协调、沟通、控制的依据，是项目质量管理的有效方法。可以采用工作日志、返修记录、检查记录、照片、摄像等手段。

表9-1是"质量过程检查记录表"的模板，是项目部在现场进行日常质量检查的记录，填写后可以用工作联系单的形式发监理及有关单位。监理单位负责督促责任单位进行整改，整改完成后应以书面形式予以回复。对未予整改或整改不达标的项目，业主方成本人员可在进度款支付或结算时扣除相关费用。

表9-1 质量过程检查记录表

检查日期：

位置：34.5米北走廊		编号：质量问题-001
存在问题		图片
地面石材平整度太差		
责任单位：		
整改措施：		
完成时间：		

第 9 章 项目质量管理

续表 9-1

位置：34.5 米走廊		编号：质量问题-002
存在问题		图片
木龙骨没有做防腐、防蛀处理		
责任单位：		
整改措施：		
完成时间：		

9.4.3.2 巡回检查

巡回检查，主要是针对项目的质量管理点的检查。所谓质量管理点，是指在一定条件下、一定时期内，为实现一定的质量目标，对生产及工作中一些需重点采取措施、严加防范、重点监控的关键部位和薄弱环节。建立质量管理点的基本目的，就是使工序（或工作）质量处于受控状态，从而确保质量目标的实现。

通常设立质量管理点应考虑如下几项因素：

1）关键工序和关键部位。即关系产品使用性能、使用安全性，影响工程质量的重点工序、影响工程质量的关键部位。

2）施工工艺有特殊要求或对下道工序有重大影响的工序和部位。

3）质量不稳定，出现质量事故较多的工序和部位。

4）用户或市场调查反馈质量信息，意见较多或意见较突出的工序和部位。

5）项目质量有特殊要求，需重点防护的工序和部位。

建筑工程的质量管理点的设置参见附录 D。

总之，凡是施工过程中的关键环节、质量上的薄弱部位，均要设立质量管理点。列为质量管理点的工序和部位，一般需核定操作规程、建立工序质量表、作业指导书、自检表、巡回检查表、设备及工器具检定表，并根据工序质量性质编制不同的质量控制图，使工序质量处于受控状态。

质量管理点并不是固定不变的，随着项目施工条件的改变，质量稳定状态的变化，不仅管理点的多少可能发生变化，管理点的位置及控制内容、控制方式，均可能发生改变。

9.4.3.3 阶段性检查

借鉴标杆房地产企业的做法,可采用"实测实量"的方法针对工程进行阶段性质量评定,评定完成后,质量部门应以书面形式出具检查报告,具体内容参见附录E《建筑工程实测实量工作指引(模板)》。

9.4.4 质量改进

为在项目中追求具有国内高水平的质量目标,应遵从计划、执行、检查、行动(PDCA循环)的管理规律进行质量的持续改进工作,在过程中以工序质量和工作质量的持续改进为两个重点。图9-2是工序质量和工作质量持续改进的主要因素示意图。

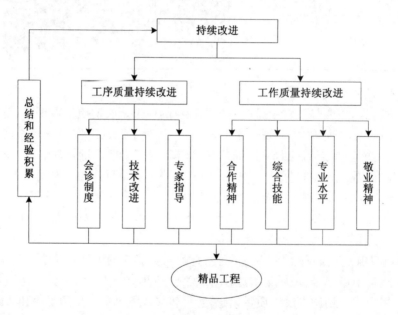

图9-2 质量持续改进示意图

质量的持续改进是质量管理的一部分,是致力于增强满足质量要求的能力的循环活动。就一个组织而言,为了提高组织的整体业绩,组织应不断改进其产品质量,提高质量管理体系及过程的有效性和效率。对项目而言,只有坚持持续改进,才能不断改进项目质量,才能满足顾客和其他相关方日益增长和不断变化的需求和期望。

持续改进是过程的改进、持续性的改进、积极的改进、预防性的改进,这是持续改进的原则。

1) 过程的改进

项目的所有工作都是通过过程完成的，合格的产品质量必然是合格的工作过程的结果。顾客的不满意和需要的改变，意味着对项目及其服务质量改进的要求，而即使在质量要求一定的情况下，形成项目和服务质量的过程自身仍然有必要进行改进，以提高项目和服务的最终质量。

2) 持续性的改进

质量改进是在一种以追求更高的过程效果和效率为动力的持续活动。持续性的改进是客观的要求，在项目的生命周期中，顾客的需求在变化，项目的环境在变化，技术在发展，社会在进步，这些都决定着形成和支持项目和服务的过程质量必须随之变化和提高。

组织必须通过持续性的改进来获得更高的竞争能力和生存发展能力。持续改进是扎扎实实的、循序渐进的。改进是以现有水平为基础，发现问题，解决问题，打破现状，提高水平，并对改进的成果予以稳定和巩固。

3) 积极的改进

改进是持续的、无穷的，改进的机会也是无穷的。抓住了改进的机会，改进才可能发生。所以，质量改进工作应不断寻求改进的机会，并抓住机会，促使改进的发生，而不是坐等机会的出现。

改进的机会存在于项目的各项活动之中。已出现的问题和尚未出现的潜在问题大量存在，这些都是改进的机会所在。对于已出现问题，应立即进行分析，而不能坐视不管；对于尚未出现的潜在问题，应积极地去感受、发现、分析，从而发现问题所在。

改进的机会存在于顾客的需求和期望之中，尚未满足的需求和期望是一类改进机会。组织需要积极地去了解、寻找，以诱发改进来予以满足；目前不存在或顾客尚未意识到，但现在或将来是必然的潜在需求和期望，则可能导致一类重要而无限的改进机会。

改进的机会存在于科学技术的发展之中。项目和服务的质量与生产技术水平直接相关。项目的生产技术质量需要改进，改进也需要科学技术作基础。所以，现有或将来会出现的科学技术都会给项目的改进带来机会。

4) 预防性的改进

持续改进的重点在于预防问题的发生，而不仅仅是事后的检验和补救。单纯的事后检验和补救，只能使已产生的质量损失有所减少，但不能完全消除质量损失，更不能杜绝类似的质量损失的再发生。这种补救措施的改进，如返修、返工或调整既不能保证在原有质量水平上的稳定，更不能保证在原有水平上的提高。持续改进的关键问题之一是消除或减少产生质量问题的原因，即进行预防性改进。这种改进是永久性的，也是根本性的。

9.5 项目各阶段的质量管理

工程项目质量是按照项目建设程序,经过工程建设系统各个阶段而逐步形成的。工程项目质量问题贯穿于建设项目的整个进程。从工程项目的可行性研究、投资决策、勘察设计、建设施工、竣工验收直至使用维修阶段,任何一个环节出了问题,都会给工程质量留下隐患,影响工程项目的功能质量和使用价值,甚至可能酿成严重的工程质量事故。因此,只有重视各个环节的质量监督与控制,才能保证工程项目质量的全面实现,从根本上消除工程质量的诸多缺陷和隐患。

9.5.1 投资决策阶段的质量管理

工程项目的投资决策阶段是进行可行性研究与投资决策,以决定项目是否投资建设,确定项目的质量目标与质量水平的阶段,是影响工程项目质量的关键阶段。

对于工程建设项目,需要控制的总体目标是投资、进度和质量,它们之间是相互制约的。投资决策阶段的质量管理,就是提高可行性研究和投资决策的科学性,注重多方案论证,注重项目产品是否符合客户的要求,做到投资、进度、质量的协调统一。这个阶段质量管理的重点工作包括:

1) 工程项目可行性研究所提出的质量要求应进行多方论证、科学决策,在满足功能质量的前提下,做到费用较低、进度合理、工程质量合格。

2) 注意项目选址的合理性,在经济上与项目费用目标相协调,能保证项目的质量要求和水平;在环境上使项目与所在地区环境相协调,为项目在长期使用过程中创造良好的运行条件和环境。

3) 工程项目的选择应符合国民经济的发展和市场的需求。根据项目的周边资源条件有效控制投资规模,合理确定项目的最佳投资方案、质量目标和建设周期,使工程项目的质量目标在预定的费用、进度目标下顺利实现。

9.5.2 设计阶段的质量管理

设计的质量对产品质量的影响是根本的和决定性的,后续的加工质量、施工质量、安装质量不能解决由于设计的先天不足而导致的产品质量问题。因此,设计决策既要考虑产品最大限度满足客户的需求,又要保证产品的可制造性。

根据质量问题与发现阶段的 10 倍法则(如图 9-3 所示),如果我们在设计初始阶段就发现了质量问题并予以纠正,在后续的重新设计、深化设计、现场返工、交付后的维修、顾客投诉等环节将节省多项成本。因此,设计的质量管理是质量管理中最重要的工作。

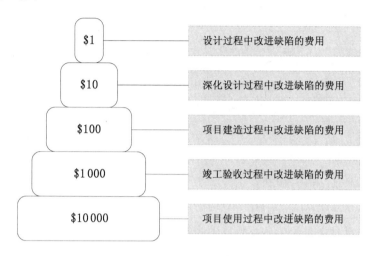

图 9-3　质量问题发生阶段的 10 倍法则

设计阶段的质量管理应按照事前、事中、事后控制的原则开展工作，具体管理内容见表 9-2。

表 9-2　设计阶段质量管理清单

编号	工作内容	责任人
一	事前控制	
1	考核设计单位，严密设计合同	招采部、设计部、项目部
2	设计任务书的编制力求详尽、准确	设计部、项目部
3	审核设计单位针对项目的管理体制与工作流程并协助完善	设计部、项目部
4	对工程整体作全面了解，审查设计基础资料的正确性和完整性	设计部、项目部、监理
5	明确专项设计工作的协调人，确定各相关单位与设计的沟通渠道	项目部、监理、总包
二	事中控制	
1	时时保持与客户、职能部门、设计单位、施工单位的信息沟通及反馈	设计部、项目部
2	监督设计单位质量保证体系的实施	设计部、项目部

续表 9-2

编号	工作内容	责任人
3	负责专业之间的衔接,当专业之间的组织接口和技术接口出现矛盾时,负责组织协调	设计部、项目部
4	协助落实项目在设计过程中所需要的相关条件	设计部、项目部
5	设计质量的跟踪检查,设计质量的平行审核	设计部、项目部、监理
6	对主要专项技术系统进行论证	设计部、项目部、监理
7	提前引入施工方面的咨询意见	项目部、监理、总包
8	进行设计过程中的优化工作	设计部、项目部、监理
9	向有关政府各部门、领导提供所需的技术文件	设计部、项目部
10	对设计进行详细审核,保证设计质量满足功能要求和施工要求	设计部、项目部
三	事后控制	
1	组织施工设计图交底工作	设计部、项目部
2	时时掌握整体状况及施工过程中的变更状况,管理过程中的设计变更	设计部、项目部
3	对材料、设备的品质提出准确、详尽的要求	设计部、项目部
4	协调设计、施工全过程中设计方、施工方的关系	设计部、项目部

9.5.3 采购阶段的质量管理

1) 供应商的选择

从项目的角度而言,供应商的选择是确保工程质量的前提和基础,是质量控制的重要环节。因此,必须加强对供应商的评价、认证、选择等工作(具体论述详见采购管理章节)。

2) 材料、设备的质量管理

保证材料、设备的质量是保证工序质量以及工程整体质量的重要前提。项目部应把大宗材料、设备的选样送审和对厂家考察以及样品管理作为重点;同时,对涉及环保质量、观感质量和主要使用功能的材料实行出厂前验收、到场验收、安装完验收的"三检制",确保项目中所使用的材料和设备的可靠性。

对材料和设备的保管和成品的保护,也将是项目部重点检查和督促承包商落实的工作,通过有效的材料质量全过程的保证体系,贯彻 ISO 9000 质量保证标准,

第9章 项目质量管理

确保工程质量。

在选择材料和设备时,首先要对生产厂家的资格进行认证,进入"合格分供方名录"后方可被选择和使用,再针对其环保性和技术先进性作特别的论证。以下是材料、设备采购和检验管理流程(图9-4):

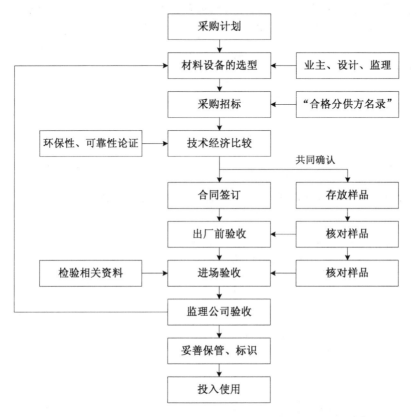

图9-4　材料、设备采购和检验管理流程图

项目部应与招采部保持顺畅的协同工作状态,并在过程中确保材料设备的采购质量和采购及时性。重点落实如下事项:

① 选择具有质量意识的供应商;
② 确保采购合同中明确规定了设计部和项目部提出的质量要求;
③ 当出现技术难题时,应由供需双方的技术人员共同解决;
④ 建立基于信任的战略合作供应商关系,并为供应商提供质量培训以满足公司的要求;
⑤ 与供应商保持密切沟通,以随时解决现场的任何问题。

9.5.4 施工阶段的质量管理

施工是形成工程实体质量的决定性环节。施工活动直接关系到工程基础、主体结构的安全可靠、使用功能的实现以及外表观感能否体现建筑设计的意图。

要实现项目的既定目标,得到一个质量合格的工程,必须对施工的质量严格管理。按照事前、事中、事后控制的原则开展工作,具体管理内容如表 9-3 所示。

表 9-3 施工阶段质量管理清单

编号	工作内容	责任人
一	事前控制	
1	确定建设各方对于质量保证工作中的关系和工作流程	项目部、监理
2	审查承包商及分包商的技术资质	项目部、监理
3	协助承建商完善质量管理体系,包括完善计量及质量检测技术和手段,同时对承包商的试验室资质进行考核	项目部、监理、总包
4	督促承包商完善现场质量管理制度,包括现场会议制度、现场质量检验制度、质量统计报表制度和质量事故报告及处理制度等	项目部、监理、总包
5	与政府质量监督机构建立配合、监督机制,组织设计交底和图纸会审	项目部、监理、总包
6	确定各分项工程的质量标准和目标,制订项目质量计划,将工程质量目标层层分解、层层下达、层层落实,落实到班组、岗位和个人	项目部、监理、总包
7	对施工场地进行检查验收,检查施工场地的测量标桩、建筑物的定位放线以及高程水准点	项目部、监理
8	对施工组织设计和方案进行审核,保证工程质量具有可靠的技术措施	项目部、监理
9	详细审核鉴定工程中采用的新材料、新结构、新工艺、新技术的施工工艺方法、材料适用性、施工组织、技术支持及施工方案	项目部、监理、总包
10	对专业系统、材料、设备以及设施进行选择论证	设计部、项目部、监理
11	组织对质量通病的分析,做出专项防制方案	项目部、监理
12	确定过程质量控制点、质量检验标准和方法	项目部、监理

第9章 项目质量管理

续表 9-3

编号	工作内容	责任人
二	事中控制	
1	督促承包商完善工序控制	项目部、监理
2	建立质量管理点,及时检查和审核承包商提交的质量统计分析资料和质量控制图表	项目部、监理
3	严格组织隐蔽检查、检验实验、工序交接检查工作	项目部、监理
4	组织对质量工作的分析论证,确定阶段性质量工作计划	项目部、监理
5	对重要的工程部位进行平行检验和技术复核	项目部、监理
6	组织常规质量检查,确认整改方案并落实复查结果	项目部、监理
7	审核设计变更和图纸修改,组织论证价值工程(VE)方案	项目部、监理
8	加强进场材料、构配件和设备的检验	项目部、监理
9	应对施工现场有目的地进行巡视和旁站	监理
10	对公司和政府有关部门及时通报质量状况	项目部、监理、总包
三	事后控制	
1	审核质量检验报告及有关技术性文件	项目部、监理
2	按照质量评定标准和方法进行检查验收	项目部、监理
3	组织项目的阶段性验收和竣工验收	项目部、监理
4	整理有关工程项目质量的技术文件,编目、建档	项目部、监理
5	组织对运行人员的质量培训	项目部、总包

9.5.5 收尾阶段的质量管理

项目竣工验收完成后,进入试运行保驾阶段,工程的管理权移交给大楼客户或客户委托的物业公司。项目部在该阶段的责任和义务,是按合同约定的范围和职责向客户提供试运行过程的指导和服务。

保驾阶段的质量管理应按照事前、事中、事后控制的原则开展工作,具体管理内容见表 9-4。

表 9-4　收尾阶段质量管理清单

编号	工作内容	责任人
一	事前控制	
1	组织相关方制定保驾期间质量保证和维护方案	项目部、监理、总包
2	组织制定对发突事故的多套预案,包括但不限于:突然断电、管道漏水、下雨漏水、手机信号、弱电断电、钥匙丢失等	项目部、监理、总包
3	确定保驾期管理体制和工作流程	项目部
4	落实各项维修内容的责任单位	项目部、监理
5	建立项目保驾的快速反馈机制,建立维修快速通道	项目部、总包
6	落实配备的备用材料和必要的备用设备	项目部、总包
二	事中控制	
1	服从物业对项目的统一管理,随时检查、鉴定工程质量状况和工程使用情况	项目部、监理、总包
2	建立现场值班、保修小组,随时进行应急保驾	项目部、总包
3	对过程中发现的质量问题,及时记录并监督整改	项目部、监理、总包
三	事后控制	
1	做好质量维修记录和分析报告	项目部、监理
2	对已交付使用工程的保修和回访工作严格管理	项目部、客服部
3	整理有关工程项目质量的技术文件,编目、建档	项目部、监理、总包
4	组织对运行人员的质量培训	项目部、总包

9.6　创造满意的顾客

随着客户的日益成熟和竞争的加剧,无论采用何种质量控制方法,有一个原则是我们必须遵循的,即我们必须努力成为以顾客为中心的组织,并且在质量策划、组织、执行、改进等各个环节遵循这个原则,因为顾客不仅是我们存在的理由,也是我们提升竞争优势的驱动力。

如图 9-5 所示,真实的顾客需要和期望称为期望质量,是顾客认为将会从产品中得到的东西。我们识别这些需要和期望并将它们转化为产品的设计标准和服务流程。实际质量是我们交给顾客的产品质量。但是,如果市场调研水平低、理解错误以及在上述流程中的信息传递错误,均会导致实际质量与期望质量之间产生很大的偏差。

鉴于这些问题的存在，我们必须建立一个顾客满意度测量系统，并随时根据顾客的反馈来进行质量改进。

成功的公司在这方面有一些做法或规章，这些做法保证了企业的盈利能力和市场份额。这些做法包括：

1) 明确定义关键顾客群和市场，并对顾客进行细分

例如：丽思卡尔顿酒店根据数量、地理位置和利润对潜在的和当前的顾客进行排序，并将顾客细分为三个不同的群体。这种细分明确了不同顾客群之间的差异，使得组织可以针对各个顾客群的独特需要来选择特定的做法。

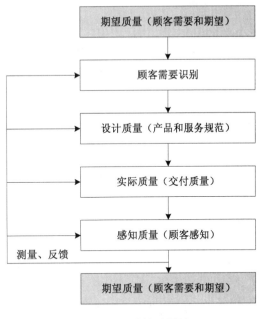

图 9-5　顾客驱动的质量循环

2) 理解顾客与产品之间的联系

对于代建项目、定制项目或定向开发项目，需要市场、设计、客服等职能部门通过调研、采访、会谈等手段与意向客户保持联系，理清顾客需求与设计、建造、交付等环节的关系。这样的做法确保关键客户的要求不会被疏漏，使得期望质量与实际质量之间的差距减少到最小程度。

3) 建立有效的投诉管理流程

一般的企业目前都建立了投诉解决机制，但需要注意如下几个问题：

① 投诉平台应方便顾客发表意见、建议；

② 应确保顾客在第一次提出投诉时就使问题得到解决；

③ 质量部门应随时关注投诉，必要时修改工作制度并对员工进行培训。

4) 关注竞争对手

借鉴同行的成功经验是我们避免或减少质量问题的捷径。通过对竞争对手的分析，我们可以发现自己的优势和劣势，发现行业领先者的优势和劣势，有效地改进我们的工作流程、工作方法。

第 10 章 项目风险管理

工程风险是指建设项目实施过程中,因项目本身和环境条件的不确定性,而引起的实际结果与预期结果的差异及可能性。

建设项目实施中蕴藏着众多风险,开展系统的风险管理成为减少风险损失,确保建设项目效益的一个重要环节。截至目前,还没有一本专门的教科书是关于如何管理并控制风险的,管理和控制风险也没有一种放之四海而皆准的理论。项目经理必须依赖合理的判断、曾经的经验和合适的方法来应对风险。

10.1 项目风险的特征和分类

1) 风险的特征

由于建设工程自身的特点,所以工程风险具有不同于其他行业的特征,如表10-1 所示。

表 10-1 项目风险特征表

序号	风险特征	产生原因及后果
1	风险因素的大量性	① 投资规模大、建设周期长,产生风险的因素数量多、种类繁杂 ② 受自然灾害影响的风险因素极大 ③ 工程技术日趋复杂,加大了工程的风险 ④ 政策法律、资金筹措等风险随时可能发生
2	风险损失的严重性	① 工程投资巨大、涉及面广,一旦出现风险势必造成巨大的财产损失 ② 现场活动人员众多,建筑物出现不测会造成人员伤亡
3	风险防范的多元性	工程项目不是孤立的,在实施过程中需要业主、承包商、勘察、设计、监理等单位的共同合作,任何一方的疏忽、懈怠都可能造成项目实施的重大损失

2) 风险的分类

为了便于风险的识别、评估和管理,需对工程风险按照一定的方法进行分类,

第10章 项目风险管理

国际项目管理协会将风险分为5种,参见表10-2。

表10-2 项目风险分类表

序号	风险类别	风险名称
1	外部不可测风险	政府的政策变化、自然环境灾害、突发的偶然事件
2	外部可测风险	借款利率、材料及设备采购风险
3	技术性风险	设计问题、施工工艺
4	非技术性风险	现金流不足、安全问题、组织协调、停工、人员流失
5	法律风险	许可证(各类报建手续)、专利权、合同履行、诉讼

为了有效地防范风险,针对上述风险的分类,有必要列举出常见的风险事件,从而为下一步的风险管理提供有的放矢的参照、预防和借鉴,如表10-3所示。

表10-3 工程风险事件示例表

风险类别	风险名称	典型风险事件
外部不可测风险	政府的政策变化	法律及规章的变化
	自然环境灾害	洪水、地震、火灾、台风、雷电等不可抗拒自然力,不明的水文气象条件,复杂的工程地质条件,恶劣的气候,施工对环境的影响等
	突发的偶然事件	战争、骚乱、罢工、经济制裁、禁运等
外部可测风险	借款利率	通货膨胀或紧缩、汇率的变动、市场的动荡、社会各种摊派和征费的变化
	材料及设备采购风险	原材料、设备供货不足或拖延,数量差错或质量规格问题,特殊材料和新材料的使用问题,过度损耗和浪费,施工设备供应不足,类型不配套,故障,安装失误,选项不当等
技术性风险	设计问题	设计内容不全、设计缺陷、错误和遗漏、规范不恰当,未考虑地质条件、未考虑施工可能性等
	施工工艺	施工工艺落后、施工技术和方案不合理、施工安全措施不当、应用新技术失败、未考虑场地情况

续表 10-3

风险类别	风险名称	典型风险事件
非技术性风险	现金流不足	资金不到位,资金短缺等
	安全问题	坍塌、火灾、爆炸、食物中毒、高空坠落、触电、中暑等
	组织协调	业主和上级主管部门的不协调,业主和设计、施工、监理的不协调,业主内部的不协调等
	停工	民工流失、工资发放不及时、政府管制
	人员	业主人员、设计人员、监理人员、工人、技术员、管理人员的素质(能力、效率、责任心、品德)不高或流失
法律风险	许可证	手续不全
	专利权	没有专利权的技术或产品的使用
	合同履行	合同条款遗漏、表达有误,合同类型选择不当,承发包模式选择不当,索赔管理不力,合同纠纷等
	诉讼	税费缴纳不及时、付款延期、索赔、扰民等

10.2 风险管理的目的和原则

所谓风险管理,是指处理风险的行为或实践活动。风险管理不是局限于项目层面或风险管理部门的工作,它是项目全面管理的一部分。风险管理应该与项目周期的各个关键工作紧密相连。包括策划、营销、成本、设计、质量、进度及安全等。

10.2.1 风险管理的目的

项目风险管理的目标是控制和处理项目风险,防止和减少损失,减轻或消除风险的不利影响,以最低成本取得对项目安全保障的满意结果,保障项目的顺利进行。其主要的目的包括:

1) 使项目获得成功。
2) 为项目实施创造安全的环境。
3) 降低工程费用或使项目投资不突破限度。
4) 减少环境或内部对项目的干扰,保证项目按计划有节奏地进行,使项目的实施过程始终处于良好的受控状态。
5) 保证项目质量。
6) 使竣工项目的效益稳定。

10.2.2 风险管理的原则

项目的风险管理工作应遵循以下原则：

1）创造并保护价值原则

以控制损失、创造价值为目标的风险管理，有助于组织实现目标、取得绩效和各方面的改善。包括：人员健康和安全、合规经营、信用程度、社会认可、环境保护、财务绩效、产品质量、项目管理、运行效率、公司治理等。

2）全过程风险管理原则

风险管理不是单独的活动，而是项目管理全过程中不可缺少的重要组成部分。包括：产品研发、土地获取、定位策划、现场实施、验收移交，直至项目的后期运营。

3）强调事前管理的原则

风险的不确定性包括发生与否、发生时间、发生状况、后果的严重程度四个方面。风险管理就是针对这些不确定性，事前做出对策、预案，确保项目目标的实现。

10.3 风险管理的基本内容

从公司整体运营的角度看，项目的风险包括证件办理风险、质量事故风险、人员流失风险、现金断流风险、业主投诉风险等。

从项目的角度来说，更多的则是开发过程中影响进度的各类风险因素。其风险管理工作包括风险识别、风险分析、风险防范和控制等内容。如图 10-1 所示。

10.3.1 风险的识别

风险管理首先必须识别和分析潜在的风险领域，这是项目风险管理中最重要的步骤，只有全面、正确地识别工程实施过程中面临的所有风险，才能有的放矢，针对风险进行估计、评价、决策，使风险管理建立在良好的基础上。项目风险经理（或称之为项目风险管理人员）若不能准确地识别项目面临的所有潜在风险，就失去了处理这些风险的最佳时机，就将无意识地被动地自留这些风险。

风险识别包括确定风险的来源、风险产生的条件、描述其风险特征和确定哪些风险会对本项目产生影响。风险识别的参与者应尽可能包括项目管理团队、风险管理小组、来自公司其他部门的某一问题专家、客户、最终使用者、其他项目经理、项目利害相关者、外界专家等。

风险识别的依据包括企业外部有关风险管理的信息资源、组织内部信息资源、项目范围说明书、风险管理体系文件、相关的项目管理计划以及项目的各类制约因素。

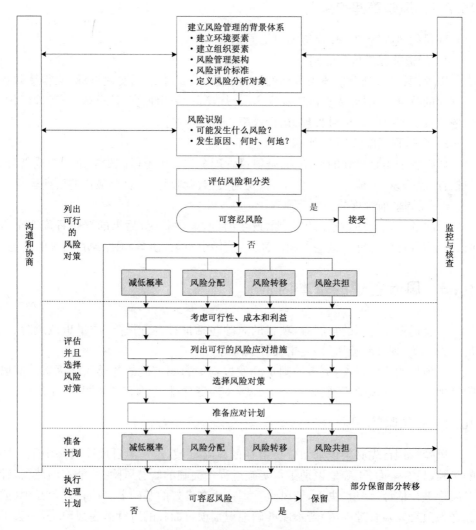

图 10-1 风险管理的工作流程

风险识别常用的方法包括：风险分解结构法、风险核对表法、专家调查法、头脑风暴法等，可根据项目的不同特点选择使用。

1) 风险分解结构(RBS)法

风险分解结构(RBS)法是根据项目的具体情况，把可能发生的风险类别和子类别按照网络图的形式进行列项（如图 10-2 所示），以保证尽量全面地列出项目的典型风险。这种方法简单易行，条理清晰。

第10章 项目风险管理

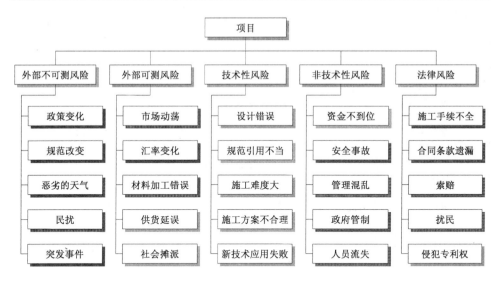

图 10-2 项目风险分解结构(RBS)

2) 风险核对表法

风险识别实际是关于将来风险事件的设想,是一种预测。风险核对表,是风险管理中用来记录和整理数据的常用工具,用它进行风险识别时,是将项目可能发生的许多潜在风险列于一个表上,并与现有项目进行核对,进而判断是否存在表中所列或类似的风险。表中所列内容都是历史上类似项目曾发生过的风险,例如:质量事故、图纸错误、进度滞后等等,如表 10-4 所示。随着公司开发的项目越来越多,项目管理人员应不断完善、补充表中内容,并可作为项目风险管理的标准模板,应用于今后的项目。

表 10-4 项目风险核对表

项目名称:

序号	风险因素	本项目情况
一	外部不可测风险	
1	新的消防规范出台,提出了更高的设计要求	
2	周围居民干扰正常施工	
3	恶劣的天气	
4	保安管理不善,致使上访人员进入工地	
5	APEC 会议召开,建委要求停工 10 天	
二	外部可测风险	

续表 10-4

序号	风险因素	本项目情况
1	劳动力价格上涨	
2	政府限购,致使购买力下降	
3	幕墙型材、玻璃加工图滞后	
4	配电箱供货滞后	
三	技术性风险	
1	幕墙旋转门高度过高,直径偏小,使用不便	
2	中庭藻井玻璃造型设计过于复杂,加工困难	
3	化粪池施工滞后,影响脚手架拆除	
四	非技术性风险	
1	资金计划不合理,进度款支付不到位	
2	电焊作业防护不到位,引燃安全网	
3	夏秋两季劳动力流失严重,影响进度	
4	专业工程师工作能力差	
五	法律风险	
1	开工证办理滞后,因违法施工受到处罚	
2	合同违约条款不细致,致使对承包商的处罚没有依据	
3	后期赶工,夜间噪音、灯光扰民严重	
4	方案多次变更,引起承包商索赔	

核对表的优点在于使风险识别的工作变得较为简单,容易掌握。缺点是对单个风险的来源描述不足,没有揭示出风险来源之间的相互依赖关系,对识别重要风险的指导力度不够,而且受制于某些项目的可比性,有时候不够详尽,没有列入核对表的风险容易发生遗漏。

风险识别的成果是初步的《项目风险清单》(如表 10-5 所示)。风险清单应根据项目的进展每月进行更新,并对在其他项目总是出现的风险予以特别关注。每一个风险应有相应的责任人负责具体事项的跟踪、处理、更新,对于重大的风险应及时通知公司高层。

表 10-5　项目风险清单

项目名称：

序号	风险名称	可能的后果	应对措施	责任人	当前跟踪结果

需要说明的是，项目风险识别不是一次性的工作，它需要更多系统的、横向的思考，并需要借助一些分析技术和工具。在具体应用过程中要结合项目的具体情况，组合起来应用这些工具。

10.3.2　风险的分析

风险分析是对工程建设中的风险进行量化，据以确定风险大小，并为下一步确定风险的影响程度奠定基础。风险分析要解决两个问题：一是确定风险事件发生的可能性（损失概率）；二是确定风险事件导致损失后果的严重程度（损失程度），如风险事件导致经济损失的具体数额、工期延误的具体天数等。

风险分析首先要对已列入《项目风险清单》中的风险进行研究，其目的是通过收集与风险事件有关的信息去判断该事件发生的概率和产生的后果。很重要的一点是，我们应仅对已确认的风险问题进行分析，以避免在那些不可能成为风险的问题上浪费资源。

风险分析所需要的资料一般来源于以下几个方面：
- 项目计划
- 有关项目的说明文件
- 工作分解结构
- 类似项目经验
- 模拟分析
- 专家访谈
- 必要的测试、试验数据

项目的风险分析有定性分析、定量分析和定性定量相结合3类方法，一般采用定性与定量相结合的系统方法。

主观评分法也叫综合评分法，是最简单、最常用的风险评价方法。在已列出的《项目风险清单》的基础上，请有经验的专家为每一个风险因素或风险事件赋予一个分值，然后对各个风险的分值进行综合计算，与风险评价标准对比。所聘请的专家应熟悉该行业和所评价的风险因素，并能做到客观公正。为减少主观性，所聘请的专家应不低于5位。

风险分析还有故障树分析法、层次分析法、概率分析法、敏感性分析法等等，项目部应根据项目的特点，选择适宜的方法，对《项目风险清单》中的风险进行分析、论证、决策，重大的风险应将分析报告或论证结果及时上报公司。

10.3.3 风险的防范和控制

风险的防范措施一般有风险控制、风险分配、风险转移和风险共担等方法。

1）风险控制

风险控制是指在风险事件发生前、发生时、发生后，采取的降低风险损失发生概率、减少风险损失程度的措施。在项目实施阶段，风险控制的主要措施有：

① 采用系统的项目管理方法，重视事前控制，进行目标的动态管控；

② 加强安全教育和培训，使安全理念深入人心；

③ 对现场的危险源采取妥善的保护、隔离、监管等处理措施；

④ 及时协调、处理建设过程中设计、监理、施工、材料设备供应各方及总包与分包之间的各类矛盾，避免因双方之间的冲突、不协调产生的不安全因素；

⑤ 建立预警、预报机制，及时发现风险苗头，对风、雨、雪、雹等恶劣天气，及时采取防范措施；

⑥ 加强现场质量管理，通过督促施工技术、组织、措施、人员、机械的落实，防止质量缺陷和建筑工程质量通病的发生；

⑦ 做好现场的管理日志，全面收集和保存过程中的各类工程资料，及时落实

建设条件,及时办理各类施工和验收的手续,预防和减少施工索赔;

⑧ 制订详尽而周密的风险应急计划,建立有效的应急指挥系统,安排组织抢险救灾力量,定期进行模拟演练。当险情出现时,确保救护工作的有条不紊,妥善进行善后处理。

风险控制应遵循预防为主的原则,它是一种积极的、主动的风险管理措施。由于风险控制措施成本低、效益好,不会产生不良的后果,因此,在项目的建设过程中,应优先采用风险控制措施。

2）风险分配

风险的存在是客观的、不可避免的,那么,通过合同的约定把风险在业主和承包商中间进行合理的分配,是有效防范风险的手段之一。风险的分配应遵循如下原则:

① 责、权、利平衡。风险应和收益并存,承担风险的一方,应可以得到风险不发生带来的收益。如在总包合同中,总包应承担对分包进行管理的组织风险,如总包管理能力较强,组织工作较好,则应得到较高管理费的收益。

② 分配给容易控制的一方。风险由容易控制的一方分担,不仅可以有效地对风险进行控制并获得收益,而且从项目全寿命周期的角度看,可以降低项目的全寿命周期费用,是比较合理的。

③ 难以预计的风险由业主承担。针对难以预计的风险,如果要求承包商承担,不仅会大幅度提高报价,而且也会影响承包商的积极性。

④ 应符合工程惯例。一方面,惯例是大家公认的处理方法,较公平合理。另一方面,大家对惯例比较熟悉,产生分歧可以较快解决。

3）风险转移

风险转移是风险管理最常用的方法,是指业主方将自己不能承担或不愿承担的风险转嫁给其他参建单位承担的行为。风险转移的主要途径有:工程合同、工程保险、工程担保、联合投标、工程分包、专业发包等。

风险转移给第三方,风险虽没有消除,但并不是意味着第三方一定会受到损失。由于专业分工越来越精细化、专业化,通过专业的公司完成专业的工作,达到双赢的结果,是当前社会发展的趋势。

合同是风险转移的有效方式,业主方可根据项目风险分析的结果,结合自身具体情况,通过招标文件规定、工程承包方式、合同类型的选择以及清晰、明确的合同条款,约定风险的承担方式、方法,最终达到转移风险、保障工程安全的目的。工程承包合同转移风险的合同类型、适用情况如表10-6所示。

业主方的项目管理

表 10-6 工程承包合同转移风险适用表

合同类型		业主方风险	承包方风险	适用情况及特点
固定总价合同	1. 无调价合同	① 承包商大幅增加不可预见费，抬高报价；② 报价低时，承包商降低质量、恶意索赔；③ 业主风险最低	① 物价、工资水平上涨；② 地基、气候导致工程量增加；③ 造价政策变化；④ 承包商风险最高	① 工程范围清楚明确、图纸完整详细；② 业主管理工作量不大；③ 项目工期较短（不超过1年）；物价、工资基本稳定
固定总价合同	2. 附加调价条款（物价上涨、工程量增加超规定限度）	① 物价工资水平大幅上涨；② 地基、气候导致工程量大量增加；③ 业主风险较"1"增加	① 物价、工资水平小幅上涨；② 分项工程和工程量少量增加；③ 造价政策变化；④ 承包商风险较"1"降低	① 同上；② 同上；③ 项目工期较长（1年以上）；物价、工资可能有较大变动；业主、承包商商定合理均衡承担风险
单价合同	3. 纯单价合同	工程量实际较预期量大，承包商所报单价高	① 工程量实际较预期量小，所报单价低；② 物价、工资水平上涨	① 无施工详图或施工条件不明，难以准确计算工程量就需开工的项目；② 风险分布较合理，双方均无较大风险；③ 国际咨询工程师联合会（FIDIC）和我国施工合同示范文本均属单价合同
单价合同	4. 估算计价合同（工程量变幅超规定，可调分项单价）	工程量实际较工程表量大，承包商所报单价高	① 工程量实际较工程量表量小，自报单价低；② 物价、工资水平上涨	
成本加酬金合同	5. 百分比酬金	① 承包商恶意浪费工料、拖延工期；② 全部工程量和价格变动的风险；③ 业主风险最高	承包商基本无风险，风险最低	① 工程范围无法界定，缺少工程详细说明；工程特别复杂，技术方案不能预先确定的研究型、开放型项目；时间特别紧，要求尽快开工的抢救、抢险项目；② 业主现场管理任务复杂、工作量大；③ 目标成本无法确定；业主、承包商风险承担均衡合理
成本加酬金合同	6. 固定额酬金	① 承包商无节约工料、降低成本的动力；② 全部工程量和价格变动的风险	酬金（管理费）确定偏低，其不足、超支的风险	
成本加酬金合同	7. 浮动酬金	① 部分工程量和价格变动的风险；② 目标成本确定偏高的风险	① 部分工程量和价格变动的风险；② 目标成本确定偏低的风险	

在国际惯例中，为了使业主在承包商不能圆满完成合同规定的工作时能够得到某种形式的补偿，可采取以下措施：

① 要求承包商提供银行或保险公司的工程施工担保。

② 控制承包商的施工设备、临时工程和运至现场的材料。如：在合同条款中约定"由承包商提供的所有承包商设备、临时工程和材料，一旦运至现场……未经工程师同意，不得将上述物品或其中任何一部分移出现场……"。

③ 通过保留金迫使承包商保证履行修补工程缺陷的义务。

保险是风险转移经常采用的另一种有效方法，如建筑工程一切险、安装工程一切险和建筑安装工程第三者责任险等。

4）风险共担

无论是风险的分配还是风险的转移，相互信任都是重要的基础。研究和经验表明，信任程度的高低直接决定了索赔条款的使用，而索赔条款的使用是增加工程成本风险的一个重要方面。

项目风险存在客观性和必然性，地震、台风等恶劣天气的发生是不可避免的，但风险发生时附带的人为风险是可以避免的。比如，在自然风险发生时，承包商的消极抢救，不仅会给自身带来损失，也会给业主带来损失。而基于相互信任的合作双方，则可以在风险发生时，通过积极的沟通、协作，从而大幅降低双方的损失。

业主和承包商的互相信任、目标统一，可以使整个项目的风险趋于最低，最终实现双赢。

10.3.4 风险应对计划

项目的风险工程师负责风险应对计划的编制，计划编制以项目的风险清单为基础，并有意见一致的应对措施。计划中应包含：实施所选应对策略采取的具体行动；风险管理人和分配给他们的责任；风险发生的征兆和预警信号；实施所选应对策略需要的预算和进度计划活动；风险发生时应对的时间和费用等。

编制风险应对计划的同时，业主单位应协同监理、总承包等有关单位共同编制《项目安全生产策划方案》，内容应涉及在现场容易发生安全事故的预防措施，如高空坠落、火灾、触电等。方案编制完成后应由监理单位审核确认，并负责监督各单位的具体落实情况，确保项目的安全作业。

策划方案的主要预防措施一般包括：

1）高处坠落的预防措施

① 加强安全自我保护意识教育，强化管理安全防护用品的使用；

② 重点部位的施工，严格执行安全管理专业人员旁站监督制度；

③ 随施工进度，及时完善各项安全防护设施，各类竖井安全门栏必须设置警示牌；

④ 各类脚手架及垂直运输设备搭设、安装完毕后，未经验收禁止使用；

⑤ 安全专业人员,加强安全防护设施巡查,发现隐患及时落实解决。

2) 火灾、爆炸事故预防措施

① 根据施工的具体情况制定消防保卫方案,建立健全各项消防安全制度,严格遵守各项操作规程;

② 在施工场地内不得大量存放油漆、稀料等易燃易爆物品;

③ 施工单位不得在施工现场内设置调料间,不得在现场进行油漆的调配;

④ 工程场地内严禁吸烟,使用各种明火作业应开具动火证并设专人监护;

⑤ 作业现场要配备充足的消防器材;

⑥ 施工期间使用各种明火作业应得到施工单位项目经理部消防保卫部门的批准,并且要配备充足的灭火材料和消防器材;

⑦ 严禁在施工现场的楼内存放氧气瓶、乙炔瓶;

⑧ 施工作业时氧气瓶、乙炔瓶要与动火点保持10米的距离,氧气瓶与乙炔瓶的距离应保持5米以上;

⑨ 进行电、气焊作业要取得动火证,并设专人看管,施工现场要配置充足的消防器材;

⑩ 作业人员必须持上岗证,到项目经理部有关人员处办理动火证,并按要求对作业区域易燃易爆物进行清理,对有可能飞溅下落火花的孔洞采取措施进行封堵。

3) 触电事故预防措施

① 坚持电气专业人员持证上岗,非电气专业人员不准进行任何电气部件的更换或维修。

② 建立临时用电检查制度,按临时用电管理规定对现场的各种线路和设施进行检查和不定期抽查,并将检查、抽查记录存档。检查和操作人员必须按规定穿戴绝缘胶鞋、绝缘手套,必须使用电工专用绝缘工具。

③ 施工现场临时用电的架设和使用必须符合《施工现场临时用电安全技术规范》(JGJ 46-2005)的规定。临时配电线路必须按规范架设,架空线必须采用绝缘导线,不得采用塑胶软线,不得成束架空敷设,不得沿地面明敷。

④ 施工机具、车辆及人员,应与线路保持安全距离。达不到规定的最小距离时,必须采用可靠的防护措施。

⑤ 配电系统必须实行分级配电。现场内所有电闸箱的内部设置必须符合有关规定,箱内电器必须可靠、完好,其选型、定值要符合有关规定,开关电器应标明用途。电闸箱内电器系统需统一样式,统一配置,箱体统一刷涂橘黄色,并按规定设置围栏和防护棚,流动箱与上一级电闸箱的连接,采用外插连接方式(所有电箱必须使用定点厂家的认定产品)。

⑥ 工地所有配电箱都要标明箱的名称、控制的各线路称谓、编号、用途等。

⑦ 应保持配电线路及配电箱和开关箱内电缆、导线对地绝缘良好，不得有破损、硬伤、带电裸露、电线受挤压、腐蚀、漏电等隐患，以防突然出事。

⑧ 独立的配电系统必须采用三相五线制的接零保护系统，非独立系统可根据现场的实际情况采取相应的接零或接地保护方式。各种电气设备和电力施工机械的金属外壳、金属支架和底座必须按规定采取可靠的接零或接地保护。

⑨ 在采取接地和接零保护方式的同时，必须设两级漏电保护装置，实行分级保护，形成完整的保护系统。漏电保护装置的选择应符合规定。

⑩ 为了在发生火灾等紧急情况时能确保现场的照明不中断，配电箱内的动力开关与照明开关必须分开使用。

⑪ 开关箱应由分配电箱配电。不可一闸多用，每台设备应由各自开关箱，严禁一个开关控制两台以上的用电设备(含插座)，以保证安全。

⑫ 配电箱及开关箱的周围应有两人同时工作的足够空间和通道，不要在箱旁堆放建筑材料和杂物。

⑬ 各种高大设施必须按规定装设避雷装置。

⑭ 分配电箱与开关箱的距离不得超过 30 米；开关箱与它所控制的电气设备相距不得超过 3 米。

⑮ 电动工具的使用应符合国家标准的有关规定。工具的电源线、插头和插座应完好，电源线不得任意接长和调换，工具的外绝缘应完好无损，维修和保管有专人负责。

⑯ 施工现场的照明一般采用 220V 电源照明，结构施工时，应在顶板施工中预埋管，临时照明和动力电源应穿管布线，必须按规定装设灯具，并在电源一侧加装漏电保护器。

⑰ 电焊机应单独设开关。电焊机外壳应做接零或接地保护。施工现场内使用的所有电焊机必须加装电焊机触电保护器。接线应压接牢固，并安装可靠防护罩。焊把线应双线到位，不得借用金属管道、金属脚手架、轨道及结构钢筋做回路地线。焊把线无破损，绝缘良好。电焊机设置点应防潮、防雨、防砸。

4) 电焊伤害事故预防措施

① 未受过专门训练的人员不准进行焊接工作。焊接锅炉承压部件、管道及承压容器等设备的焊工，必须按照锅炉监察规程(焊工考试部分)的要求，经过基本考试和补充考试合格，并持有合格证，方可允许工作。

② 焊工应穿帆布工作服，戴工作帽，上衣不准扎在裤子里。口袋须有遮盖，脚下穿绝缘橡胶鞋，以免焊接时被烧伤。

③ 焊工应戴绝缘手套，不得湿手作业操作，以免焊接时触电。

④ 禁止使用有缺陷的焊接工具和设备。

⑤ 高空电焊作业人员，应正确佩戴安全带，作业面设水平网兜并铺彩条布，周围用密目网维护，以防焊渣四溅。

⑥ 不准在带有压力（液体压力或气体压力）的设备上或带电的设备上进行焊接。

⑦ 现场上固定的电源线必须加塑料套管埋地保护，以防止被加工件压迫发生触电。

⑧ 电焊施工前，项目要统一办理动火证。

10.4 突发事件的应对

10.4.1 突发事件的处置措施

自然灾害、事故灾难或公共卫生事件发生后，应采取下列一项或多项应急措施：

1）在确保应急救援人员安全的前提下，组织营救和救治受害人员，疏散、撤离并妥善安置受到威胁的人员以及采取其他救助措施；

2）迅速控制危险源，标明危险区域，封锁危险场所，划定警戒区；

3）禁止或限制使用有关设备、设施，关闭或限制使用有关场所，中止人员密集的活动或可能导致危害扩大的生产经营活动以及采取其他保护措施；

4）启用储备的应急救援物资，必要时调用其他急需物资、设备、设施、工具；

5）向受到危害的人员提供避难场所和食品、饮用水、燃料等生活必需品；

6）采取防止发生次生、衍生事件的必要措施。

社会安全事件发生后，各级应急组织协助公安机关尽快了解和分析事件起因，有针对性说服教育，及时疏导、化解矛盾和冲突。

10.4.2 突发事件的应急预案

突发事件发生时，应按图 10-3 所示流程进行处置。

项目在正式开工前，应会同总包、监理共同编制《项目突发事件应急预案》，以应对可能的突发事件，最大限度地减少人员伤亡和财产损失。

应急预案主要包括以下内容：

1）大型脚手架出现变形事故征兆时的应急措施

① 因地基沉降引起的脚手架局部变形。在双排架横向截面上架设八字戗或剪刀撑，隔一排立杆架设一组，直到变形区外排。八字戗或剪刀撑下脚必须设在坚实、可靠的地基上。

第10章 项目风险管理

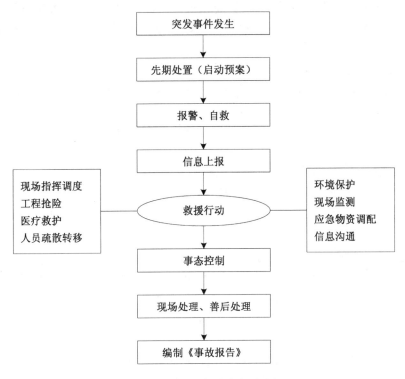

图 10-3 突发事件的应对流程

② 脚手架赖以生根的悬挑钢梁挠度变形超过规定值,应对悬挑钢梁后锚固点进行加固,钢梁上面用钢支撑加 U 形托旋紧后顶住屋顶。预埋钢筋环与钢梁之间有空隙,须用马楔备紧。吊挂钢梁外端的钢丝绳逐根检查,全部紧固,保证均匀受力。

③ 脚手架卸荷、拉接体系局部产生破坏,要立即按原方案制定的卸荷拉接方法将其恢复,并对已经产生变形的部位及杆件进行纠正。如纠正脚手架向外张的变形,先按每个开间设一个 5 t 倒链,与结构绷紧,松开刚性拉接点,各点同时向内收紧倒链,至变形被纠正,做好刚性拉接,并将各卸荷点钢丝绳收紧,使其受力均匀,最后放开倒链。

2) 大型脚手架失稳引起倒塌及造成人员伤亡时的应急措施

① 迅速确定事故发生的准确位置、可能波及的范围、脚手架损坏的程度、人员伤亡情况等,以根据不同情况进行处置。

② 画出事故特定区域,非救援人员未经允许不得进入特定区域。迅速核实脚手架上作业人数,如有人员被坍塌的脚手架压在下面,要立即采取可靠措施加固四

周,然后拆除或切割压住伤者的杆件,将伤员移出。如脚手架太重可用吊车将架体缓缓抬起,以便救人。如无人员伤亡,立即实施脚手架加固或拆除等处理措施。以上行动须由有经验的安全员和架子工长统一安排。

3) 发生高处坠落事故的抢救措施

① 救援人员首先根据伤者受伤部位立即组织抢救,促使伤者快速脱离危险环境,送往医院救治,并保护现场。察看事故现场周围有无其他危险源存在。

② 在抢救伤员的同时迅速向上级报告事故现场情况。

③ 抢救受伤人员时几种情况的处理:

a. 如确认人员已死亡,立即保护现场。

b. 如发生人员昏迷、伤及内脏、骨折及大量失血应立即联系120、999急救车或距现场最近的医院,并说明伤情。为取得最佳抢救效果,还可根据伤情送往专科医院。

c. 外伤大出血:急救车未到前,现场采取止血措施。

d. 骨折:注意搬运时的保护,对昏迷、可能伤及脊椎、内脏或伤情不详者一律用担架或平板,禁止用搂、抱、背等方式运输伤员。

e. 一般性伤情:送往医院检查,防止破伤风。

4) 触电事故应急处置

① 截断电源,关上插座上的开关或拔除插头。如果够不着插座开关,就关上总开关。切勿试图关上那件电器用具的开关,因为可能正是该开关漏电。

② 若无法关上开关,可站在绝缘物上,如一叠厚报纸、塑料布、木板之类,用扫帚或木椅等将伤者拨离电源,或用绳子、裤子或任何干布条绕过伤者腋下或腿部,把伤者拖离电源。切勿用手触及伤者,也不要用潮湿的工具或金属物质把伤者拨开,也不要使用潮湿的物件拖动伤者。

③ 如果患者呼吸心跳停止,开始人工呼吸和胸外心脏按压。切记不能给触电的人注射强心针。若伤者昏迷,则将其身体放置成卧式。

④ 若伤者曾经昏迷、身体遭烧伤,或感到不适,必须打电话叫救护车,或立即送伤者到医院急救。

⑤ 高空出现触电事故时,应立即截断电源,把伤人抬到附近平坦的地方,立即对伤人进行急救。

⑥ 现场抢救触电者的经验原则:迅速、就地、准确、坚持。迅速——争分夺秒使触电者脱离电源;就地——必须在现场附近就地抢救,病人有意识后再就近送医院抢救。从触电时算起,5分钟以内及时抢救,救生率90%左右。10分钟以内抢救,救生率6.15%,希望甚微;准确——人工呼吸动作必须准确;坚持——只要有百万分之一的希望就要尽百分之百的努力抢救。

第10章 项目风险管理

5）坍塌事故应急处置

① 坍塌事故发生时，安排专人及时切断有关闸门，并对现场进行声像资料的收集。发生后立即组织抢险人员在半小时内到达现场。根据具体情况，采取人工和机械相结合的方法，对坍塌现场进行处理。抢救中如遇到坍塌巨物，人工搬运有困难时，可调集大型的吊车进行调运。在接近边坡处时，必须停止机械作业，全部改用人工扒物，防止误伤被埋人员。现场抢救中，还要安排专人对边坡、架料进行监护和清理，防止事故扩大。

② 事故现场周围应设警戒线。

③ 统一指挥、密切协同的原则。坍塌事故发生后，现场参与救援人员多，现场情况复杂，各种力量需在现场总指挥部的统一指挥下，积极配合、密切协同，共同完成。

④ 以快制快、行动果断的原则。鉴于坍塌事故有突发性，在短时间内不易处理，处置行动必须做到接警调度快、到达快、准备快、疏散救人快、达到以快制快的目的。

⑤ 讲究科学、稳妥可靠的原则。解决坍塌事故要讲科学，避免急躁行动引发连续坍塌事故发生。

⑥ 救人第一的原则。当现场遇有人员受到威胁时，首要任务是抢救人员。

⑦ 伤员抢救立即与急救中心和医院联系，请求出动急救车辆并做好急救准备，确保伤员得到及时医治。

⑧ 事故现场取证救助行动中，安排人员同时做好事故调查取证工作，以利于事故处理，防止证据遗失。

⑨ 在救助行动中，抢救机械设备和救助人员应严格执行安全操作规程，配齐安全设施和防护工具，加强自我保护，确保抢救行动过程中的人身安全和财产安全。

6）火灾、爆炸事故应急处置

① 紧急事故发生后，发现人应立即报警。一旦启动本预案，相关责任人要以处置重大紧急情况为压倒一切的首要任务，绝不能以任何理由推诿拖延。各部门之间、各单位之间必须服从指挥，协调配和，共同做好工作。因工作不到位或玩忽职守造成严重后果的，要追究有关人员的责任。

② 项目在接到报警后，应立即组织自救队伍，按事先制定的应急方案立即进行自救；若事态严重，难以控制和处理，应立即在自救的同时向专业队伍求救，并密切配合救援队伍。

③ 疏通事发现场道路，保证救援工作顺利进行；疏散人群至安全地带。

④ 在急救过程中，遇有威胁人身安全情况时，应首先确保人身安全，迅速组织

脱离危险区域或场所后,再采取急救措施。

⑤ 切断电源、可燃气体(液体)的输送,防止事态扩大。

⑥ 安全总监为紧急事务联络员,负责紧急事物的联络工作。

⑦ 紧急事故处理结束后,安全总监应填写记录,并召集相关人员研究防止事故再次发生的对策。

⑧ 火灾、爆炸事故的应急处置的注意事项:

a. 对施工人员进行防火安全教育。目的是帮助施工人员学习防火、灭火、避难、危险品转移等各种安全疏散知识和应对方法,提高施工人员对火灾、爆炸发生时的心理承受能力和应变力。一旦发生突发事件,施工人员不仅可以沉稳自救,还可以冷静地配合外界消防员做好灭火工作,把火灾事故损失降低到最低水平。

b. 早期警告。事件发生时,在安全地带的施工人员可通过手机、对讲机向楼上施工人员传递火灾发生信息和位置。

c. 紧急情况下电梯、楼梯、马道的使用。高层建筑在发生火灾时,不能使用室内电梯和外用电梯逃生。因为室内电梯井会产生"烟囱效应",外用电梯会发生电源短路情况。最好通过室内楼梯或室外脚手架马道逃生(本工程建筑高度不高,最好采取这种方法逃生)。如果下行楼梯受阻,施工人员可以在某楼层或楼顶部耐心等待救援,打开窗户或划破安全网保持通风,同时用湿布捂住口鼻,挥舞彩色安全帽表明你所处的位置。切忌逃生时在马道上拥挤。

d. 人员聚集。灾难发生时,人的生理反应和心理反应决定了受灾人员的行为具有明显向光性、盲从性。向光性是指在黑暗中,尤其是辨不清方向、走投无路时,只要有一丝光亮,人们就会迫不及待地向光亮处走去。盲从性是指事件突变,生命受到威胁时,人们由于过分紧张、恐慌,而失去正确的理解和判断能力,只要有人一声招呼,就会导致不少人跟随、拥挤逃生,这会影响疏散甚至造成人员伤亡。

e. 恐慌行为。这是一种过分和不明智的逃离行为,它极易导致各种伤害性情感行动,如绝望、歇斯底里等。这种行为若导致"竞争性"拥挤、再进入火场、穿越烟气空间及跳楼等行动,时常会带来灾难性后果。

f. 再进火场行为。受灾人已经撤离或将要撤离火场时,某些特殊原因驱使他们再度进入火场,这也属于一种危险行为,在实际火灾案例中,由于再进火场而导致灾难性后果的占有相当大的比例。

7) 机械伤害事故应急处置

应急指挥立即召集应急小组成员,分析现场事故情况,明确救援步骤、所需设备、设施及人员,按照策划、分工,实施救援。需要救援车辆时,应急指挥应安排专人接车,引领救援车辆迅速施救。

第 10 章　项目风险管理

8）塔式起重机出现事故征兆时的应急措施

① 塔吊基础下沉、倾斜:应立即停止作业,并将回转机构锁住,限制其转动;根据情况设置地锚,控制塔吊的倾斜。

② 塔吊平衡臂、起重臂折臂:塔吊不能做任何动作;按照抢险方案,根据情况采用焊接等手段,将塔吊结构加固,或用连接方法将塔吊结构与其他物体连接,防止塔吊倾翻和在拆除过程中发生意外;用2~3台适量吨位起重机,一台锁起重臂,一台锁平衡臂。其中一台在拆臂时起平衡力矩作用,防止因力的突然变化而造成倾翻;按抢险方案规定的顺序,将起重臂或平衡臂连接件中变形的连接件取下,用气焊割开,用起重机将臂杆取下;按正常的拆塔程序将塔吊拆除,遇变形结构用气焊割开。

③ 塔吊倾翻:采取焊接、连接方法,在不破坏稳定受力情况下增加平衡力矩,控制险情发展;选用适量吨位起重机按照抢险方案将塔吊拆除,变形部件用气焊割开或调整。

④ 锚固系统险情:将塔式平衡臂对应到建筑物,转臂过程要平稳并锁住;将塔吊锚固系统加固;如需更换锚固系统部件,先将塔机降至规定高度后,再行更换部件。

⑤ 塔身结构变形、断裂、开焊:将塔式平衡臂对应到变形部位,转臂过程要平稳并锁住;根据情况采用焊接等手段,将塔吊结构变形或断裂、开焊部位加固;落塔更换损坏结构。

9）小型机械设备事故应急措施

① 发生各种机械伤害时,应先切断电源,再根据伤害部位和伤害性质进行处理。

② 根据现场人员被伤害的程度,一边通知急救医院,一边对轻伤人员进行现场救护。

③ 对重伤者不明伤害部位和伤害程度的,不要盲目进行抢救,以免引起更严重的伤害。

10）机械伤害事故引起人员伤亡的处置

① 迅速确定事故发生的准确位置、可能波及的范围、设备损坏的程度、人员伤亡等情况,以根据不同情况进行处置。

② 画出事故特定区域,非救援人员未经允许不得进入特定区域。迅速核实塔式起重机上作业人数,如有人员被压在倒塌的设备下面,要立即采取可靠措施加固四周,然后拆除或切割压住伤者的杆件,将伤员移出。

制定上述救援措施时一定要考虑所采取措施的安全性和风险,经评价确认安全无误后再实施救援,避免因采取措施不当而引发新的伤害或损失。

11) 事故报告

事故发生后,项目负责人应编写《事故报告》,并逐级上报,报告应包含如下内容:

① 概况。事件发生的时间、地点、责任单位名称、人员伤亡情况、初步估算的经济损失、初步的原因分析等。

② 责任单位情况。单位名称、法人代表、现场负责人、进入现场时间、承包范围、现场人员组织架构等。

③ 事件发生及处置情况。事件经过、事件产生的后果、违法违规的情况、现场救援情况、对项目的影响等。

④ 原因分析。直接原因、间接原因、总包的责任、监理的责任等。

⑤ 处理建议。责任人的基本情况,对责任人的建议处理方案:移送司法机关、给予处分或经济处罚;对事件单位的处理建议。

⑥ 防范措施。现场杜绝同类事项发生的防范措施,包括技术措施、组织措施、管理措施。

⑦ 附件。事件现场平面图及有关照片、有关部门出具的鉴定书、直接经济损失计算表、事件调查组名单。

10.4.3 紧急情况通讯录

项目所在工地有任何严重的事故或重要事件发生时,根据以下的优先次序通过电话联络有关人员。

1) 赵××:总经理　　139×××××××
2) 钱××:副总经理　139×××××××
3) 孙××:办公室主任　139×××××××
4) 李××:项目经理　139×××××××

在取得一般事故报告、警察报告和承包商递交的事故报告等等之后,需立即送交以上人员。

特殊的紧急事件发生,工地任何员工应在第一时间进行减少损失的求救联络,并随后按上述的程序联络公司领导。下述紧急求助电话可根据项目的具体情况进行修改,但无论任何项目,此通讯录都应张贴在工地的明显部位:工地入口、办公室、会议室、值班室、安全保卫室等。

紧急求助电话:

火　　警　119
医疗急救　120;999
报　　警　110

××医院 ××××××××
供水急修 ××××××××
供电服务 ×××××
燃气急修 ×××××
电话故障 112

第 11 章　职业健康安全与环境管理

在目前的工程项目管理中,对安全的强调已经逐渐被健康、安全和环保这种综合管理所代替,即通过有效的管理把项目本身的危险、对社会的危害、对环境的破坏降到最低点。职业健康安全与环境管理,就是在项目建设过程中,采用过程控制的方法,最大限度节约资源,减少能源消耗,提高能源利用率,减少施工活动对环境造成的不利影响,提高施工人员的职业健康安全水平,保护施工人员的安全与健康。

11.1　健康、安全与环境管理体系(HSE)的建立

健康、安全与环境管理体系——Health,Safety and Environment management system,简称 HSE。这种体系为组织提出了这样一种管理模式,即事前进行风险分析,确定自身活动可能发生的危害和后果,从而采取有效防范手段和控制措施,以减少可能引起的人员伤害、财产损失和环境污染。HSE 突出预防为主、领导承诺、全员参与、持续改进,强调自我约束、自我完善、自我激励。

每一个项目都独立建立一套自己的 HSE 管理体系显然是不经济、不现实的,也是时间和资源所不允许的。企业可以根据自身开发项目的共同点,编制企业的 HES 管理体系文件以及一套项目管理团队贯彻 HSE 管理体系的模板,然后再针对具体项目特点从中选择相关部分组成项目的 HSE 管理手册,以便于在具体项目中的 HSE 的管理和实施。

企业建立 HSE 管理体系的主要步骤包括:

1) 领导决策

企业建立 HSE 管理体系需要领导者的决策,特别是最高领导者的决策。这包括高层管理者为建立 HSE 管理体系自上而下的承诺,并确保承诺变为人、财、物的支持。

2) 成立工作组

当企业的最高管理者决定建立 HSE 管理体系后,首先要从组织上给予落实和保证,通常要成立一个工作组,工作组的主要任务是负责建立 HSE 管理体系。

3) 体系策划与文件编制

这个阶段的主要工作是制定企业的 HSE 方针和目标、指标及相应的 HSE 管理方案,确定管理机构和职责,编制各类程序文件等。

4) 体系运行

企业按照所建立的 HSE 管理体系手册、程序文件及作业规程等文件的要求,具体实施运行,在实践中检验体系的充分性、适用性和有效性。对所发现的问题,及时找出问题的根源,予以纠正,并对体系给予修订、完善。

在编写、修订、完善企业的 HSE 管理体系文件时,应特别注意体现"事前预防"的思想理念和"持续改进"的工作原则,并在实际工作中不断修正 HSE 管理制度文件中的不足,只有这样,才能最终提高我们的管理工作水平。

11.2 HSE 管理的基本原则

实施 HSE 管理应始终遵循如下原则:

1) 重在预防的原则

安全生产的基本方针是"安全第一,预防为主"。进行安全管理不是处理事故,而是在生产活动中,对于潜在的危险因素,要积极主动地采取相应的预防措施,尽可能把风险消灭在萌芽状态中,保证生产活动中人的安全和健康。

2) 全员参与的原则

HSE 管理体系立足于全员参与,突出"以人为本"的思想。职业健康安全和环境管理涉及每一个人的利益,因为任何一个人的不安全行为,都可能会危及他人的健康安全。因此,必须高度重视全员的安全和环境培训,通过强制性的制度约束,改变不安全的、不利于环境的工作和操作习惯,使每一个人都牢固树立起"安全第一"和保护环境的意识。

3) 持续改进的原则

应充分体现 PDCA 的工作原则,即计划(Plan)、实施(Do)、检查(Check)、改进(Action)的原则,因为只有通过 PDCA 持续改进的方式,才能确保 HSE 管理体系的适用性和有效性,实现 HSE 管理的目的。

4) 全过程管理的原则

从设计、施工、调试、验收到保修,项目建设的各阶段相互关联、环环相接,只有把 HSE 管理融入每一项工作、每一道工序,才能确保项目的安全、环保和参建人员的身体健康。

11.3 项目 HSE 管理的基本内容

项目的 HSE 管理通过事前对工程项目可能在健康、安全和环境等方面带来危害的因素,运用系统分析的方法进行全方位的风险识别和危害评估,确定可能发生的危害和在健康、安全和环境等方面产生的后果,采取系统化的预防管理机制和控制措施消除各类事故、环境和健康隐患的发生,减少可能引起的人员伤害、财产损失和环境污染,从而达到改善安全、健康和环境业绩的目的。

工程项目 HSE 管理的工作流程如图 11-1 所示。

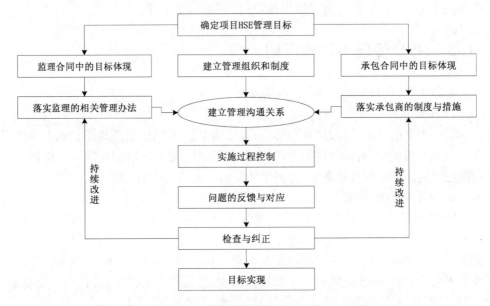

图 11-1 职业健康安全与环境管理的工作流程

11.3.1 项目的 HSE 管理目标

项目部的所有成员,包括监理、承包商、供应商和分包商,都应努力保护人员、财产和环境的安全,防止任何的伤害和意外事故。所有参建人员应作为一个项目的整体协同工作,在涉及工地安全、健康与环保等领域的各个方面都应小心行事,以确保项目能够圆满完工。

项目上的每一位人员都应接受有关培训,以培养良好的安全意识和专心、谨慎、负责的工作态度,最终实现项目的"零事故"目标。

项目 HSE 管理的具体目标一般包括:

第11章 职业健康安全与环境管理

1) 死亡事故为零;
2) 火灾事故为零;
3) 车辆交通事故为零;
4) 环境污染事故为零;
5) 传染疾病事故为零。

项目经理应将上述目标要求向所有参建单位进行明确,并与质量目标、进度目标一同作为合同内容,在相应的条款中列明。对达到标准的单位给予奖励,未达到标准的单位给予相应的处罚。

根据确定的职业健康安全与环境管理目标,项目部应随着建设进展情况,组织定期的检查、专题活动,推动、提高项目的环保和文明施工管理水平。并责成相关单位如总承包商、供货商等进行具体的实施管理,并定期向项目部汇报进展情况。

同时,聘请监理公司、环保咨询公司,监督、检查实施单位的环保和文明施工管理情况,根据合同的约定责任向业主负责,并做定期的检查、汇报。

11.3.2 建立HSE管理组织架构

项目部对职业健康安全与环境施工实施全过程、全员管理,编制项目施工管理文件,指导项目建设。针对项目建设的不同阶段,组织编写有针对性的实施方案,对难度大的特殊作业,特别要坚持编写专门方案,并组织专家对其职业健康和安全施工等进行全面评估确认后方可实施,并全过程跟踪检查。

根据确定的管理目标,成立以业主方项目经理为首,建设项目参与单位相关负责人共同参加的职业健康安全与环境施工管理委员会,组织领导施工现场的安全与文明施工管理工作。

管理组织架构如图11-2所示。

工程建设参与各方均对建设项目实施负有相应的责任,各方共同作用构成项目实施的HSE责任体系。

1) 业主方的HSE管理责任

业主单位是项目实施的组织者和主导方,其职责主要体现在对项目的HSE资金投入、提出管理要求、建立相关责任制度等方面。

① 在编制工程概算时,应当确定建设工程安全作业环境及安全施工措施所需费用。在招标投标过程中,安全文明施工费用不得作为竞争性费用。

② 在决策阶段进行环境影响评价,在实施阶段按照"三同时"(同时设计、同时施工、同时投入使用)要求落实环境管理措施并保证资金投入。

③ 及时向承包方提供施工现场及毗邻区域内供水、排水、供电、供气、供热、通信、广播电视等地下管线资料,气象和水文观测资料,相邻建筑物和构筑物、地下工

业主方的项目管理

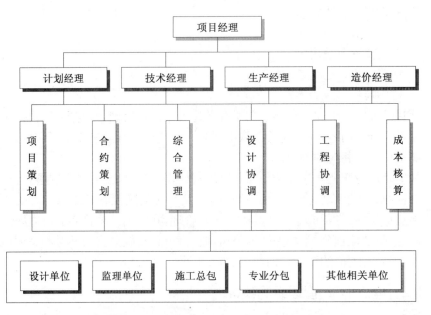

图 11-2 职业健康安全与环境管理体系图

程的有关资料,并保证资料的真实、准确、完整。

④ 向参建单位明确有关安全生产、环境保护、防治污染、职业健康以及文明施工的制度要求,协同监理单位对实施情况进行监督管理。

项目部应实行 HSE 管理责任制,确定责任人及其相应的职责、权限,业主方主要管理人员及部门职责如表 11-1 所示。

表 11-1 业主方 HSE 管理职责清单

编号	责任人(部门)	工作职责
1	项目经理	1. 是 HSE 第一责任人,负责在现场执行 HSE 管理规定 2. 为实施与控制管理体系进行必要的组织、协调、沟通等工作 3. 结合项目工程特点及施工全过程的情况,组织各参建单位制定本项目 HSE 管理办法,或提出要求并监督其实施 4. 确定安全工作的管理体制和人员,并分解、落实安全责任和考核指标 5. 组织各参建单位对施工现场定期安全检查,发现施工生产中不安全问题,责成相关单位制定整改措施,及时解决
2	生产经理 (副经理)	1. 协助项目经理制定建设项目的职业健康、安全目标,贯彻实施管理计划 2. 指挥、调度现场的职业健康、安全管理,具体负责施工现场的有关事项,对实施的有效性负责

第 11 章 职业健康安全与环境管理

续表 11-1

编号	责任人(部门)	工作职责
3	技术总工 (总工程师)	1. 协助项目经理做好职业健康、安全管理的全面工作,负责组织编制管理计划 2. 定期召开例会,及时组织分析会,对已发生的不符合情况,提出纠正与预防措施,及时向有关单位反馈各种信息
4	质量安全部 (公司)	1. 全面负责项目建设期间的安全生产管理工作;负责审批和发布项目安全管理办法,批准重大安全技术方案和实施措施 2. 协助或组织对特别重大事故的调查、处理 3. 组织项目实施日、周、月安全检查制度,参加"安全生产管理委员会"每月召开的安全例会,特殊情况下组织召开紧急安全会议
5	专职安全员	1. 全面贯彻、落实安全生产方针、政策,严格执行安全技术规范、规程、标准 2. 结合项目特点,审定监理单位的安全生产管理方案,责成各参建单位编制详细的安全施工管理方案 3. 参与审定各单位施工组织设计中的安全技术措施,保证其可行性与针对性,并随时检查、监督、落实 4. 督促、责成各参建单位做好安全防护设施和设备的验收工作;参加安全生产检查,对施工中存在的不安全因素提出整改意见和办法予以消除;参加安全隐患预案的制定工作
6	成本合约部	1. 在设计合同、总承包合同签订前,制定选用"绿色产品"、推行"绿色施工"的合同条款,明确提出设计、施工中的具体要求,明确提出采用绿色产品的种类及参数,便于今后的检查和执行 2. 在签订总承包商、供货商的合同时,在合同中明确安全职责、产品的环保参数要求,以合同形式规范总承包商、供货商的行为,确保建设项目执行国家的安全、环保法律及设计图纸相关的要求,确保工程的每一个细节能够经得起独立的环保、安全监测部门的检验

2) 参建单位的 HSE 管理责任

① 设计单位应当按照法律、法规和工程建设强制性标准进行设计,防止因设计不合理导致安全事故的发生;设计时应考虑施工安全操作和防护的需要,对涉及施工安全的重点部位和环节在设计文件中注明;在设计文件中编制环境保护篇章,提出施工过程中的环境保护措施和要点。

② 施工单位是项目施工阶段安全生产、环境保护的责任主体,其主要管理责任包括:建立安全生产管理体系和安全管理制度,明确责任人,落实相关费用;在施工组织设计中编制安全技术措施,对危险性较大的分部分项工程编制专项施工方案;遵守有关环境保护法律、法规的规定,在施工现场采取措施,防止或者减少粉尘、废气、废水、固体废弃物、噪声、震动和施工照明对人和环境的危害和污染。

③ 监理单位应按照委托合同的要求,对监理项目的工程施工安全和施工承包单位的安全工作进行现场全员、全过程的监督管理;落实国家有关职业健康、安全与环保的法律法规和规范标准,检查参建各方是否履行安全生产职责,协调项目建设各责任方关系,检查安全技术措施的落实情况等;根据工程的具体特点制定详细的安全管理大纲、规划等,具体分析项目情况,提出有针对性的要求;检查、监督总承包商、分包商、供货商等的安全工作,从外部环境督促、改善其工作的安全性,确保安全生产目标的实现;通过日常巡查、不定期的安全大检查等手段及时发现施工单位在施工中的不安全因素并责令施工单位及时加以整改。

11.3.3 建立管理制度

HSE 管理的目的是通过有效的制度实施,防止和减少生产安全事故,保护产品生产者的健康与安全,保障人们的生命和财产免受损失,确保工程的建设成为保护生态环境、安全文明的项目典范。

项目应建立以下几个方面的管理制度:

1) 环保、文明施工管理制度

在项目建设前编制环境管理手册,制定管理目标,设计单位、各分包商、供货商应根据业主方项目部的要求编制详细的分阶段的文明绿色施工管理制度。文明施工管理要以人为本,充分尊重人的价值,在进行设计、安排生产、组织施工等过程中,充分考虑人的作用,积极创造舒适的生活、生产环境,从而最大限度地保护作业人员的健康,提高生产效率,营造一个心情舒畅的工作、生活环境。具体内容包括:

① 明确文明绿色施工管理目标、管理措施、管理人员职责要求。

② 定期、不定期进行检查、整改。发现有不符合环保管理规定的现象,应立即进行制止,进行纠正。

③ 出现不符合环保规定的应由责任单位查找原因制定纠正措施,杜绝今后再发生。当发生严重违章及屡次出现违章时,对责任单位及人员依据情节和有关规定进行处罚。

④ 总承包商、供货商建立相应的组织机构,具体实施各自合同范围的环保施工工作,并接受业主方的指导、监督、检查。

⑤ 在建设过程中,施工及监理单位认真贯彻执行建设部、所在地建委、所在地环保局、所在地卫生局关于施工现场文明施工管理的各项规定。

⑥ 总包单位对施工区统一规划、统一管理,创造整洁、有序、安全的作业环境。综合考虑整个建设计划,统筹规划料场、施工人员通道、车辆通道、施工仓库、上下水、安全消防设施等。避免各自为政的混乱局面,确保施工区内有序、整洁。

⑦ 总承包单位应将现场内交通道路路面全部建成为硬化路面,平整坚实,做

到黄土不露天。路面统一设置排水系统,做到雨天不积水。设专人协调施工现场内的交通,及时疏导场内车辆,满足施工运输的需要。

⑧ 业主方与施工方、监理共同建立并执行施工现场管理、检查、例会制度。对检查中所发现的问题,开出"隐患问题通知单",各施工单位在收到"隐患问题通知单"后,应根据具体情况,定时间、定人、定措施予以解决,检查组应监督落实问题的解决情况。

⑨ 重点落实《北京市建设工程施工现场现场管理基本标准》《北京市建设工程施工现场环境保护工作基本标准》《北京市建设工程施工现场保卫工作基本标准》《北京市建设工程现场管理基本标准补充生活设施及卫生防疫管理标准》,以及《北京市建设工程施工现场文明安全施工补充标准》,各项工程达到市级"安全文明绿色工地"的要求。

2) 环境评估制度

项目应在建立环保评估小组的基础上,聘请独立的环保咨询机构进行监督、咨询,提高环保水平。具体包括:

① 在项目开工前,组织专家对施工过程中的环境保护情况提出评估报告,就施工过程中建筑材料、施工工艺、施工环境、施工人员生活等各个方面对环境的影响进行评估、降低影响应采取的对策,提出建设性方案,指导今后整个工程建设,并在实施过程中不断改进,提高环保水平,实现"绿色建筑"的目标。

② 聘请国内外知名专家,组成环境评估小组,对整个建设工程、营运过程的环境状况进行跟踪调查,及时提出意见和建议,优先选用"绿色产品",采用环保施工工艺,对于将对环境造成危害或潜在危害的,实行"环保一票否决制",不得使用或采用。

③ 在项目实施过程中,实行"环保一票否决制"时,对施工方案的会签、施工材料的选择、施工合同的签订、施工工艺的制定等所有项目建设的环节中,增加环保审查程序,凡对环保有不利影响或有潜在隐患的,坚决予以拒绝,不得使用或采纳。

3) 安全生产教育和培训制度

在施工期间,重点做好各参建单位各级管理人员的安全教育培训,把"安全第一"的思想变成每个管理人员、作业人员的自觉行为,实行"全员安全管理"。具体包括:

① 重点责成各参建单位加强管理人员的安全教育培训,不仅对所有作业人员进行安全教育培训,也将对全体管理人员进行安全教育培训、岗前培训,所有管理人员在接受安全教育培训经考试合格后方可上岗。

② 各参建单位的项目经理是工程项目安全生产的第一责任人。要求各参建单位安全生产第一人——项目经理必须每日至少进行一次安全巡视并做好记录。

③ 要求所有参建单位的进场作业人员必须进行安全教育、培训,考试合格后方可上岗。所有进场人员必须进行登记,确认身体健康后方可作业。在生产过程中,针对不同阶段、不同施工工艺,开展有针对性的安全生产培训,在确保作业人员对作业环境、安全防护设施、紧急处理预案有了明确的理解后再进行施工。

④ 责成各参建单位加强对现行规范、法律法规、《建设工程安全生产管理条例》(国务院第393号令)、《建设工程施工现场安全防护、场容卫生、环境保护及保卫消防标准》(DBJ01-83-2003),以及业主单位关于安全施工的强制性要求等文件、规定的学习,了解相关的要求和规定,并在工作中严格贯彻执行。

4) 突发事故的管理制度

安全高于一切。在项目建设过程中,为保证安全生产,将在建设过程中推行事前、事中、事后的全过程安全管理,重点做好事前的安全预控管理。具体包括:

① 在项目建设之前,由监理单位会同总包单位制定安全风险评估报告和应对措施。根据工程的特点,分析研究施工现场有哪些可能发生的事故,并制定深基作业、火灾、疫情、机械事故、防洪等预案。应急预案的内容包括:可能出现的事故和紧急情况;应急期间责任人的职责、权限和义务;应急期间有关人员应采取措施的方法和步骤;疏散的路线和要求;与外部联络的方式;重要设备和记录的保护等。

② 利用周边资源,加强与所在地劳动管理部门、公安、消防、医院、防疫、居委会等相关政府部门的通信联络,说明其联系电话或其他主要联系方式。紧急情况发生时迅速将信息传递给相关人员以抢险、救灾。

③ 在现场平面布置图及其他相关位置标明施工现场易燃、易爆物品存放处,设置防火设施;对安全防护、消防器材设施进行定点标识,定期检查,定期进行维护保养,保持安全通道、防火通道畅通,防患于未然。

④ 绘制现场的疏散路线和应急平面图,在醒目位置标明火灾、爆炸等紧急情况下的疏散路线,夜间保证标识处的照明。疏散路线是指施工建筑、办公区发生紧急情况时的疏散路线,应急平面标注消火栓、消防器材、危险物资、急救设施、道路、出口、管道、暂设以及其他和应急有关的内容。

⑤ 总包单位应编制安全风险评估报告,预测事故会导致何种危险、有何危害,研究如何预防及将采取哪些积极有效的应对办法等。而且安全风险评估报告须经专业人员审批后才允许正式施工。利用这种安全风险评估报告制度,把可能出现的安全事故及早地消灭在施工生产之前。根据上述安全风险评估报告及对策书的要求,有针对性地落实"人、机、料、法、环"各个方面的准备工作,为安全生产创造条件。

⑥ 在项目施工前,多渠道详细、准确了解和掌握地下管线及相关情况,并责成相关单位研究制定保护和处理措施。

⑦ 在项目施工前,有针对性地检查落实本项目施工的准备工作,做好安全技术交底,讲解作业人员可能出现的安全隐患及紧急对策,做好充分的准备工作;在作业过程中,管理人员、作业人员明确自己的岗位、职责,随时根据安全预案的程序进行检查、验收;建立紧急联络体制,在土方开挖等危险施工阶段建立 24 小时安全值班制度,便于紧急事故的处理。

⑧ 对于完成的工程项目,应对照安全风险评价报告及对策书,进行经验总结,找出管理、作业中的不足,发扬好的管理、作业方法,用于指导今后的安全生产活动。

5) 技术方案安全审查制度

根据项目的特点,各参建单位要联合审查下列方案的安全性:

① 深基坑支护方案;
② 基础施工阶段护坡措施变更方案;
③ 高低错落部位安全防护专项方案;
④ 大型机械进出场时对临时道路、桥涵、边坡的处置方案;
⑤ 防汛措施;
⑥ 对突发事件的防范与应对方案;
⑦ 对原建地下物的处置方案。

11.3.4 建立管理沟通机制

召开会议是一种参建各方之间进行良好沟通的重要手段。通过各方的发言,分析工作中各环节存在的潜在隐患,及时采取停工、整改或施工方案调整等应对措施,确保现场的安全生产、环境与健康。这种会议还有利于营造一个充满合作精神的沟通氛围,鼓励团队士气,鼓励良好的安全行为,更有利于执行项目的 HSE 管理制度,从而实现项目的既定目标。

项目的 HSE 例会应由总承包方项目经理主持,每周一次,或者视需要举行。会议的主要议题包括:

1) 对上周的工地安全、环保、健康执行情况进行总结。
2) 讨论并协调有关安全生产的事由,解决承包商工作中的困难,创造安全的施工条件,使工作场所更加安全,工作更加有效。
3) 讨论并解决有关环境保护、健康卫生方面的问题,确认有关各方均正确履行环保与卫生方面的管理规定,以及施工组织设计方案的要求。
4) 确认承包商、分包商按规定实施安全培训计划。
5) 强调工地所有成员应始终关注有关工地的安全、防火、健康等方面的问题。

11.3.5 过程控制

过程控制的工作主要包括提出控制措施要求、教育和培训、检查与纠正等几方面的内容。

11.3.5.1 控制措施

项目实施后,业主方责成总承包单位编制"项目 HSE 控制措施",经监理单位、业主方审核通过后,由各承包商具体实施。

这些措施或要求主要包括:

1) 扬尘污染控制措施

① 施工现场主要道路应根据用途进行硬化处理,土方应集中堆放。

② 裸露的场地和集中堆放的土方应采取覆盖、固化或绿化等措施。

③ 施工现场大门应设置冲洗车辆设施。

④ 施工现场易飞扬、细颗粒散体材料,应密闭存放。

⑤ 遇有四级以上大风天气,不得进行土方回填、转运以及其他可能产生扬尘污染的施工。

⑥ 施工现场办公区和生活区的裸露场地应进行绿化、美化。

⑦ 建筑拆除工程施工时应采取有效的降尘措施。

⑧ 施工现场应建立封闭式垃圾站。建筑物内施工垃圾的清运,必须采用相应容器或管道运输,严禁凌空抛掷。

2) 有害气体排放控制措施

① 施工现场严禁焚烧各类废弃物。

② 施工车辆、机械设备的尾气排放应符合国家和北京市规定的排放标准。

③ 建筑材料应有合格证明。对有害物质的材料应进行复检,合格后方可使用。

④ 民用建筑工程室内装修严禁采用沥青、煤焦油类防腐、防潮处理剂。

⑤ 施工中所使用的阻燃剂、混凝土外加剂氨的释放量应符合国家标准。

3) 水土污染控制措施

① 施工现场搅拌机前台、混凝土输送泵及运输车辆清洗处应当设置沉淀池。废水不得直接排入市政污水管网,可经二次沉淀后循环使用或用于洒水降尘。

② 施工现场存放的油料和化学药剂等物品应设有专门的库房,地面应做防渗漏处理。废弃的油料和化学药剂应集中处理,不得随意倾倒。

③ 食堂应设隔油池,并应及时清理。

④ 施工现场设置的临时厕所化粪池应做抗渗处理。

⑤ 食堂、盥洗室、淋浴间的下水管线应设置过滤网,并应与市政污水管线连

第11章 职业健康安全与环境管理

接,保证排水畅通。

4) 噪声污染控制措施

① 根据《建筑施工场界环境噪声排放标准》(GB 12523-2011)的要求制定降噪措施,并对施工现场场界噪声进行检测和记录,噪声排放不得超过国家标准。

施工现场场界噪声应符合表11-2规定。

表11-2 建筑施工场界环境噪声排放限值

昼间	夜间
70 dB(A)	55 dB(A)

1. "昼间"是指6:00至22:00之间的时段;"夜间"是指22:00至次日6:00之间的时段;
2. 夜间噪声最大声级超过限值的幅度不得高于15 dB(A);
3. 当场界距敏感建筑物较近,其室外不满足测量条件时,可在噪声敏感建筑物室内测量,并将上述相应的限值减10 dB(A)作为评价依据

② 施工场地的强噪声设备宜设置在远离居民区的一侧,可采取对强噪声设备进行封闭等降低噪声措施。

③ 运输材料的车辆进入施工现场,严禁鸣笛;装卸材料应做到轻拿轻放。

5) 光污染控制措施

① 施工单位应合理安排作业时间,尽量避免夜间施工。必要时的夜间施工,应合理调整灯光照射方向,在保证现场施工作业面有足够光照的前提下,减少对周围居民生活的干扰。

② 在高处进行电焊作业时应采取遮挡措施,避免电弧光外泄。

6) 施工固体废弃物控制措施

① 施工中应减少施工固体废弃物的产生。工程结束后,对施工中产生的固体废弃物必须全部清除。

② 施工现场应设置封闭式垃圾站,施工垃圾、生活垃圾应分类存放,并按规定及时清运消纳。

7) 环境影响控制措施

① 工程开工前,建设单位应组织对施工场地所在地区的土壤环境现状进行调查,制定科学的保护或恢复措施,防止施工过程中造成土壤侵蚀、退化,减少施工活动对土壤环境的破坏和污染。

② 建设项目涉及古树名木保护的,工程开工前,建设单位提供政府主管部门的批准文件,未经批准,不得施工。涉及古树名木迁移的,应办理相关手续。对原地保留的古树名木,严格履行园林部门批准的保护方案,采取有效的保护措施。

③ 施工单位在施工过程中一旦发现文物,应立即停止施工,保护现场并通报文物管理部门。对原地保留的文物,严格履行文物主管部门审核批准的原址保护方案,确保其不受施工活动损害。

8) 临时设施要求

① 施工现场办公区、生活区应与施工区分开设置,与建筑工程主体结构防火间距不应小于10米;生活区、办公区等区域内采用非燃材料搭建的临建房屋之间的防火间距不应小于4米;采用难燃材料搭建的临建房屋的防火间距不应小于6米。

② 施工现场应设置办公室、宿舍、食堂、厕所、淋浴间、开水房、文体活动室(或农民工夜校培训室)、吸烟室、密闭式垃圾站及盥洗室等临时设施。

③ 宿舍内应预留专用的电池充电插座,照明采用安全电压。未经消防安全管理人员和电气主管人员批准不得使用电热器具,严禁私拉乱接电线、取火照明。

④ 施工现场临时搭建的建筑物应当符合安全使用要求,施工现场使用的装配式活动房屋应当具有产品合格证书。

⑤ 严禁在尚未竣工的建筑物内设置员工集体宿舍。

⑥ 施工企业应定期对生活区住宿人员进行安全、治安、消防、卫生防疫、环境保护、交通等法律法规教育,增强其法制观念。

9) 作业条件及环境安全要求

① 施工现场必须采用封闭式硬质围挡,高度不得低于1.8米。

② 施工现场应设置标志牌和企业标识,按规定应有现场平面布置图和安全生产、消防保卫、环境保护、文明施工制度板,公示突发事件应急处置流程图。

③ 施工单位应采取保护措施,确保与建设工程毗邻的建筑物、构筑物安全和地下管线安全。

④ 施工现场高大脚手架、塔式起重机等大型机械设备应与架空输电导线保持安全距离,高压线路应采用绝缘材料进行安全防护。

⑤ 施工期间应对建设工程周边临街人行道路、车辆出入口采取硬质安全防护措施,夜间应设置照明指示装置。

⑥ 施工现场出入口、施工起重机械、临时用电设施、脚手架、出入通道口、楼梯口、电梯井口、孔洞口、桥梁口、隧道口、基坑边沿、爆破物及有害气体和液体存放处等危险部位,应设置明显的安全警示标志。安全警示标志必须符合国家标准。

⑦ 在不同的施工阶段及施工季节,气候和周边环境发生变化时,施工现场应采取相应的安全技术措施,达到文明安全施工条件。

10) 职业健康要求

① 施工现场应在易产生职业病危害的作业岗位和设备、场所设置警示标志或警示说明。

第 11 章 职业健康安全与环境管理

② 定期对从事有毒有害作业人员进行职业健康培训和体检,指导操作人员正确使用职业病防护设备和个人劳动防护用品。

③ 施工单位应为施工人员配备安全帽、安全带及与所从事工种相匹配的安全鞋、工作服等个人劳动防护用品。

④ 施工现场应采用低噪声设备,推广使用自动化、密闭化施工工艺,降低机械噪声。作业时,操作人员应戴耳塞进行听力保护。

⑤ 深井、地下隧道、管道施工、地下室防腐、防水作业等不能保证良好自然通风的作业区,应配备强制通风设施。操作人员在有毒有害气体作业场所应戴防毒面具或防护口罩。

⑥ 在粉尘作业场所,应采取喷淋等设施降低粉尘浓度,操作人员应佩戴防尘口罩;焊接作业时,操作人员应佩戴防护面罩、护目镜及手套等个人防护用品。

⑦ 高温作业时,施工现场应配备防暑降温用品,合理安排作息时间。

11) 卫生防疫要求

① 施工现场员工膳食、饮水、休息场所应符合卫生标准。

② 宿舍、食堂、浴室、厕所应有通风、照明设施,日常维护应有专人负责。

③ 食堂应设在远离厕所、垃圾站、有毒有害场所等污染源的地方。食堂必须设置密闭式泔水桶,制作间必须设置隔油池,下水管线应与污水管线连接,保证排水通畅。

④ 食堂应有相关部门发放的有效卫生许可证,各类器具规范清洁。炊事员应持有效健康证。

⑤ 厕所、卫生设施、排水沟及阴暗潮湿地带应定期消毒。

⑥ 生活区应设置密闭式容器,垃圾分类存放,定期灭蝇,及时清运。

⑦ 施工现场应设立医务室,配备保健药箱、常用药品及绷带、止血带、颈托、担架等急救器材。应培训有一定急救知识的人员,并定期开展卫生防病宣传教育。

⑧ 施工人员发生传染病、食物中毒、急性职业中毒时,应及时向发生地的卫生防疫部门和建设主管部门报告,并按照卫生防疫部门的有关规定进行处置。

11.3.5.2 教育和培训

通过教育培训的方式,让现场的全体管理人员和施工作业人员清楚了解有关 HSE 管理的具体规定和要求。

1) 入场培训

入场培训是针对新进场的职工进行的培训。主要培训内容有现场 HSE 规定、现场安全手册和安全常识、紧急情况反应程序、医疗救护程序、现场安全制度以及现场过去发生安全违章行为的事例等。只有经过入场培训、考核合格,在入场培训记录上签名并经监理工程师签字认可后,才能办理现场出入证,进入现场工作。

2) 日常培训

日常培训是针对现场发生的实际问题进行的培训。一般情况下是针对现场发生的违章行为,对违章人员直接进行教育、培训。在培训中不仅要指出他们的违章行为的危险性,还要告诉他们正确的操作方法。

3) 专项培训

专项培训一般是由专业工程师就本专业的 HSE 管理内容进行的培训,它主要结合专业的特点讲述本专业的注意事项和防范措施,这种培训更具有针对性和实用性。专项培训还包括邀请消防队和医院的专家对全体施工人员进行消防知识和紧急救护知识的培训。

现场的教育和培训是提高现场施工人员安全意识的主要手段,是现场 HSE 管理至关重要的一个环节,所有这些培训都应记录在案。

11.3.5.3 检查和纠正

HSE 管理者应对现场实施 HSE 检查,确保健康、安全、环保的管理制度和现场要求都得到落实并发挥作用。对检查中发现的问题应及时纠正,必要时还应进一步完善 HSE 的管理系统。

1) 联合检查

业主、监理、总包三方的管理人员以及 HSE 工程师、安全人员等,应对施工现场进行联合检查,每周一次。

2) 日常巡查

日常巡查主要由监理工程师负责,目的是使施工现场始终处于动态监控中。对巡检中发现的问题要及时进行解决,把危险隐患消除在萌芽状态。

3) 专项检查

专项检查是对现场某一特定的操作和设施进行的检查。如对边坡支护、起重作业、脚手架搭设、临时用电、消防设施等分别进行的检查。

4) 例行检查

监理工程师、承包商工程师应每周进行一次施工设备、施工机具的例行检查。对施工设备、机具的检查采用合格证制度,即对检查合格的贴上合格证后才能使用。

施工承包商每周应对现场的临时用电设施、消防设施、医疗设施、劳动保护用品等进行检查并填写相应的表格。

11.4 项目不同阶段 HSE 管理的重点

11.4.1 策划决策阶段的 HSE 管理

项目的立项决策是一个多环节的不断决策的过程,是项目运行的起始阶段,也是项目运行的决定性阶段,决策的正确与否,对 HSE 的效果产生直接的影响。

在项目的策划决策阶段,HSE 管理工作的重点是:
1) 定量的风险评估;
2) 过程的危险评价;
3) 环境影响的评价;
4) 节能、节水措施;
5) 项目的主要污染源、污染物及其保护措施方案和投资;
6) 原材料资源综合利用和环境保护。

11.4.2 招标投标阶段的 HSE 管理

在项目的招标投标阶段,HSE 管理工作的重点是:
1) 检查投标人是否建立了 HSE 管理体系。
2) 检查投标人的 HSE 管理体系的年度审核报告。

根据标准要求,任何一家建立了 HSE 管理体系的企业必须进行第三方审核验证。

3) 现场实地考察投标人类似工程的 HSE 管理体系状况,包括策划(P)、实施(D)、检查(C)、处置(A)各个环节的相关记录。

11.4.3 设计阶段的 HSE 管理

设计过程中,应当遵照国家有关技术规范和技术标准,对建造目标进行危险性估计、设计变更控制、可建造性评价、可操作性评价以及 HSE 评价。具体内容包括:

1) 确保工程项目符合国家强制性规范要求、行业和地方的 HSE 要求以及现行的惯例。
2) 根据环境影响评价文件里对环境产生影响的因素进行仔细地考虑,并结合工程设计要求,提出相应的技术和管理措施,并且反映在设计文件中。
3) 对基础设计文件进行评估,确认有关 HSE 工作的关键点。
4) 对于涉及的技术与设备,确定潜在危险的基本特征。

5)确定系统、操作工作的危险程度,并说明其主要功能以及发生故障时所产生的影响。

6)对设计工作中所涉及的 HSE 工作,进行安全、危险及操作性分析及环保审核。

7)在工程设计中如采用新技术、新材料、新工艺,应注意施工和运营人员安全操作和防护的需要,提出有关安全生产的措施和建议。

8)编制有关 HSE 的设计说明,并协助业主获得工程所在地政府有关部门的批准。

11.4.4 施工阶段的 HSE 管理

项目施工过程中的 HSE 管理,主要包括:制订施工安全计划;周密安排作业程序,并进行风险分析;控制危害健康的材料的使用;进行健康、安全和环境管理培训;安排好事故的预防和报告措施等。

1)在设备、材料采购过程中,要采购符合 HSE 要求的设备、材料,重视其安全性、操作性、环保性。

2)成立现场 HSE 管理机构。一个完善的 HSE 组织机构和体系是搞好现场 HSE 管理的基本保障,它运行的好坏将直接影响到现场 HSE 管理最终的成败。

3)编制项目的 HSE 管理计划。一般来讲,HSE 管理计划的模式同常规的施工组织设计(或施工管理大纲)的模式基本相同,只是需要增加如下方面内容:

① HSE 管理职责;
② 现场危险区域示意图和相应的安全措施(或设施);
③ 危险源辨识和环境因素的评价;
④ 应急救援预案;
⑤ 应急救援演练预审;
⑥ HSE 相应的管理和记录规定;
⑦ HSE 管理相应的信息沟通渠道和人员培训;
⑧ 法律法规的获取方式、渠道及更新;
⑨ 定期进行合理性评价。

4)项目 HSE 月报。监理工程师应每月编制项目 HSE 月报,报告项目 HSE 的进展、事件、注意事项、要做的工作、HSE 保障措施的执行情况等。

5)事故报告。事故报告应作为一种反馈机制,它有助于识别异常状况,对潜在的危险提前预警,不断改进 HSE 管理中的不足。事故调查报告不仅包含事故原因的分析,还要就控制、培训和程序等方面提出改进意见。

施工阶段 HSE 管理的主要工作是针对安全的管理和控制,即采取必要的安全技术措施,控制具体生产活动中的危险因素,预防和消除事故灾害。安全技术措施可按施工准备阶段和施工阶段分别来编写。其中,施工准备阶段的安全技术措施可从技术准备、物资准备、施工现场条件准备、施工队伍准备等四个方面来具体阐述(如表11-3所示)。

表 11-3 施工准备阶段的安全技术措施

准备内容	主要措施
技术准备	1. 了解工程设计对安全施工的要求 2. 调查工程的自然环境(水文、地质、气候等)和施工环境(粉尘、噪声、地下设施等)对施工安全及施工对周围环境安全的影响 3. 在施工组织设计中,编制切实可行、行之有效的安全技术措施,并履行审批手续,报安全部门备案
物资准备	1. 及时供应质量合格的安全防护用品(安全帽、安全带、安全网等),并满足施工需要 2. 保证特殊工种(电工、焊工、爆破工等)使用的工具、器械质量合格,技术性能良好 3. 施工机具、设备、车辆等须经安全技术性能检测,鉴定合格,防护装置齐全,制动设置可靠,方可进场使用 4. 施工周转材料须符合安全要求
施工现场准备	1. 按施工总平面图要求做好现场施工准备 2. 现场各种临时设施、库房等,特别是易燃易爆品的存放,都要符合安全规定和消防要求 3. 电气线路、配电设备符合安全要求,具有一定的安全用电防护措施 4. 场内道路通畅,设交通标志,危险地带设危险信号及禁止通行标志,保证行人、车辆通行安全 5. 现场周围和陡坡、沟坑处设围栏、防护板,现场入口处设"无关人员禁止入内"的警示标志 6. 塔吊等起重设备安置要与输电线路、永久或临时工程间有足够的安全距离,避免碰撞,以保证搭设脚手架、安全网的施工距离 7. 现场设消火栓,配备足够的灭火器材、设施
施工队伍准备	1. 总包单位及分包单位都应持有《施工企业安全资格审查认可证》,方可组织施工 2. 新工人、特殊工种工人须经岗位技术培训、安全教育后,持合格证上岗 3. 高、险、难作业工人须经身体检查合格,具有安全生产资格,方可施工作业 4. 特殊工种作业人员,必须持有《特种作业操作证》,方可上岗

施工阶段的安全技术措施从一般工程、特殊工程和拆除工程三个角度来进行编制(如表11-4所示)。

表 11-4 施工阶段的安全技术措施

工程类型	主要措施
一般工程	1. 单项工程、单位工程均有安全技术措施,分部分项工程有安全技术的具体措施,施工前由技术负责人向参加施工的有关人员进行安全技术交底,并逐级签发和保存"安全交底任务单" 2. 安全技术应与施工生产技术统一,各项安全技术措施必须在相应的工序施工前落实好,如: ① 根据基坑、基槽、地下室开挖深度、土质类别,选择开挖方法,确定边坡的坡度和采取防止塌方的护坡支撑方案;② 脚手架、吊篮等选用及设计搭设方案和安全防护措施;③ 安全网(平网、立网)的架设要求,范围、架设层次等;④ 对施工电梯、井架等垂直运输设备的位置、搭设要求、稳定性、安全装置等要求;⑤ 施工洞口的防护方法和主体交叉施工作业区的隔离措施;⑥ 在建工程与周围人行通道及民房的防护隔离措施 3. 针对采用的新工艺、新技术、新设备、新结构制定专门的施工安全技术措施 4. 在明火作业现场(焊接、切割、熬沥青)有防火、防爆措施 5. 考虑不同季节的气候对施工生产带来的不安全因素可能造成的各种突发性事故,从防护上、技术上、管理上有预防自然灾害的专门安全技术措施,如: ① 夏季作业时,应有防暑降温措施;② 雨期作业时,应有防触电、防雷、防坍塌、防台风和防洪排水等措施;③ 冬季作业时,应有防火、防风、防冻、防滑和防煤气中毒等措施
特殊工程	1. 对于结构复杂、危险性较大的特殊工程,应编制单项的安全技术措施,如爆破、大型吊装、沉井、水塔、高层脚手架等 2. 安全技术措施中应注明设计依据,并附有计算、详图和文字说明
拆除工程	1. 仔细调查拆除工程的结构特点、结构强度、电线线路等现状,制定可靠的安全技术方案 2. 拆除建筑物、构筑物之前,在工程周围划定危险警戒区域,设置安全立栏 3. 拆除工作开始前,先切断被拆除建筑物、构筑物的电线、供水、供热、供气的通道 4. 拆除作业应自上而下地进行,禁止数层同时拆除 5. 栏杆、楼梯、平台应与主体拆除程度配合进行,不能先行拆除 6. 拆除作业时,工人应站在稳固的结构部分上操作,拆除承重梁、柱之前应拆除其承重的全部结构,防止坍塌 7. 拆下的构件要及时清理运走,不得在楼板上集中堆放 8. 一般不采用推倒方法来拆除建筑物,必须采用推倒方法时,应采取特殊安全措施

11.4.5 收尾阶段的 HSE 管理

1) 在主体工程竣工验收的同时,进行安全设施、环境保护设施竣工验收,保证项目配套的安全设施、环境保护设施与主体工程同时投入试运行。

2) 对工程项目环境保护设施运行效果进行监控与测量,确认其有效性。

3) 在项目后评价中应该对工程项目的安全设施、环保设施的建设、管理和运行效果进行调查、分析、评价,若发现实际情况偏离原目标、指标,应提出进一步改进的意见和建议。

第 12 章 项目档案、资料管理

在工程档案资料的管理中,要本着对建设项目负责的态度,真实记录工程建设的全过程,确保档案资料完整、系统、准确。为使各项要求的落实能贯穿始终,在工作中实行管理责任制,项目经理负责并设立专职岗位人员,及时对资料进行收集、整理、编集管理。

好的资料是通过好的管理来保证的,它要源于整个管理体系,健全一套好的管理体系才能使档案资料达到科学化、系统化和标准化。

现代化的项目管理,对档案资料的需求是多方面的。在存档资料、原始资料的管理上,要求内容真实、准确、翔实、全面;但在建设过程中,在对项目的开展中进行分析时所需要的资料就不单局限于原始资料,还要将"原始数据"编辑成各项工作中需要的"分析数据",这些"分析数据"对项目的判断,对企业的决策将起到重要的支持作用。

12.1 管理要求

工程文档资料是形成竣工档案的基础,其管理的好坏,直接影响到竣工档案的质量。对档案资料管理的基本要求包括:

1) 文档必须完整、准确、系统,图面整洁、装订整齐、签字手续完备;
2) 图片、照片等要附日期和情况说明;
3) 竣工图要真实、准确、完整、反映实际情况,必须做到图、物相符;
4) 为达到工程文档管理的目的与要求,确保工程文档的收集、整理、归档工作与项目的立项、准备、建设实施以及竣工验收同步进行;
5) 公司的档案室是工程档案的最终归口管理机构,项目部设专职资料员负责对接工作。

12.1.1 档案资料管理职责

项目部应重视项目过程中文档的收集和整理,建立系统化的存档查询计算机管理体系,并做到专业分工、统一归口、责任到人。

档案、资料管理的分工职责如下:

1) 专职资料员:负责所有资料统一收、发、归档,是档案、资料管理的唯一进、出口。

2) 专业工程师:负责本专业范围内的资料收集、整理、归档。

3) 项目部全员:负责影像及其他工程资料的收集、整理、归档。

4) 项目经理:每月月底负责检查资料的规范性、完整性,并督促整改。

12.1.2 档案资料管理制度

在工程管理及项目施工全过程中,应妥善处理和保管项目的各类档案资料,以便于归档、收发、查阅、结算及移交等一系列相互关联、衔接有序的工作。

档案资料管理制度的内容一般包括:

1) 项目资料管理遵循及时整理、分类清晰、检索方便、收发有据的原则。

2) 所有人员对项目的工程档案、资料均负有保密责任,未经项目经理许可,不得擅自拷贝、复印、对外发送。

3) 借用档案必须履行借阅手续,填写借用登记簿,借用文件妥善保管,用完即还。

4) 借阅资料保持完整、清洁并及时归还,如有遗失,要及时向领导及档案人员汇报,以采取补救措施。

5) 工程资料的形成、收集和整理应采用计算机管理,凡按规定向城建档案馆移交的工程档案应逐步实现以微缩品和光盘载体的工程档案代替纸质载体的工程档案。

6) 项目档案资料的所有权归公司所有,任何人不得将文件资料据为己有或拒绝移交。

7) 保证所有项目成员能随时获得所需信息,项目文件存储在方便查找的位置,进行清楚的标记并及时删除过时的信息。

12.2 各类资料的形成

12.2.1 工程档案、资料分类

1) 档案资料的分类

资料分类参照《建筑工程资料管理规程》(DB11/T 695-2009)的分类要求进行

综合组卷。

资料分类及编号应严格按照下述分类目录中的规定,包括纸质文件、电子文件(无电子文件的应有扫描、拍照文件)。

A类:基建文件
B类:监理资料
C类:施工资料
D类:竣工图

2) 资料归档的要求

按照城建档案管理机构的要求,档案资料归档时应重点注意如下事项:

① 工程档案齐全、系统、完整;
② 工程档案的内容真实、准确地反映工程建设活动和工程实际状况;
③ 工程档案已整理立卷,立卷符合上述规范的规定;
④ 竣工图绘制方法、图式及规格等符合专业技术要求,图面整洁,盖有竣工图章;
⑤ 文件的形成、来源符合实际,要求单位或个人签章的文件,其签章手续完备;
⑥ 文件材质、幅面、书写、绘图、用墨、托裱等符合要求。

在档案资料归档时,按照上述要求进行检查、修正并达到符合。

12.2.2 工程档案资料的形成

A类:基建文件

基建文件是指建设单位从立项申请开始,并依法进行项目申报、审批、开工、竣工及备案全过程所形成的全部资料。

基建文件可按下列流程形成(如图12-1所示):

第12章　项目档案、资料管理

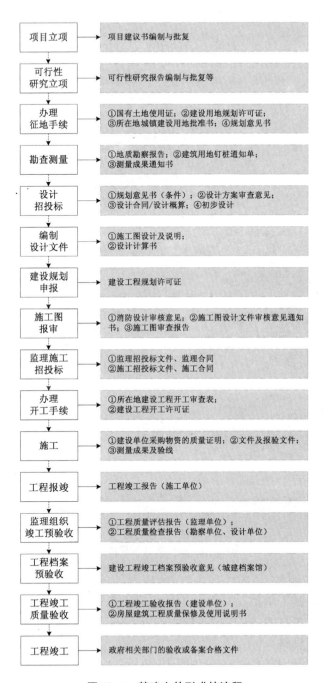

图 12-1　基建文件形成的流程

业主方的项目管理

B类：监理资料

监理资料是指监理单位在工程建设监理活动过程中所形成的全部资料。

监理资料可按下列流程形成（如图12-2所示）：

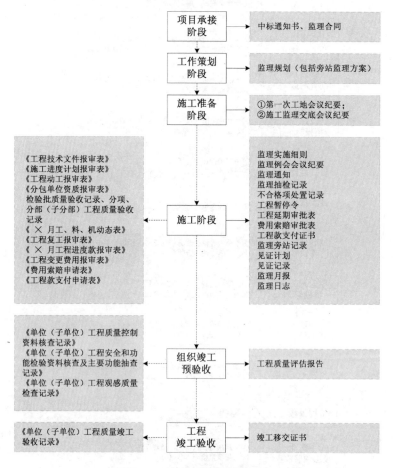

图12-2 监理资料形成的流程

C类：施工资料

施工资料是施工单位在工程施工过程中所形成的全部资料。按其性质可分为：施工管理、施工技术、施工测量、施工物资、施工记录、施工试验、过程验收及工程竣工质量验收资料。

施工技术及管理资料的形成（如图12-3所示）：

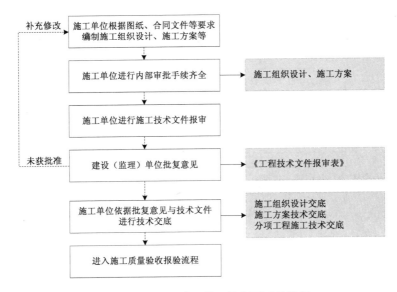

图 12-3 施工技术及管理资料形成的流程

施工物资及管理资料的形成（如图 12-4 所示）：

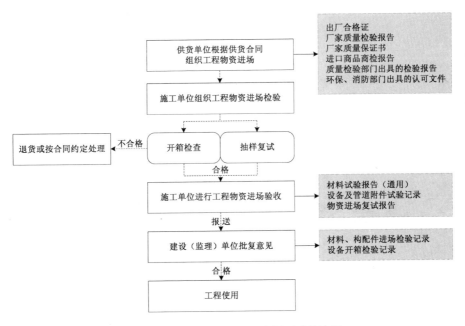

图 12-4 施工物资及管理资料形成的流程

施工测量、施工记录、施工试验、过程验收及管理资料的形成（如图 12-5 所示）：

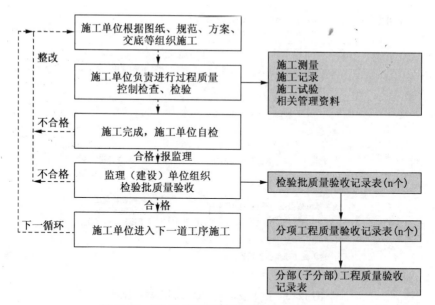

图 12-5 施工过程记录及管理资料形成的流程

工程竣工质量验收资料的形成(如图 12-6 所示):

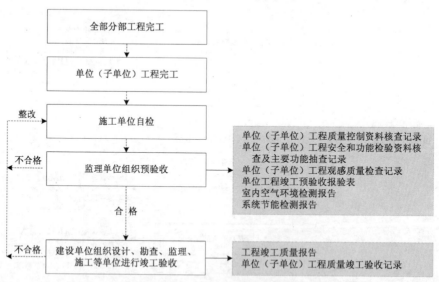

图 12-6 工程竣工质量验收资料形成的流程

D类:竣工图

各项新建、改建、扩建的工程均应编制竣工图。

竣工图包括:建筑、结构、钢结构、幕墙、建筑给排水与采暖、建筑电气、燃气、智

第12章 项目档案、资料管理

能建筑、通风空调、工艺布置、规划红线以内的室外工程。

竣工图应满足以下要求：

① 竣工图应与工程实际境况相一致；
② 竣工图的图纸必须是蓝图或绘图仪绘制的白图，不得使用复印的图纸；
③ 竣工图应字迹清晰并与施工图大小比例一致；
④ 竣工图应有图纸目录，目录所列的图纸数量、图号、图名应与竣工图内容相符；
⑤ 竣工图使用国家法定的计量单位和文字；
⑥ 竣工图应有竣工图章或竣工图签，并签字齐全。

12.3 项目档案资料的管理

项目部应建立工程档案资料管理系统，实现数据的共享和流转，对各类资料进行分析和评估，确保资料的真实、准确、完整和安全。

工程档案资料管理就是充分利用现代信息及通信技术的强大功能和巨大潜能，以计算机、网络通信、数据库作为技术支撑，构建项目信息管理系统，对项目整个建设周期中所产生的各种信息，及时、准确、高效地进行管理，为项目干系人提供高质量的信息服务，并确保工程建设过程的可追溯性。

12.3.1 工程档案资料的内容

项目档案资料主要是指：决策立项文件、建设用地文件、勘察设计文件、招投标与合同文件等，如表12-1所示。

表12-1 某项目档案资料统计表

项目名称：

类别编号	文件编码	档案、资料名称	文件格式
A类	基建文件		
A1 决策立项文件	A1-001	项目建议书（或可行性研究报告）	电子版
	A1-002	项目建议书（或可行性研究报告）的批复文件	扫描电子版
	A1-003	关于立项的会议纪要、领导批示	扫描电子版
	A1-004	专家对项目的有关建议文件	电子版
	A1-005	项目评估研究资料	电子版
	……		

业主方的项目管理

续表 12-1

类别编号	文件编码	档案、资料名称	文件格式
A2 建设 用地 文件	A2-001	规划意见书及附图	扫描电子版
	A2-002	建设用地规划许可证、许可证附件及附图	扫描电子版
	A2-003	国有土地使用证	扫描电子版
	A2-004	规划方案复函	扫描电子版
	A2-005	所在地城镇建设用地批准书	扫描电子版
	……		
A3 勘察 设计 文件	A3-001	工程地质勘察报告	电子版、纸版
	A3-002	建设用地钉桩通知单	扫描电子版、纸版
	A3-003	验线合格文件	扫描电子版、纸版
	A3-004	设计方案审查意见	扫描电子版
	A3-005	概念性方案图纸	电子版
	A3-006	设计方案图纸及设计说明	电子版
	A3-007	初步设计图纸及设计说明	电子版
	A3-008	消防设计审核意见	扫描电子版
	A3-009	人防设计审核意见	扫描电子版
	A3-010	园林设计审核意见	扫描电子版
	A3-011	外电源设计方案及审核意见	扫描电子版
	A3-012	施工图审查通知书	扫描电子版
	A3-013	施工图及设计说明	电子版
	……		
A4 招标 投标 文件、 合同 文件	A4-001	勘察招标、投标文件,勘察合同	电子版
	A4-002	设计招标、投标文件,设计合同	电子版
	A4-003	总包招标、投标文件,总包合同	电子版
	A4-004	监理招标、投标文件,监理合同	电子版
	A4-005	招标代理招标、投标文件,招标代理合同	电子版
	A4-006	造价咨询招标、投标文件,造价咨询合同	电子版
	A4-007	幕墙工程招标、投标文件,幕墙施工合同	电子版
	A4-008	电梯工程招标、投标文件,电梯施工合同	电子版
	A4-009	精装修工程招标、投标文件,精装修施工合同	电子版
	A4-010	园林工程招标、投标文件,园林施工合同	电子版
	……		

第12章 项目档案、资料管理

续表 12-1

类别编号	文件编码	档案、资料名称	文件格式
A5 开工文件	A5-001	建设工程规划许可证、附件及附图	原件、扫描电子版
	A5-002	监理、总包招标备案	扫描电子版
	A5-003	质量监督备案	扫描电子版
	A5-004	建设工程施工许可证	原件、扫描电子版
	……		
A6 商务文件	A6-001	投资估算文件	电子版
	A6-002	设计概算	电子版
	A6-003	施工图预算	电子版
	A6-004	工程款支付台账	电子版
	A6-005	工程结算报告	电子版
	……		
A7 竣工验收及备案文件	A7-001	建设工程竣工验收备案表	原件、扫描电子版
	A7-002	工程竣工验收报告	电子版
	A7-003	建设工程档案预验收意见	原件、扫描电子版
	A7-004	房屋建筑工程质量保修书	原件、扫描电子版
	A7-005	住宅质量保证书、住宅使用说明书	原件、电子版
	A7-006	建设工程规划、消防等部门的验收合格文件	原件、扫描电子版
	……		
A8 其他文件	A8-001	工程未开工前的原貌、过程、竣工新貌照片	电子版
	A8-002	工程开工、施工、竣工的录音录像资料	电子版
	A8-003	各类会议纪要	电子版、扫描签字版
	A8-004	工程竣工测量资料	原件、扫描电子版
	A8-005	建设工程概况表	电子版
	A8-006	项目参建各单位通讯录、专家名录等	电子版
	……		

续表 12-1

类别编号	文件编码	档案、资料名称	文件格式
A9 项目管理文件	A9-001	里程碑、总控、专项工作等各类计划，并保持更新	电子版
	A9-002	工作联系单统计表（发出、收到）	电子版、扫描签字版
	A9-003	设计变更统计表	电子版、扫描签字版
	A9-004	工程洽商统计表	电子版、扫描签字版
	A9-005	项目周报	电子版
	A9-006	项目后评价报告	电子版
	……		
B类	监理资料（略）		
C类	施工资料（略）		
D类	竣工图		

12.3.2 工程档案资料的管理

工程档案资料是项目的重要信息，是预测项目未来、决策项目实施方案以及追溯项目实施过程的依据，是项目管理的重要基础资源。项目部应配备专职资料员负责档案资料的收集、整理、分类、存储、传递和处置，确保对工程项目的有效管理和监控，促进项目的规范运作，促进项目制度化、规范化管理，最终实现项目安全、质量、工期、成本全过程控制管理。

工程档案资料的管理要求包括：

1) 工程项目文件资料应随项目进度及时收集、处理，并按表 12-1 的编码要求进行统一的标识，以便于查阅、使用。

2) 应确保项目档案资料的真实、有效和完整，不得对项目档案资料进行伪造、篡改和抽撤。

3) 项目档案资料必须每周或每月进行定期备份，以确保其安全性，凡纸版文件必须进行扫描存储。

4) 档案资料管理工作应贯穿项目的始终，以保持其连贯性。

5) 及时做好档案资料的收发、传递、借阅以及变更等的记录。

12.3.3 工程档案资料的安全和保密

1）项目部在项目实施的过程中,应遵守国家、地方有关知识产权和信息技术的法律、法规和规定。

2）应配置网络病毒防护系统,并建立标准的信息备份、存档程序,以及系统瘫痪后的系统恢复程序。

3）重要的档案资料除采用磁盘备份外,还应刻录成光盘保存以确保其安全性。

4）档案资料的对外借阅、拷贝、复印,必须符合公司的管理规定,并经项目经理同意。

5）项目部所有成员都有保守项目信息秘密的义务,未经允许不得向外界泄露项目有关情况。

第 13 章　项目干系人的沟通管理

项目干系人是指参与项目或其利益与项目有直接或间接关系的人或组织,项目干系人能影响项目的执行或结果,是影响项目成败的重要因素。

沟通就是信息的交流,项目沟通管理就是为确保项目信息及时且恰当地规划、收集、生成、发布、存储、检索、管理、控制、监督和最终处置所需的各个过程。有效的沟通在项目干系人之间架起一座桥梁,把具有不同文化和组织背景、不同技能水平、不同观点和利益的各类干系人联系起来,最终达成各方满意的项目结果。

13.1　沟通管理的原则

沟通管理的目的是为了建立良好的人际关系、增强团队的凝聚力并为项目的决策和计划提供信息,进而解决项目冲突,实现项目目标。

沟通中应遵循的原则包括:

1) 目标统一的原则

沟通的本质是解决矛盾和冲突,并努力使参建各方服从于统一的项目整体目标。

2) 调查研究的原则

沟通的前提是调查研究,找出问题的真实源头,并以事实为依据进行沟通、协作。

3) 公平、公正、诚实信用的原则

公平、公正、诚实信用是市场经济的基本准则,也是现场进行沟通管理的原则,是现场各项工作健康、有序、高效运行并最终实现项目目标的保障。

4) 合作、共赢的原则

参建各方应本着协作、理解、互相尊重、互相帮助的原则开展工作,最终实现互利、共赢的良好结局。

13.2 沟通管理的工作重点

对干系人的沟通有正式的、非正式的、组织内部沟通和组织外部沟通等,要充分发挥有效沟通的作用,就需要掌握各种沟通方式的内容和特点,在不同环境下使用适当的方式和渠道。

在复杂的项目环境中,要成为一名成功的项目经理,不仅要具备专业技术能力,更需要人际关系的沟通能力,工作的重点包括:

1)在项目团队内部创造良好的沟通气氛,鼓励自下而上的沟通,以确保获得的信息与现实相符。

2)鼓励员工指出计划、决策、技术或分析报告中的错误。

3)在项目团队和职能组织、高级管理人员以及客户之间管理人际关系,并充当协调人的角色。

13.2.1 识别项目干系人

沟通的前提是识别沟通对象,项目干系人的识别一般可通过如下途径:

- 业主方组织架构
- 公司流程审批节点审批人
- 公司内部组织架构
- 合作方项目负责人
- 各类成果确认人
- 项目例会汇报人、汇报对象

……

把通过上述方法筛选出的项目干系人编入《项目干系人登记表》(表13-1),针对干系人在项目中的角色,分析出他们各自的需求、对项目的影响程度(权力大小),进而在后续工作中建立有针对性的沟通策略和沟通方法。

表13-1 项目干系人登记表

序号	姓名	职务	联系方式	主要需求和期望	密切相关的项目阶段
1	投资人(如有)				
1.1					
1.2					
2	设计单位				

续表 13-1

序号	姓名	职务	联系方式	主要需求和期望	密切相关的项目阶段
2.1					
2.2					
3	咨询单位				
3.1					
3.2					
4	监理单位				
4.1					
4.2					
5	承包商				
5.1					
5.2					
6	供货商				
6.1					
6.2					
7	公司内部				
7.1					
7.2					
8	其他				
8.1					
8.2					

一般建设项目的干系人以及他们各自的需求、对项目的影响程度可参照表13-2。

表 13-2 项目干系人的基本描述

序号	干系人	权力（对项目的影响程度）	期望
1	投资人	项目的发起人和投资人，重大问题的决策者	项目进度、费用、质量得以保障，项目产出最优化
2	设计单位	项目整体规划的技术转化，施工运营的重要依据	优厚的设计费，及时付款，无干扰因素阻碍项目设计

第13章　项目干系人的沟通管理

续表 13-2

序号	干系人	权力(对项目的影响程度)	期　　望
3	咨询单位	技术支持、专项设计	合理的报酬,松弛的工作进度表,迅速提供信息,迅速决策,按时支付工作报酬
4	监理单位	项目开工到竣工验收、保修期间的工程监理	项目功能满足图纸要求,进度、质量、成本满足业主的要求,及时支付咨询费
5	承包商	项目实施过程的主要参与者,影响投资项目的质量、进度和费用	优厚的利润,及时提供施工图纸,最小限度的变动,原材料和设备及时送到工地,公众无抱怨,可自己选择施工方法,不受其他承包商的干扰,按时支付进度款,迅速批准开工,及时提供服务
6	供货商	为项目实施提供生产要素,关系到项目的投资、质量、进度、目标	规格明确,从订货到发货的时间充裕,利润率高,非标准件使用量最低,质量要求合理
7	公司职能部门	过程节点的实施、审批环节	松弛的工作进度表,优良的工作环境,足够的信息、人力、物资等资源
8	公司高层	项目关键事项的决策,决定项目的目标及资源投入	项目的收益、影响度、社会效益等

13.2.2　与各类项目干系人的沟通

1) 与投资方的沟通

投资方(或客户)是项目成果的使用者,因此,在项目的全过程中都应与其决策层、业务部门保持及时有效的沟通,以便获得他们的支持、参与和对项目的推动。

为了达到获得支持的目的,沟通必须做到以下几点:

① 应与投资人代表进行协商、讨论,明确双方在项目管理中的职责界面、权限和各自的工作内容,这是双方开展工作的基础,也是沟通管理工作的依据。

② 培养其对项目的价值与重要性的认同感。

③ 形成双向交流,以保持信息的一致性,增强项目进度的透明度,并确保双方了解项目的进展。

④ 通过良好的沟通就其需求达成一致,否则,会给项目带来无穷的隐患,甚至会使项目前功尽弃。

⑤ 与投资人在管理思想、管理理念上达成一致,争取投资人的理解和支持。

⑥ 与投资人的书面沟通、重要事项的口头沟通需要得到项目经理或公司的授权。

2) 与设计方的沟通

设计沟通是以设计业务为主要内容的沟通,包括在设计过程中的设计信息的沟通、不同层级设计与管理人员的沟通、设计与辅助工序的沟通等一切以设计活动为主题的沟通行为。

为了确保项目总体技术目标以及项目的成本、质量、进度、环保等控制性目标的实现,与设计方的沟通应达到如下目的:

① 及时为设计单位提供设计参考依据,确保设计的质量、进度符合合同约定。

② 识别、解决潜在的问题,使设计处于受控状态,杜绝设计常见错、漏、碰、缺等问题的出现,提高项目品质。

③ 设计成果满足合同约定。

设计规范、国家标准、验收规范以及设计合同中的有关约定,是开展设计沟通管理的原则和依据。

在设计合同条款中,根据项目的不同阶段,应明确与设计进行沟通的机制。如:设计交底会机制、现场服务机制、深化设计审核机制、专项设计论证机制等。

3) 与咨询方的沟通

随着行业分工越来越细,各类咨询公司的专业水平和服务水平不断提高,因此,在项目管理过程中,应充分发挥咨询公司的作用,最大限度地提高项目品质。

与咨询方的沟通应达到如下目的:

① 在符合安全、质量验收的前提下,确保使用功能的实现。

② 在满足技术标准、设计参数的前提下,做到成本合理最低。

③ 为保证主要功能的实现,应采用性价比最优的设计方案、安全可靠的施工方案、质量可靠的供货方案、易于维护管理的技术方案。

设计规范、国家标准、验收规范以及咨询合同中的有关约定,是开展咨询沟通管理的原则和依据。

在咨询合同条款中,根据项目的不同阶段,应明确与咨询公司进行沟通的机制。如咨询报告交底会、现场咨询服务、专项技术论证会等。

4) 与监理方的沟通

监理单位受建设单位的委托对建设项目进行全过程的监督、管理,监理单位应依据合同的约定,维护建设单位的权益。监理单位是建设单位在施工现场唯一的管理者,建设单位与承包单位的联系活动应通过监理单位进行。

为了确保项目总体目标的实现,与监理方的沟通应达到如下目的:

① 传达项目的意图,使监理单位了解项目的目标。

② 协助业主解决项目过程中的各类问题,使工程建设的安全、质量、进度、投资满足项目的目标要求。

③ 及时通报项目进展及存在的问题,使项目处于可控的状态。

沟通的形式包括:监理例会、专项技术论证会、设计交底会、安全例会、质量例会等。

5) 与承包商的沟通

承包商是项目实现的最终实施者,通过与承包商的有效沟通,可以充分调动承包商的工作自主性和积极性,使项目处于受控状态,最终达到互利双赢的目的。与承包商的沟通应达到如下目的:

① 向承包商明确项目的技术、质量、安全、进度、文明施工等各项目标及现场管理的要求。

② 明确监理公司在项目中的管理地位,明确各项沟通管理机制。

③ 及时通报项目进展及存在的问题,使项目处于可控的状态。

④ 充分了解参建单位碰到的困难,本着合作、共赢的态度协商解决。对图纸、合同付款等应该由业主解决的问题及时发现、及时解决,确保项目目标的实现。

⑤ 与分包单位有关进度、质量的沟通,一般应通过总包进行。

项目部的生产经理负责承包商的主要沟通管理工作。

6) 与公司内部的沟通

在信息化的时代,由于外部环境的日新月异,导致公司内部的组织结构越来越复杂,企业员工、职能部门的利益呈现出多元化的特征。

良好的项目绩效来源于组织内部的有效沟通,沟通对于缩短办事流程、加快信息沟通、增强组织凝聚力有着举足轻重的作用。组织内部的沟通应达到如下目的:

① 及时获得项目的信息,掌握项目进展状态。

② 明确各个职能部门的职责,落实事项的进度,及时发现问题。

③ 充分了解职能部门碰到的困难,本着合作、共赢的态度协商解决并获得支持。

④ 协助职能部门的工作,提高工作效率。

项目经理负责公司内部的主要沟通管理工作。公司的管理制度、工作流程、审批程序、部门职责分工表等,是开展内部沟通管理的原则和依据。

7) 与公司高层的沟通

项目进展过程中,项目资源的获取、重大问题的协调、重要事项的决策等等,如果离开了公司高层的支持,项目的成功是没有可能的。因此,与公司高层的有效沟通,是项目成败的决定性因素。为了确保项目总体目标的实现,与公司高层的沟通应达到如下目的:

① 及时获得项目的高层信息,明确项目的目标。

② 向高层说明项目的进展状态、关键节点、存在的问题及解决方案,获得高层

的决策支持,提高工作效率。

③ 获得高层的资源支持,包括人员配置、资金、办公设备、奖励等。

④ 汇报有关外部关系协调工作的进展,必要时请领导给予协助。

项目部由项目经理负责公司高层的沟通管理工作。与公司高层的沟通可采用项目启动会、专项汇报、月度项目例会等形式。

8) 项目团队内部的沟通

为了提升团队的凝聚力,确保整个团队共同分担责任以达成所有的项目目标,在项目团队内部必须建立顺畅的沟通机制,定期召开的项目例会是比较有效的方法。沟通中应始终保持共同参与的管理风格,并以项目计划、个人计划为沟通的基础。

对项目团队成员的沟通要求包括:

① 责任。每一个项目成员都需要非常确切地知道他负责的是项目的哪一部分,与其他部分有哪些关联。项目经理在明确分工任务时,要明确以下事项:

a. 工作成果的要求。一定要确保团队成员明确地知道他们应达成的工作成果,包括所有评判的标准。

b. 明确工作期限以及与其他任务的关联。每一项工作应该有明确的开始时间和完成时间,对于预期不能完成的任务,应提前与项目经理进行沟通。个人工作与整个项目的配合关系,可以借助计划网络图解释它们之间的逻辑关系、工序关系。

c. 尽可能告知他们可能遇到的困难和所需要的有关信息,为项目的成功做好准备。

② 协作。参与项目的团队成员可能来自不同的职能部门,有着不同的知识背景、项目经验和专业技能。在项目进展过程中,项目团队的每一个成员应相互依赖、相互协作、相互影响,通过实施过程中的沟通使相关各方有效地协调工作,确保项目目标的顺利实现。

③ 决策要求。应确保项目成员了解公司管理者所做出的与项目实施及其业务环境相关的所有决策,从而使项目的具体工作与相关决策保持高度的一致性。

④ 项目进展情况。要通过沟通使项目成员了解项目进展情况并跟上项目的进展。同时,项目经理应抽出时间与团队中的每一位成员保持沟通,了解他们的个人工作进展情况,以及他们所面临的问题,这样就可以促使他们更有成效地工作。

第13章 项目干系人的沟通管理

13.3 沟通的方法

13.3.1 面对面的沟通

项目是由人完成的,而不是由计划和软件完成的。团队成员和项目干系人需要信息来了解做什么和何时做,或者项目将如何影响他们,而项目经理是所有这些信息的交换中心。

1) 有效的倾听

倾听是双向沟通的基础,对项目经理和他们的团队来说是必不可少的。人们在实现项目目标的过程中,必须互相倾听才能计划工作、报告状态、解决问题和实现合作。不善于倾听的后果是极为糟糕的,至少意味着因为失误和返工而造成项目成本增加,此外,不能有效倾听也会破坏工作关系。有效倾听的技巧包括:

① 关注发言者。把你全部的注意力放在他身上,如有可能,排除外部干扰并保持头脑清醒。当你表现出专注及感兴趣时,对方也会变得更有兴趣且更活跃。

② 换位倾听。设想你就是发言者,设身处地体会他的观点。

③ 对发言者做出反应。在发言者说话过程中,做出适当的反应(点头、微笑等),这可以显示出你正在倾听。

④ 先听完,再开始说。要有耐心,不要打断对方,如果你总是想着该说些什么作为回应时,将很难真正倾听。

⑤ 询问问题,澄清本意。用你自己的语言重复发言者所说的,以使对方知道你正在认真对他的发言作出响应。

⑥ 避免预先判断。在你从对方的观点中听到所有的细节之前,尽量不要预判问题。

⑦ 记笔记。采用不会分散和你谈话人注意力的方式记笔记。如果你记笔记,别人会觉得你对待事情严肃认真。笔记还可以在下一次碰头的时候作为参考。

⑧ 总结要点。在讨论结束时总结要点,并询问对方是否同意。另一个有用的方法是请对方对讨论的内容进行总结。

2) 信息联系

尽管倾听是必不可少的,但项目经理经常充当信息联系者的角色,即主要扮演信息监听者、传播者和发言人的角色。

① 监听者。项目经理通过询问干系人和下属,通过各种内部事务、外部事情和分析报告等主动收集信息。

② 转播者。项目经理必须分享并分配信息,要把外部信息传递到企业内部,

把内部信息传递给有关的干系人。当下属彼此之间缺乏便利联系时,有时要分别向他们传递信息。

③ 发言人。这个角色是面向组织外部的。项目经理作为项目团队的负责人,其职责之一就是对外传递关于本项目的计划、进展、决策和成果信息,使得那些对项目有重大影响的干系人能够了解项目状况。有效完成这些工作需要项目经理仔细考虑沟通的目标、评估沟通对象的类型、选择恰当的沟通方式(书面或口头,单独或全体,电话或邮件),然后进行实际沟通。

3)明晰的沟通

管理者必须具备的一个重要技能是,清晰和准确地向他人传达自己的观点。如果你不能清晰地表达你的观点,人们就不愿意听你说话、被你影响并最终尊重你的意见。

我们生活在一个信息时代,充斥着电子邮件、手机短信、电视和网络。当信息被重复、被强调并被令人信服的证据支持时,人们才更容易理解和记住。

当进行面对面的沟通时,以下的步骤将有助于传达更有说服力和自信的信息。

① 你要达到的目的。在开始和别人交谈之前,你必须清楚你要说什么,不管是说服别人还是传达信息,必须整理思路并有一个具体的目的。

② 做好谈话的准备。如果要使谈话更有效和更有说服力,应该尽可能地了解对方。在阐述观点的时候,需要考虑的关键问题是:

- 他们是否清楚谈话的议题?
- 对他们来说,哪些问题是重要的,哪些是不重要的?
- 他们的目的是什么?
- 我所说的内容哪些是对他们具有价值的?

③ 简单。一旦你知道你想说什么,则用简单的方式进行沟通。在传达信息时"少即是多",一般来说,每个人都有有限的注意力,保持信息的简单,会有更好的机会留下一个持久的印象。

13.3.2 会议

项目进程中的各类会议是沟通管理的重要内容,项目部应高度重视会议的组织、准备、召开、落实等工作。确保项目各类信息的上传下达以及具体实现。

会议是项目沟通的最主要方式,也是最花费时间的工作,因此,必须对各类会议进行提前规划并建立高效的会议流程,减少低效、无结果的会议。通过会议的规划,界定各类会议的基本要素,提前准备各类文件、资料,并明确会后的落实机制,从源头上提高会议的效率、效果。

会议的核心是高效地解决问题或沟通信息,会议的主持者起着至关重要的作用。他负有三项主要责任:确定会议基调、控制会议进程、控制会议时间。

1) 确定会议基调

在会议开始时,主持者就应首先明确会议的议题以及要达到的目的。

2) 控制会议进程

会议主持者应按照会议的议程内容进行。如果会议内容偏离了议题,主持者要及时进行纠正;对于复杂的问题需要进一步讨论的内容,可以放到下一次会议讨论。

3) 控制会议时间

当有人过多地占用发言时间时,主持者应及时给予提醒,以确保在会议计划时间内完成会议议程。

13.3.3 报告

由于管理层级的要求,在项目进展过程中往往需要以报告的形式请求上级领导对事项进行决策、决议。

项目的报告一般包括如下几个方面的内容:

1) 项目状态

描述项目目前所处的状态,包括质量、进度、资源配置、内外部环境等。

2) 进度情况

描述项目已完成的工作内容,描述与进度目标的偏差以及产生偏差的原因。

3) 质量状况

包括建造质量和管理质量的状况。

4) 项目的预测

根据当前状态对未来的预测不仅是报告的一个重要内容,也是项目管理的核心工作。项目预测包括完成时间、建造成本、质量达标、安全管理、功能实现等,它也为当前是否需要采取措施提供决策的依据。

5) 项目风险

项目经理可能需要上级领导对一些事项进行决策或协助解决,否则,很可能会影响项目的成功。

6) 报告的结论

报告的语言应简洁、明了,结论清晰、明确,未决事项应提供可供选择的解决方案,以加快报告的批准时间。

13.3.4 商业信函

目前最常见的商业沟通方式是商业信函,包括信件、备忘录和电子邮件。

商业信函的起草注意以下几点：
1) 简洁明了，避免长篇大段的叙述，若涉及大量信息的话可以用附件的形式，如进度计划、产品说明书、技术报告等。
2) 写信时应注意使用第一人称，风格应是谈话式的、友好的。
3) 在文章的开头就表明观点。

13.3.5 谈判

有时，为了获得资源、信息、应付不确定情况或解决冲突，需要以谈判的方式与干系人进行沟通，以达成可行的解决方案，并使双方满意。

谈判的目的包括：
1) 获得对方支持，并提供支持项目的资源；
2) 确保供应商的材料、设备和服务及时供给；
3) 缩短上级管理层的决策时间；
4) 解决冲突；
5) 达成共识。

谈判应在一种和谐积极的氛围下进行，并注意如下原则：
1) 问题导向
找到使双方都能达到目标的方式，并着眼于培养一种积极的合作关系。
2) 平等性
将对方视为合作伙伴，并给予公平的对待。
3) 理解性
给予对方真诚的关注和理解，并了解真实情况，以达成一个尽可能合理的决策。

13.4 沟通中的冲突

冲突是不相容的人、观念和利益相关者之间的一种不和谐状态，沟通中的冲突在所难免，它使项目经理陷入一种不确定的境地，以至于不得不采取一定的方法进行解决。

根据冲突的具体情况、冲突的种类以及冲突的对象，以下的方法被证实是有效的。

1) 协作
冲突的双方可以面对面地协商，通过合作解决争端，双方的目的在于解决问题，而不是为了争斗。这一方法采用的是协作与协同，因为各方的目的都是要使项

目获得成功。这一方法适用于下列情形:
① 冲突双方都可以通过协作得到各自所需要的,甚至能得到更多;
② 为了降低成本;
③ 为了加快进度;
④ 为了建立长远的利益合作基础;
⑤ 碰到复杂的技术问题时;
⑥ 双方有互相信任的基础或对方的能力值得信任。

2) 妥协

妥协是为了寻求一种解决方案,使得各方都能够得到一定程度的满足。妥协常常是正视现实的结果。这一方法适用于:
① 冲突双方的目的都能得到一定的满足,并且可以使项目继续进行时;
② 当你无法取胜的时候;
③ 当你与对方的力量相当时;
④ 问题的解决不允许拖延时;
⑤ 为了更长远的利益合作;
⑥ 利害关系并不重要时。

3) 和解

和解是通过沟通强调意见一致的方面,淡化意见不同的方面,即求同存异。这一方法适用于:
① 为了实现项目的整体目标;
② 为了更长远的利益合作先做出让步;
③ 利害关系并不重要时;
④ 为了赢得宝贵的时间。

4) 强制

强制是把自己的意愿强加于对方,这一方法适用于:
① 确信自己是正确的;
② 利害关系很明显的时候;
③ 基本的原则受到威胁时;
④ 当关系并不重要或对方的支持对执行解决方案并非必需时;
⑤ 项目的进展要求必须尽快进行决策时。

第 14 章 项目收尾管理

项目收尾管理工作包括工程收尾(机电调试、竣工修复)、竣工验收、工程结算、项目移交等一系列的工作,具体内容可以概括为客户维度、管理维度、人力资源维度和组织维度四个主要方面,如表 14-1 所示。

表 14-1 项目收尾工作的内容

序号	内 容
1	客户维度
1.1	获得最终客户认可
1.2	顺利完成项目的移交
1.3	评估客户的满意度
2	管理维度
2.1	工程收尾,包括机电的调试、竣工修复、竣工验收、工程资料整理等
2.2	工程结算、财务决算
3	人力资源维度
3.1	对团队成员的绩效进行评估,奖励或认可项目贡献者
3.2	支持团队成员转移到下一个项目或部门
4	组织维度
4.1	经验总结
4.2	项目结果评估报告
4.3	团队庆祝

项目收尾工作是项目最终交付前解决未完成事项的最后机会,一个在计划、组织和实施上都表现良好的项目收尾可以增强客户对项目可交付成果的满意度和信心。

收尾活动不能等到项目结束才进行,项目的每个阶段都要进行适当的收尾,保证重要的、有价值的信息不流失,在项目启动和计划阶段,团队应该就项目收尾制订出正式的计划。收尾的相关工作还应在工作分解结构中体现,包括任务、责任人、时间要求等,收尾阶段需要的相关资源、费用也应在项目进度计划中列出。

14.1 工程收尾

项目的工程收尾工作一般包括机电调试、工程修复等内容。

14.1.1 机电调试

调试是检验建筑工程的设计质量、采购质量、安装质量的重要工序,是检验产品功能质量的重要方法。需要进行调试的系统包括:高低压供配电系统、通风空调系统、太阳能热水系统、给排水系统、消防火灾自动报警系统、消防联动系统、门禁系统、电梯系统、保安监控系统、广播系统、手机信号覆盖系统、网络综合布线系统、停车管理系统、楼宇控制系统、信息发布系统、会议系统、遮阳百叶系统等。

1)工作的组织

在项目后期,业主方应组织设计、监理、总包、专业分包、设备供应商、咨询公司等单位参加,成立"机电调试工作小组"。总包单位负责牵头组织,监理公司负责落实调试的现场进度、问题论证、问题解决、验收等相关工作。

2)调试方案

在正式调试开始前,各有关单位应根据合同范围和专业分工的要求,分别编制相应的"专项调试方案",方案经监理工程师审核同意后实施。"专项调试方案"的内容一般包括:

① 系统概况;

② 工程现状;

③ 调试计划;

④ 常见问题及解决方案;

⑤ 调试记录:《调试记录单目录》《调试记录单》(有各方签字)、过程照片;

⑥ 调试工作小组:组长、副组长、技术人员、作业人员等的通信方式。

随着技术进步和建造标准的提高,公共建筑的机电系统日趋复杂。因此,应对整个项目的机电系统分类、分专业开展调试工作,而专项调试方案的编制则是开始工作的第一步。一般项目的机电调试方案内容如表 14-2 所示。

业主方的项目管理

表 14-2　机电调试方案汇总表

项目名称：

序号	系统分类	机电方案名称	编制人	完成时间
1	暖通空调系统	《通风空调系统调试方案》		
2		《热力站系统调试方案》		
3		《制冷机房系统调试方案》		
4	强电系统	《高低压配电系统调试方案》		
5		《柴油发电机系统调试方案》		
6		《照明系统调试方案》		
7		《电梯系统调试方案》		
8		《夜景照明系统调试方案》		
9	弱电系统	《消防火灾自动报警系统调试方案》		
10		《门禁系统调试方案》		
11		《消防联动系统调试方案》		
12		《保安监控系统调试方案》		
13		《广播系统调试方案》		
14		《网络综合布线系统调试方案》		
15		《手机信号覆盖系统调试方案》		
16		《停车管理系统调试方案》		
17		《楼宇控制系统调试方案》		
18		《信息发布系统调试方案》		
19		《会议系统调试方案》		
20		《卫星及有线电视系统调试方案》		
21		《数据机房系统调试方案》		
22	给排水系统	《给排水系统调试方案》		
23		《太阳能热水系统调试方案》		
24		《消火栓系统调试方案》		
25		《消防喷淋系统调试方案》		

续表 14-2

序号	系统分类	机电方案名称	编制人	完成时间
26	其他	《幕墙百叶遮阳系统调试方案》		
27		《幕墙电动窗开启系统调试方案》		
28		《自动门系统调试方案》		
29		《总钥匙系统调试方案》		

特别提示：现场应确保配电室、中控室、机房的土建进度，机电施工的同时即应具备中控室安装设备的条件，做到随时安装、随时调试，为项目的顺利调试、验收及交付创造条件。

14.1.2 竣工修复

竣工修复是针对过程中问题整改的总结，是项目竣工验收前的重要工作内容。

过程中的各类检查、验收、检验均应留下文字记录、照片，检查的单位包括设计、监理、业主项目部及公司职能部门等。监理单位负责对过程中的问题进行收集、汇总、整理、分类，并编制《项目遗留问题汇总清单》，清单应定期发送各有关单位实施并监督其实施结果。

14.2 竣工验收

14.2.1 竣工验收的条件和标准

建设项目竣工验收是项目从建设阶段转入投产使用阶段的必经程序，是对建设工程整体的设计质量、建造质量的全面检验。

1) 竣工验收的条件

根据国家现行的有关规定，建设项目竣工验收一般应具备以下基本条件：

① 设计文件和合同约定的各项施工内容已经施工完毕。具体来说，建筑工程完工后，承包人按照施工及验收规范和质量验收标准进行自检，不合格品已自行返修或整改，达到验收标准。水、电、暖、设备、智能化、电梯经过试验，符合使用要求。

② 有完整并经核定的工程竣工资料，符合验收规定。

③ 有勘察、设计、施工、监理等单位分别签署的质量合格文件。

④ 有工程使用的主要建筑材料、构配件、设备进场的证明及试验报告。主要包括：现场使用的主要材料（水泥、钢材、砖、砂等）的材质合格证，符合国家标准、规

范要求的抽样试验报告;混凝土预制构件、钢构件、木构件等的出厂合格证;混凝土、砂浆等的施工试验报告;设备进场开箱检验的检查验收记录和出厂质量合格证明。

⑤ 有施工单位签署的工程质量保修书。

⑥ 建筑物四周规定距离以内的工地达到工完、料净、场清。

2) 竣工验收的标准

① 达到合同约定的工程质量标准。合同约定的质量标准具有强制性,合同的约束作用规范了承包方双方的质量责任和义务,承包人必须确保工程质量达到双方约定的标准,不合格不得交付验收和使用。

② 符合单位工程质量竣工验收的合格标准。我国国家标准《建筑工程施工质量验收统一标准》对单位(子单位)工程质量验收合格规定如下:单位(子单位)工程所含分部(子分部)工程的质量均应验收合格;质量控制资料应完整;单位(子单位)工程所含分部工程有关安全和功能的检测资料应完整;主要功能项目的抽查结果应符合相关专业质量验收规范的规定;观感质量验收应符合要求。

③ 单项工程达到使用条件或满足生产要求。

④ 建设项目能满足建成投入使用或生产的各项要求。

14.2.2 竣工验收前的相关验收

项目竣工验收前,应根据相关政府部门的要求完成相关的专项验收、检测等工作,一般包括消防验收、环保验收、节能验收、规划验收等,如表14-3所示。

表14-3 专项验收工作清单(北京地区)

项目名称:

序号	验收项目	报审部门	取得文件	责任人
1	电梯验收	北京市特种设备检测中心	电梯验收检测报告	电梯公司
2	消防检测(消检、电检)	有资质的消防检测机构	相关检测报告	消防公司
3	消防验收	北京市消防局	建设工程消防验收意见书	消防公司
4	水箱验收、水质检测	北京市卫生防疫站	水质检测报告	总包
5	环保检测	有资质的环保检测机构	室内环境质量检测报告	总包
6	节能验收	有资质的节能检测机构	节能检测报告	总包
7	档案预验收	北京市城建档案馆	建设工程档案预验收意见书	总包

续表 14-3

序号	验收项目	报审部门	取得文件	责任人
8	规划竣工测量	有资质的测量机构	竣工测量检验报告	总包
9	规划验收	北京市规划委员会	建设工程规划核验意见	业主
10	分户验收（住宅）	建设、监理、施工单位	分户质量验收记录表	业主
11	四方验收	建设、监理、设计、施工	单位工程质量竣工验收记录	业主

14.2.3 竣工验收的程序

竣工验收分为验收准备、预验收、正式验收三个步骤。

1）验收准备

为了确保项目竣工验收工作的顺利进行，项目业主应充分做好如下主要准备工作：

① 明确验收时间，抓紧工程收尾。根据项目总体计划的安排，提前向各参建单位明确竣工验收的最后时间，督促总包单位及各分包单位列出未完工程的详细列项清单及完成时间。由于收尾工程具有零星、分散、局部工作量小、分布面广、施工功效低等特点，很容易拖延工期，因此，必须提前安排、合理组织，务求早日完成。

② 严格控制质量。项目的竣工验收主要是对项目完成质量的验收，因此，业主方、监理单位必须针对工程质量进行复查、记录，并对不合格项目要求相关责任单位限时修复。

③ 合同范围确认。对照施工图纸、合同文件对完工项目进行逐项检查，确保承包商按照约定的内容完成项目的全部工作内容。

④ 档案资料整理。项目资料管理人员应按照规范和政府部门的要求，对项目所有档案资料分类编目、装订成册。档案资料一般包括以下主要内容：建设项目所有申报及批复文件；建设项目开工报告、竣工报告；竣工工程项目一览表（含工程名称、位置、面积、概算、装修标准、功能、开竣工日期）；设备清单（含设备名称、规格、数量、产地、主要性能、单价、备品备件名称与数量等）；建设项目土建施工记录，隐蔽工程验收记录及施工日志；建筑物的原形测试记录（含沉降、变形、防震、防爆、绝缘、密闭、隔热等）；设计交底记录、设计图纸会审记录、设计变更通知书、技术变更核实单等；工程质量事故调查、处理记录；工程质量检验评定资料；工程监理工作总结；调试、试运行原始记录及总结资料；环境、安全卫生、消防安全考核记录；全部建设项目的竣工图；各专业验收组的验收报告及验收记录等。

⑤ 编写竣工验收报告。事先准备好竣工验收报告及附件、验收证书，以便在

正式验收时提交验收委员会或验收小组审查。

2) 预验收

对于工程项目规模比较大、技术复杂程度高的项目,为保证项目顺利通过正式验收,在验收准备工作基本就绪后,项目业主应会同设计、监理、总承包及分包单位组成预验收小组,对工程项目进行预验收。预验收的主要工作内容包括:

① 检查、核实竣工项目所有档案资料的完整性、准确性是否符合档案要求;

② 检查项目建设标准,评定质量,对隐患和遗留问题提出处理意见;

③ 检查机电设备的调试、试车情况;

④ 督促施工单位对质量缺陷进行修复,对未完项目进行完工;

⑤ 编写竣工预验收报告。

3) 正式验收

预验收合格后,由业主单位向政府行政主管部门提出正式验收申请报告。正式验收的主要工作有:

① 提出正式验收申请报告。项目业主在确认具备验收条件、完成验收准备或通过预验收后,提出正式验收申请。

② 召开竣工验收会议。会议由业主代表主持,以大会和分组形式履行以下主要职责和任务:

a. 听取项目建设工作汇报。包括项目业主关于项目建设的全面工作汇报和有关设计、施工及监理单位的工作总结报告。

b. 审议竣工验收报告。含验收申请报告、预验收报告及其发现的问题处理情况。

c. 审查工程档案资料。如建设项目可行性研究报告、设计文件、有关重要会议纪要和各种批文、主要合同、协议;单项工程验收、各项专业验收以及竣工图资料等各项主要技术资料和项目文件。

d. 查验工程质量。实地查验建筑工程和设备安装工程,对主要工程部位的施工质量和主要生产设备的安装质量进行复验和鉴定,对工程设计的合理性、可靠性、先进性、适用性进行评审鉴定。

e. 核定遗留收尾工程。对遗留工程与问题提出具体处理意见,限期落实完成。

f. 核实移交工程清单。包括各类建、构筑物,主要设备等。

g. 作出全面评价结论。对工程设计、施工和设备质量、环境保护、安全卫生、消防等方面,作出客观、真实的评价,对整个工程作出全面验收鉴定,对项目投入运行作出可靠性结论。

h. 通过竣工验收会议纪要。讨论通过竣工验收报告,提出使用建议,签署验收会议纪要和竣工验收鉴定证书。

全面竣工验收结束后,项目业主应将项目及其相关档案资料移交给项目使用单位,办理项目移交手续。并向当地建设主管部门和城建档案管理部门办理备案手续。

14.3 工程结算

14.3.1 工程结算基本规定

工程结算是指承包人按照合同约定的内容完成全部工作,经发包人或有关机构验收合格后,发承包双方依据约定的合同价款的确定和调整以及索赔规定,最终计算和确定竣工项目工程价款的工作。

竣工结算与支付工作的开展应依据《中华人民共和国合同法》和《中华人民共和国建筑法》确立的原则以及《建筑工程施工发包与承包计价管理办法》(建设部令第107号)和财政部、建设部印发的《建筑工程价款结算暂行办法》(财建〔2004〕369号)的有关规定执行。工程竣工结算应由承包人或受其委托具有相应资质的工程造价咨询人编制,并应由发包人或受其委托具有相应资质的工程造价咨询人审核。

工程结算工作的开展应遵循以下基本规定:

1) 工程造价专业人员在进行结算编制和结算审查时,必须严格执行国家相关法律、法规和有关制度,拒绝任何一方违反法律、法规、社会公德,影响社会经济秩序和损害公共或他人利益的要求。

2) 工程造价专业人员在进行工程结算编制和工程结算审查时,应遵循发承包双方的合同约定,维护合同双方的合法权益。

3) 工程结算应严格按工程结算编制程序进行编制,做到程序化、规范化,结算资料必须完整。

4) 成本管理部是工程计价工作的主要职能部门,对计价结果负主要责任,设计部、项目部、财务部参与配合并负相应责任。成本管理部负责人原则上可作为计价工作结果的最终审批人,对计价结果负责。

5) 签证的结算,提倡一月一结或随结随清,即上月完成工作量确认及验收的签证,符合结算要求的,尽可能本月完成结算工作。

6) 项目部是工程资料的管理部门,应有专人负责对全部工程资料进行分类、装订、存档、保管,建立合同支付台账、奖励与违约金台账、变更洽商统计表等专门台账,以便日常查阅与计价,为竣工结算做好准备。

14.3.2 工程结算的编制

14.3.2.1 编制程序

工程结算编制应按准备、编制、定稿三个工作阶段进行,并应实行编制人、审核人、审定人分别署名盖章确认的编审签署制度。

1) 工程结算编制准备阶段主要工作

① 收集与工程结算相关的编制依据;

② 熟悉招标文件、投标文件、施工合同、施工图纸等相关资料;

③ 掌握工程项目发承包方式、现场施工条件、应采用的工程评价标准、定额、费用标准、材料价格变化等情况;

④ 对工程结算编制依据进行分类、归纳、整理;

⑤ 召集工程结算人员对工程结算涉及的内容进行核对、补充和完善。

2) 工程结算编制阶段主要工作

① 根据工程施工图或竣工图以及施工组织设计进行现场踏勘,并做好书面或摄影记录;

② 按招标文件、施工合同约定方式和相应的工程量计算规则计算分部分项工程项目、措施项目或其他项目的工程量;

③ 按招标文件、施工合同规定的计价原则和计价办法对分部分项工程项目、措施项目或其他项目进行计价;

④ 对于工程量清单或定额缺项以及采用新材料、新设备、新工艺,应根据施工过程的合理消耗和市场价格,编制综合单价或单价估价分析表;

⑤ 工程索赔应按合同约定的索赔处理原则、程序和计算方法,提出索赔费用;

⑥ 汇总计算工程费用,包括编制分部分项工程费、措施项目费、其他项目费、规费和税金,初步确定工程结算价格;

⑦ 编写编制说明;

⑧ 计算和分析主要技术经济指标;

⑨ 工程结算编制人编制工程结算的初步成果文件。

3) 工程结算定稿阶段主要工作

① 工程结算审核人对初步成果文件进行审核;

② 工程结算审定人对审核后的初步成果进行审定;

③ 工程结算编制人、审核人、审定人分别在工程结算成果文件上署名,并应签署造价工程师或造价员执业或从业印章。

4) 工程结算工作的职责分工

① 工程结算编制人员按其专业分别承担其工作范围内的工程结算相关编制

依据收集、整理工作,编制相应的初步成果文件,并对其编制的成果文件质量负责;

② 工程结算审核人员应由专业负责人或技术负责人担任,对其专业范围内的内容进行审核,并对其审核专业的工程结算成果文件的质量负责;

③ 工程审定人员应由专业负责人或技术负责人担任,对其工程结算的全部内容进行审定,并对工程结算成果文件的质量负责。

14.3.2.2 编制依据

工程结算编制依据是指编制工程结算时需要工程计量、价格确定、工程计价有关参数、费率确定等的基础资料。工程结算的编制依据主要有以下几个方面:

1) 建设期内影响合同价格的法律、法规和规范性文件;
2)《2013建设工程计价计量规范辅导》;
3) 施工合同、专业分包合同及补充合同,有关资料、设备采购合同;
4) 与工程结算编制相关的国务院建设行政主管部门以及各省、自治区、直辖市和有关部门发布的建设工程造价计价标准、计价方法、计价定额、价格信息、相关规定等计价依据;
5) 招标文件、投标文件;
6) 工程施工图或竣工图、经批准的施工组织设计、设计变更、工程洽商、索赔与现场签证,以及相关的会议纪要;
7) 工程材料及设备中标价、认价单;
8) 发承包双方实施过程中已确认的工程量及其结算的合同价款;
9) 发承包双方实施过程中已确认调整后追加(减)的合同价款;
10) 经批准的开、竣工报告或停、复工报告;
11) 影响工程造价的其他相关资料。

14.3.2.3 编制成果

1) 成果文件

工程结算编制成果文件应包括以下内容:

① 工程结算书封面;
② 签署页;
③ 目录;
④ 编制说明;
⑤ 相关表式;
⑥ 必要的附件。

2) 相关表格

采用工程清单计价的工程结算文件的相关表式应包括以下内容:

① 工程结算汇总表;

② 单项工程结算汇总表；
③ 单位工程结算汇总表；
④ 分部分项工程量清单与计价表；
⑤ 措施项目清单与计价表；
⑥ 其他项目清单与计价汇总表；
⑦ 规费、税金项目清单与计价表；
⑧ 必要的其他表格。

承包人应在合同约定时间内编制完成竣工结算书，并在提交竣工验收报告的同时递交给发包人。承包人未在合同约定时间内递交竣工结算书，经发包人催促后仍未提供或没有明确答复的，发包人可以根据已有资料办理结算。

14.3.3 工程结算的审查

发包人应在收到承包人提交的竣工结算文件后的 28 天内核对。发包人经核实，认为承包人还应进一步补充资料和修改结算文件，应在上述时限内向承包人提出核实意见，承包人在收到核实意见后的 28 天内应按照发包人提出的合理要求补充资料，修改竣工结算文件，并应再次提交给发包人复核后批准。

14.3.3.1 审查程序

工程结算审查应按准备、审查和审定三个工作阶段进行。

1) 工程结算审查准备阶段

① 审查工程结算顺序的完备性、资料内容的完整性，对不符合要求的应退回，限时补正；

② 审查计价依据及资料与工程结算的相关性、有效性；

③ 熟悉施工合同、招标文件、投标文件、主要材料设备采购合同及相关文件；

④ 熟悉竣工图纸或施工图纸、施工组织设计、工程概况，以及设计变更、工程洽商和工程索赔情况等；

⑤ 掌握工程量清单计价规范、工程预算定额等与工程相关的国家和当地建设行政主管部门发布的工程计价依据及相关规定。

2) 工程结算审查阶段

① 审查工程结算的项目范围、内容与合同约定的项目范围、内容的一致性；

② 审查分部分项工程项目、措施项目或其他项目工程量计算的准确性、工程量计算规则与计价规范保持一致性；

③ 审查分部分项综合单价、措施项目或其他项目时应严格执行合同约定或现行的计价原则、方法；

④ 对于工程量清单或定额缺项以及新材料、新工艺，应根据施工过程中的合

理消耗和市场价格,审核结算综合单价或单位估价分析表;

⑤ 审查变更签证凭证的真实性、有效性,核准变更工程费用;

⑥ 审查索赔是否依据合同约定的索赔处理原则、程序和计算方法以及索赔费用的真实性、合法性、准确性;

⑦ 审查分部分项工程费、措施项目费、其他项目费或定额直接费、措施费、规费、企业管理费、利润和税金等结算价格时,应严格执行合同约定或相关费用计取标准及有关规定,并审查费用计取依据的时效性、相符性;

⑧ 提交工程结算审查初步成果文件,包括编制与工程结算相对应的工程结算审查对比表,以待校对、复核。

3) 工程结算审定阶段

① 工程结算审查初稿编制完成后,应召开由工程结算编制人、工程结算审查委托人及工程结算审查人共同参加的会议,听取意见,并进行合理的调整;

② 由工程结算审查人的部门负责人对工程结算审查的初步成果文件进行检查校对;

③ 由工程结算审查人的审定人审核批准;

④ 发承包双方代表人或其授权委托人和工程结算审查单位的法定代表人应分别在《工程结算审定签署表》上签认并加盖公章;

⑤ 对工程结算审查结论有分歧的,应在出具工程结算审查报告前至少组织两次协调会;凡不能共同签认的,审查人可适时结束审查工作,并作出必要说明;

⑥ 提交正式工程结算审查报告。

14.3.3.2 审查原则

工程价款结算审查按工程的施工内容或完成阶段分类,其形式包括竣工结算审查、分阶段结算审查、合同中止结算审查和专业分包结算审查。

审查工作的开展应依据以下原则:

1) 建设项目由多个单项工程或单位工程构成的,应按建设项目划分标准的规定,分别审查各单项工程或单位工程的竣工结算,将审定的工程结算汇总,编制相应的工程结算审查成果文件。

2) 分阶段结算审查的工程,应分别审查各阶段工程结算,将审定结算汇总,编制相应的工程结算审查成果文件。

3) 除合同另有约定外,分阶段结算的支付申请文件应审查以下内容:

① 本周期已完成工程的价款;

② 累计已完成的工程价款;

③ 累计已支付的工程价款;

④ 本周期已完成计日工金额;

⑤ 应增加和扣减的变更金额；
⑥ 应增加和扣减的索赔金额；
⑦ 应抵扣的工程预付款；
⑧ 应扣减的质量保证金；
⑨ 根据合同应增加和扣减的其他金额；
⑩ 本付款周期实际应支付的工程价款。

4）合同中止工程的结算审查，应按发包人和承包人认可的已完成工程的实际工程量和施工合同的有关规定进行审查。合同中止结算审查方法基本同竣工结算的审查方法。

5）专业分包工程的结算审查，应在相应的单位工程或单项工程结算内分别审查各专业分包工程结算，并按分包合同分别编制专业分包工程结算审查成果文件。

6）工程结算审查应区分施工发承包合同类型及工程结算的计价模式采用相应的工程结算审查方法。

7）审查采用总价合同的工程结算时，应审查与合同所约定结算编制方法的一致性，按照合同约定可以调整的内容，在合同价基础上对调整的设计变更、工程洽商以及工程索赔等合同约定可以调整的内容进行审查。

8）审查采用单价合同的工程结算时，应审查按照竣工图或施工图以内的各个分部分项工程量计算的准确性，依据合同约定的方式审查分部分项工程项目价格，并对设计变更、工程洽商、施工措施以及工程索赔等调整内容进行审查。

9）审查采用成本加酬金合同的工程结算时，应依据合同约定的方法审查各个分部分项工程以及设计变更、工程洽商、施工措施内容的工程成本，并审查酬金及有关税费的取定。

10）采用工程量清单计价的工程结算审查应包括：

① 工程项目所有分部分项工程量，以及实施工程项目采用的措施项目工程量；为完成所有工程量并按规定计算的人工费、材料费和施工机械使用费、企业管理利润，以及规费和税金取定的准确性。

② 对分部分项工程和措施项目以外的其他项目所需计算的各项费用进行审查。

③ 对设计变更和工程变更费用依据合同约定的结算方法进行审查。

④ 对索赔费用依据相关签证进行审查。

⑤ 合同约定的其他费用的审查。

11）工程结算审查应按照与合同约定的工程价款调整方式对原合同价款进行审查，并应按照分部分项工程费、措施项目费、其他项目费、规费、税金项目进行汇总。

12）采用预算定额计价的工程结算审查应包括：

① 套用定额的分部分项工程量、措施项目工程量和其他项目，以及为完成所有工程量和其他项目并按规定计算的人工费、材料费、机械使用费、规费、企业管理费、利润和税金与合同约定的编制方法的一致性，计算的准确性；

② 对设计变更和工程变更费用在合同价基础上进行审查；

③ 工程索赔费用按合同约定或签证确认的事项进行审查；

④ 合同约定的其他费用的审查。

14.3.3.3 审查方法

工程结算的审查应依据施工发承包合同约定的结算方法进行，根据施工发承包合同类型，采用不同的审查方法。以下审查方法主要适用于采用单价合同的工程量清单单价法编制竣工结算的审查。审查内容及方法包括：

1）工程结算审查时，对原招标工程量清单描述不清或项目特征发生变化，以及变更工程、新增工程中的综合单价应按下列方法确定：

① 合同中已有适用的综合单价，应按已有的综合单价确定；

② 合同中有类似的综合单价，可参照类似的综合单价确定；

③ 合同中没有适用或类似的综合单价，由承包人提供综合单价，经发包人确认后执行。

2）工程结算审查中涉及措施项目费用的调整时，措施项目费应依据合同约定的项目和金额计算，发生变更、新增的措施项目，以发承包双方合同约定的计价方式计算，其中措施项目清单中的安全文明施工费用应审查是否按照国家或省级、行业建设主管部门的规定计算。施工合同中未约定措施项目费结算方法时，按以下方法审查：

① 审查与分部分项实体消耗相关的措施项目，随该分部分项工程的实体工程量的变化，是否依据双方确定的工程量、合同约定的综合单价进行结算；

② 审查独立性的措施项目是否按合同价中相应的措施项目费用进行结算；

③ 审查与整个建设项目相关的综合取定的措施项目费用是否参照投标报价的取费基数及费率进行结算。

3）工程结算审查涉及其他项目费用的调整时，按下列方法确定：

① 审查计日工是否按发包人实际签证的数量、投标时的计日工单价，以及确认的事项进行结算；

② 审查暂估价中的材料单价是否按发承包双方最终确认价在分部分项工程费中相应综合单价进行调整，计入相应的分部分项费用；

③ 对专业工程结算价的审查应按中标价或分包人、承包人与发包人最终确认的分包工程价进行结算；

④ 审查总承包服务费是否依据合同约定的结算方式进行结算,以总价方式固定的总承包服务费不予调整,以费率形式确定的总包服务费,应按专业分包工程中标价或分包人、承包人与发包人最终确认的分包工程价为基数和总承包单位的投标费率计算总承包服务费;

⑤ 审查暂列金额是否按合同约定计算实际发生的费用,并分别列入相应的分部分项工程费、措施项目费中。

4) 招标工程量清单的漏项、设计变更、工程洽商等费用应依据施工图以及发承包双方签证资料确认的数量和合同约定的计价方式进行结算,其费用列入相应的分部分项工程费或措施项目费中。

5) 工程结算审查中涉及索赔费用的计算时,应依据发承包双方确认的索赔事项和合同约定的计价方式进行结算,其费用列入相应的分部分项工程费或措施项目费中。

6) 工程结算审查中涉及规费和税金的计算时,应按国家、省级或行业建设主管部门的规定计算并调整。

14.3.3.4 审查成果

1) 成果文件

工程结算审查成果文件应包括以下内容:

① 工程结算书封面;

② 签署页;

③ 目录;

④ 结算审查报告书;

⑤ 结算审查相关表式;

⑥ 必要的附件。

2) 相关表格

采用工程量清单计价的工程结算审查相关表格包括以下内容:

① 工程结算审定签署表;

② 工程结算审查汇总对比表;

③ 单项工程结算审查汇总对比表;

④ 单位工程结算审查汇总对比表;

⑤ 分部分项工程量清单与计价审查对比表;

⑥ 措施项目清单与计价审查对比表;

⑦ 其他项目清单与计价审查汇总对比表;

⑧ 规费、税金项目清单与计价审查对比表。

14.4 项目移交

项目移交是项目收尾的一项重要工作内容,对客户需求的清晰描述是开展收尾工作的重要依据。同时,为了确保项目的顺利移交,在项目启动初期即提请项目使用单位或其委托的物业公司做好项目接管的准备工作,包括物业人员招聘、参与方案评审、参加工程验收等。

14.4.1 移交条件

项目移交应具备以下条件:

1) 建设工程竣工验收合格,取得规划、消防、环保等主管部门出具的认可或者准许使用文件,并经建设行政主管部门备案。
2) 供水、排水、供电、供气、供热、通信、公共照明、有线电视等市政公用设施设备按规划设计要求建成,供水、供电、供气、供热已安装独立计量表具。
3) 教育、邮政、医疗卫生、文化体育、环卫、社区服务等公共服务设施已按规划设计要求建成。
4) 道路、绿地和物业服务用房等公共配套设施按规划设计要求建成,并满足使用功能要求。
5) 电梯、二次供水、高压供电、消防设施、压力容器、电子监控系统等共用设施设备取得使用合格证书。
6) 物业使用、维护和管理的相关技术资料完整齐全。
7) 法律、法规规定的其他条件。

14.4.2 移交工作的组织

项目建设后期,应成立以项目建设单位代表为牵头人的项目联合验收移交小组(可简称"联合小组"),会同项目使用单位的有关人员对项目进行全面验收,并办理移交手续。

联合小组成员应包括:建设单位、使用单位(或其委托的咨询公司、物业管理公司)、监理公司、总承包、相关分包单位、设备供应商等。

考虑一般的工程项目建设内容和其规模大小,为体现专业职能分工和对项目验收移交的有序组织,联合小组应分为土建装饰、机电设备和资料三个小组,分别对相关的工程范围、实体内容、档案资料等进行验收、接收。

14.4.3 移交的程序

建设单位移交小组成员应根据项目特点和接收单位的要求,编制项目验收移交工作计划,并交联合小组讨论,经各单位确认后按计划规定的时间开展相应的移交工作。

移交程序一般包括以下几个步骤:

1) 物业培训

物业培训是项目移交工作的一部分,总包单位及相关分包、设备供应商应会同物业人员共同编制《物业移交培训方案》,方案中包含培训时间、培训内容、培训人员、培训记录等内容。方案编制完成并经业主、监理审核后,下发各有关单位执行,监理单位安排专人负责计划的实施。

培训工作开始前,培训单位应准备好相应的图纸、说明书、培训课件等相关资料。按照计划节点,每项完成的工作均应由业主、培训方、物业方、监理方进行记录、会签。

2) 资料移交

建设单位资料管理人员负责对移交物业的项目资料进行收集、整理、汇总,向物业移交后办理接收签字手续。主要资料内容包括:

① 竣工总平面图,单体建筑、结构、设备竣工图,配套设施、地下管网工程竣工图等;

② 共用设施设备清单及其安装、使用和维护保养等技术资料;

③ 供水、供电、供气、供热、通信、有线电视等准许使用文件;

④ 物业质量保修文件和物业使用说明文件;

⑤ 承接查验所必需的其他资料。

未能全部移交前款所列资料的,建设单位应当列出未移交资料的详细清单并书面承诺补交的具体时限。

3) 静态移交

联合小组根据设计说明、图纸、材料做法表、工作委托单、变更单等资料,对工程的表面观感质量、机电系统的完整性进行检查、验收,符合并合格后,签署《项目静态移交单》。

4) 动态移交

联合小组根据设计说明、图纸、设备说明书、设备操作手册等资料,对设备的运行状况进行性能测试、验收,符合并合格后,签署《项目动态移交单》。

5) 问题清单

项目移交过程中,不可避免地会有一些遗留问题。联合小组可委派监理单位

第14章 项目收尾管理

负责对过程中需要修复、补全、替换、整改的事项进行记录、拍照,经汇总后填写《项目移交问题清单》,《项目移交问题清单》中必须列明要求责任单位限期完成的时间表,此表经联合小组中各单位代表签字确认后,作为签署《项目移交证书》的附件。

14.4.4 项目移交检查的主要内容

为提高工作效率,保证验收移交的效果,联合小组应根据专业分工的组织安排,分别开展工作。

1)档案资料组

资料检查的内容主要包括产权资料、竣工资料、设计资料和施工资料,详细内容如表14-4所示。

表14-4 项目档案资料移交清单

序号	资料名称	份数	备注
一	产权资料		
1	《国有土地使用权证》		
2	《建设用地规划许可证》		
3	《建设工程规划许可证》		
4	《建设工程开工许可证》		
5	总承包单位《营业执照》		
6	前期拆迁工作有关职能部门的批准文件		
二	竣工资料		
1	四方验收签署的《竣工验收备案表》		
2	竣工图:包括总平面图、建筑、结构、设备、人防、消防、附属工程及隐蔽管线的全套图纸		
3	经当地消防局认定合格的消防设施准用证		
4	战时人民防空设施合格证、准用证		
5	《燃气工程验收合格证》及供气协议书		
6	当地供电局的供电协议书		
7	电梯运营准用证		
8	通信设施合格证		
9	水务局的供水合同		

业主方的项目管理

续表 14-4

序号	资料名称	份数	备注
10	水、电、采暖、卫生器具、电梯、制冷设备等设备的说明书；检验合格证书；保修单据等文件		
11	供水、供暖的试压报告		
12	消、电检报告		
13	高压供电方案、供电协议		
14	"三同时"报告、环境评估报告		
15	二次饮用水许可证		
16	电梯运行检验合格证及质监局备案表		
17	压力容器检验合格证及技术监督局备案表		
18	空调水系统、新风系统平衡测试报告（初装标准条件下）		
三	设计、施工资料		
1	《地质勘察报告书》		
2	全套设计图纸		
3	图纸会审通知单		
4	设计变更通知单		
5	工程预决算报告书		
6	重要的施工会议纪要、监理例会会议纪要、专题会议纪要		
7	隐蔽工程验收记录		
8	沉降观测记录		
9	其他可能会影响将来用于维保管理的原始记录		

2) 土建、装饰组

土建、装饰组检查的工程内容主要包括主体结构工程、建筑屋面工程、装饰装修工程三个部分，详细内容参见附录 F《土建、装饰工程验收检查项目清单》。

3) 机电、设备组

机电、设备组检查的工程内容主要包括建筑给水、排水及采暖工程,建筑电气工程、装饰装修工程三个部分,详细内容参见附录 G《机电、设备工程验收检查项目清单》。

14.4.5 项目移交手续

按照上述工作流程、工作内容完成检查、检测、审核等工作后,联合小组应针对交楼工作进行总结。

项目建设方与项目使用方按照买房合同的约定,办理正式交接手续,并签署《项目移交证书》,项目进入保修程序,项目建设单位向使用单位提供《项目保修协议书》《保修人员通信表》。

承包商、供货商收到保修服务请求后,在保修协议的约定时间内,负责对问题进行检查、回复、修整、保养、更换等工作,直至解决问题。如问题范围较大(超出了单项保修协议的约定),涉及多个承包商、供应商时,则应及时联系总包单位进行协调,并在总包单位的统一协调下联合作业,直至问题解决完毕。

14.4.6 试运行保驾

试运行是对建设项目的设计、采购、施工、安装等工作质量的综合考核,是对项目质量的最终检验和试验。试运行管理的目的是要确保试运行成功,达到合同规定和设计要求。

项目完成并移交使用单位(或其委派的物业公司)后,为检验项目的功能是否满足设计要求,一般情况下需要试运行一段时间(公建项目一般为 3~6 个月)。运营保驾就是指项目在试运行期间,建设单位组织总包及相关单位对项目运行的技术指导、服务等工作。

试运行阶段的主要工作内容包括:

1) 编制《项目试运行保驾方案》

为确保试运行工作的有序进行,由总承包单位负责编制《项目试运行保驾方案》,各相关单位按照方案的内容完成各自相应工作。保驾方案应包括:项目试运行说明、保驾人员名单、备品备件清单、工具准备清单、应急预案、相关技术说明书等。

运营保驾的相关费用应在施工合同中予以明确。

2) 现场准备

承包单位负责试运行现场的各项准备工作,包括现场清理,设备、管道内外部的清理,以及电气、仪表等的调试。确认各项准备工作已经完成,并达到规定的标准。

3）资源准备

业主方负责落实相关的资源准备，包括备品备件、水、电、气、热源的供应。承包方要检查其质量和供应情况，以确认符合设计文件和试运行进度的要求。

4）安全保障

试运行范围内的安全设施（如禁区的设置、系统之间的隔离、防火设施以及应急预案等）由业主单位组织策划，承包方负责检查、指导、落实。

5）试运行记录

所有试运行项目均需填写试运行质量记录，并需监理单位、总承包单位、业主方代表、物业人员签字确认。试运行记录的格式、内容和份数按国家现行规定执行。

第 15 章　项目后评价

随着社会的进步和发展,项目的投资建设具有如下几个突出的特点:
1) 规模大、结构复杂、科技含量高、智能化技术应用多。
2) 建设(施工)过程的重要性与难度相对降低,而项目的投资管理、经营管理、资产管理的重要性与难度相对提高。
3) 建设项目与环境的协调和可持续发展的要求越来越高。
4) 项目从定位、可行性研究、设计、建造直至运营的全过程(全寿命周期)管理越来越重要。

建设项目后评价工作即是针对上述特点,对项目各个阶段的工作进行总结、评价,与项目决策时确定的目标以及技术、经济、环境、社会指标进行对比,找出差别和变化,分析原因,总结经验,吸取教训,提出对策建议,并通过信息反馈,改善新一轮投资管理和决策,达到提高投资效益的目的。

行业经验表明,个人、团队和组织学会更好更快地完成重复性任务与积累的经验相关。另外,个人和团队还通过专门组织的活动进行学习,如业务培训、专项讲座、专家咨询等。当个体知识丰富之后,其所属组织的知识亦同时得以丰富。然而,为了使这些知识能对企业的整体绩效产生影响,人们必须根据所总结的经验发现更好的工作方式,并改进原有的行为方式。

应用到项目工作,随着个人和组织参与更多的项目,将积累更多有用信息使项目运作更为有效。这些知识一部分取决于累积的项目经验,一部分取决于专门的学习活动。如果一个组织善于获取并应用这些积累的知识,项目绩效将不断改进,如图 15-1 所示。

图 15-1　经验积累的效果

15.1 项目后评价的工作原则

项目后评价的成果必须真实可信,否则,就失去了后评价工作的意义和要达到的目的。在具体的后评价工作中,应遵循以下基本原则:

1) 客观性原则

后评价工作要实事求是,保持客观性。评价人员要广泛听取各方面的反映和不同意见;认真查看现场,全面了解项目的历史和现状;广泛收集和深入研究项目建设的相关数据和资料,并进行客观分析。

2) 可靠性原则

项目后评价的方法和手段要正确、可靠、科学。后评价中前后对比的口径要一致,采用的数据准确真实、具有可比性;设置的评价指标体系要合理、全面。另外,工程项目的各种数据资料等信息的真实性和项目管理人员对后评价工作的良好配合也是保证工作质量的必要条件。

3) 公正性原则

项目后评价结论要合理、公正。既要指出存在的问题,也要客观分析问题产生的原因,既要总结成功的经验,也要认真总结失败的教训与原因。

15.2 项目后评价的工作内容

后评价工作是站在项目整体运营的角度,在项目收尾阶段对项目的总体评价,这不仅仅是项目管理不断优化、进步的需要,更是一个企业对自身的经验沉淀和知识积累,为今后的发展提供借鉴和指导。

后评价的工作内容主要包括成立后评价小组、收集资料、确定评价内容、后评价报告编制等。

15.2.1 组建后评价小组

后评价的目的是对项目实施的全过程进行回顾、分析,从而总结项目开发的经验、教训,为公司未来的工作提供有益的借鉴。

基于此,后评价小组应由公司领导、职能部门人员、项目部人员等组成。后评价小组的组建可参照图15-2。

第15章 项目后评价

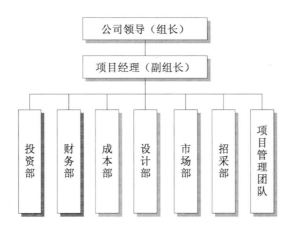

图 15-2 项目后评价组织架构

15.2.2 资料收集

项目后评价应以通过各种调查取得的科学数据为基础,通过分析、对比,检验项目决策、设计、建设、运行管理各阶段主要技术、经济指标与预期指标的变化,分析其原因和对项目的影响,判断项目目标的持续性。

后评价小组成立后,应立即开始资料收集的工作,主要包括项目前期文件、过程文件、项目经营管理资料等,如表 15-1 所示。

表 15-1 后评价所需资料

序号	文件、资料名称	备注
1	现行国家政策、法规	
1.1	与项目建设有关的国家政策性文件	
1.2	与项目建设有关的国家法律文件	
1.3	与项目建设有关的部门法规文件	
1.4	与项目建设有关的规程、规范	
2	项目过程文件	
2.1	项目建议书(或项目申请报告)	
2.2	环境影响评价报告	
2.3	可行性研究报告	

续表 15-1

序号	文件、资料名称	备注
2.4	项目评估报告	
2.5	项目法人的机构设置和工作流程	
2.6	建设用地、征地、拆迁文件	
2.7	勘察设计文件及其审查意见、批复文件	
2.8	概预算调整报告	
2.9	招投标文件	
2.10	施工阶段重大问题的请示及批复	
2.11	施工监理报告	
2.12	施工监测和评价资料	
2.13	建设工程各类合同	
2.14	工程竣工报告	
2.15	工程验收报告和审计后的工程竣工决算及主要图纸	
3	其他资料	
3.1	项目运行或经营状况报告	
3.2	相关财务报表	
3.3	与项目有关的审计报告、稽查报告和统计资料	
3.4	项目总结报告	
3.5	公司内部规章制度	

15.2.3 评价内容

建设项目后评价的主要内容一般包括项目建设全过程评价、项目绩效与影响评价、主要经验与教训，以及对策与建议等。开发企业一般比较关注过程评价和效益评价。

15.2.3.1 过程评价

过程评价是依据国家的法律法规、公司制度，对照可研报告中的情况和实际执行的过程进行比较、分析，找出差别和产生差别的原因。过程评价包括立项决策阶段、准备阶段、实施阶段、竣工和运营阶段的评价。

1) 立项决策阶段

这一阶段的重点是：回顾立项决策过程，依据项目实施结果，评价项目前期工作的质量与合规性。

① 项目立项。了解立项报告内容,评价立项理由是否充分,依据是否可靠,建设目标与目的是否明确,是否符合公司战略、市场需求。

② 项目可行性研究报告。评价项目建设的必要性与合理性论述是否准确,项目的目标和目的是否明确、合理,可研报告内容与深度是否满足要求,项目的效果和效益是否实现。

③ 项目决策。重点回顾项目前期工作运转过程,了解决策文件内容。评价决策程序是否正确,决策方法是否科学,有无主观臆断,是否采纳了正确的咨询评估意见。

④ 相关手续。评价项目环评报告及批复文件、项目《建设用地规划许可证》《建设工程规划许可证》《国有土地使用证》等政府部门的批准文件是否齐全,以及征地拆迁手续是否完整。

2) 准备阶段

准备阶段的评价重点是:各项准备工作是否充分,开工前的各项报批手续是否齐全。

① 工程勘察设计。结合设计和施工实际情况,了解勘察工作满足设计和施工要求的程度与可靠性,评价勘察工作的深度与质量;结合工程施工情况,了解设计文件和资料图纸对工程施工的满足程度以及设计现场服务情况,评价设计深度与质量;结合项目试运行情况,评价设计总体水平;总结和评价项目的设计管理经验与管理能力。

② 融资方案。分析计划融资方案与决策确定的方案产生的差别与原因,以及对项目原定目标的效益指标的影响;评价项目资金来源落实程度和资金结构的合理性。

③ 招标采购。评价招投标工作的合法性、合规性,招标、评标与定标的公开性、公平性、公正性,招标竞争力度以及招标效果;评价设计、监理、总包、分包的履约情况。

④ 合同谈判和签约。评价合同条款的合法性、合理性与合同文本的完善程度。

⑤ 开工准备。评价项目开工建设前的组织管理与人员准备,物资与技术准备的充分性,开工许可手续的完备性。

3) 实施阶段

这一阶段评价的重点是:在项目实施过程中,业主方的管理和控制措施,达到的效果,取得的经验和教训;实施过程中产生的主要变化、原因及影响;评价项目业主的组织能力与管理水平。

① 合同执行与管理。主要回顾和了解各类合同(咨询服务、勘察设计、设备材料采购、工程施工、工程监理等)重要条款的设置情况及合同执行情况，违约原因及责任；施工合同的类型与招标方式的适用情况；合同条件的选用与双方管理水平的匹配情况；合同管理措施的有效性。

② 重大设计变更。主要从技术上分析评价重大设计变更的原因及合理性；从管理上分析评价设计变更报批手续的严谨性、合规性；从经济上分析评价设计变更引起的投资变化及其对项目预期经济效益的影响。

③ 工程目标的控制。回顾和了解项目在控制工程目标(安全、质量、进度、投资)时分别采取的措施，以及目标实现的程度，分析产生差异的原因及对项目总体预期目标的影响，总结目标控制的成功经验和失败教训；评价项目的组织能力和管理水平。

④ 项目资金支付和管理。回顾和了解资金到位情况与供应的适时适度性、资金支付管理程序、项目所需流动资金的供应及运用状况等。

⑤ 项目的组织与管理。回顾项目法人组建情况、项目建设管理模式、管理结构、管理工作运转情况等；评价管理模式的适应性、管理机构的健全性和有效性、管理机制的灵活性、管理工作运作程序的规范性等。

4) 竣工与试运行阶段

这一阶段回顾与评价的重点是：项目交付准备工作是否充分，工程竣工验收是否规范，资料档案是否完整。

① 项目交付准备情况工作。回顾项目交付的人员准备、管理准备、技术准备、物资准备、配套条件准备等内容，以及试车调试、试运行情况；评价准备工作的充分性。

② 项目竣工验收。全面回顾和了解单项工程完工后的交工验收，消防、电梯、规划、环保设施、工程资料档案等专项验收，以及在单项工程交工验收与专项验收基础上的全面竣工验收情况，遗留尾工及处理方式等；评价竣工验收工作的合规性与程序的完善性。

③ 工程资料档案。回顾和了解工程资料的收集、整理、分类、排序、立卷、归档以及管理制度等情况。评价工程资料档案的完整性、准确性和系统性，分类立卷的合理性与有序性，查阅、使用的便捷性，管理制度的完善情况等。

15.2.3.2 项目绩效与影响评价

项目绩效和影响评价是项目后评价的核心内容。绩效和影响评价一般分为技术效果、财务和经济效益、环境影响、社会影响和管理效果等方面。

1) 项目技术效果评价

技术效果后评价是针对项目实际运行状况中存在的问题与原因，分析评价所采用技术的合理性、可靠性、先进性、适用性,将项目实际达到的技术水平与决策时预期的水平进行对比。

2) 项目财务评价

财务评价包括:项目总投资和负债状况;进行项目的盈利性分析、偿债能力分析、财务生存能力和风险分析。评价时应扣除评价时点的通货膨胀因素,使后评价与项目可行性研究的各项指标有可比性。

3) 项目环境影响评价

主要是对照《环境影响评估报告》,评价项目对所在地环境带来何种影响以及影响的程度。

4) 项目社会影响评价

主要是分析项目建设对当地经济和社会发展的影响。

5) 项目管理效果评价

项目管理效果评价主要是对项目建设的组织管理机构的合理性、有效性,项目执行者的组织能力与管理水平进行综合分析与评价。包括:① 管理模式的评价;② 组织结构与协调能力的评价;③ 激励机制与工作效率的评价;④ 管理者水平与创新意识的评价等。

15.2.3.3 项目主要经验与教训、对策与建议

通过对项目全过程的回顾与评价、项目绩效与影响评价,在了解工程项目建设各阶段、各方面所具有的经验与教训的基础上,归纳出对被评价项目具有决定性影响的主要经验与教训,并提出对策与建议。

1) 主要经验与教训

经验与教训应从项目、企业、行业三个层面分别进行分析。这样不仅有利于改进项目的设计施工管理水平,也有利于企业改善经营管理,提高战略规划水平。

2) 对策与建议

对策与建议应具有可借鉴性、可操作性和一定的指导意义,应从项目、企业、行业三个方面分层次提出。

15.2.4 报告编制

根据企业的特点,对项目后评价报告的内容会有所侧重,但一般都会比较关注过程评价和效益评价。为了使后评价报告发挥其应有的作用,企业应制定适合自身需要的后评价模板,使其具备规范性、参考性和借鉴性。

后评价报告的格式可参考附录 H《××××项目后评估报告》。

附录 A 某项目工作分解结构

项目(一级)	子项目(二级)	工作任务(三级)	责任人
1. 前期报建			
	1.1 签订土地出让合同	1.1.1 资金准备	
		1.1.2 各种资料准备	
		1.1.3 签订土地出让合同	
		1.1.4 缴纳地价款	
		1.1.5 缴纳各项税款	
		1.1.6 办理地价核实函	
	1.2 环评审批	1.2.1 委托咨询公司	
		1.2.2 编制环境影响报告书	
		1.2.3 申报资料准备	
		1.2.4 市环评中心审批	
		1.2.5 市环保局审批	
		1.2.6 取得环评报告书批件	
	1.3 交评审批	1.3.1 委托咨询公司	
		1.3.2 编制交评报告书	
		1.3.3 申报资料准备	
		1.3.4 市交通委审批	
		1.3.5 取得交评批件	
	1.4 立项	1.4.1 委托咨询公司	
		1.4.2 编制立项报告	
		1.4.3 立项报告申报资料准备	
		1.4.4 立项报告审批	

附录A 某项目工作分解结构

项目(一级)	子项目(二级)	工作任务(三级)	责任人
		1.4.5 取得立项报告批件	
	1.5 建设用地规划许可证	1.5.1 资料准备:申请表、土地出让合同、地形图等	
		1.5.2 资料申报	
		1.5.3 审批	
		1.5.4 取得批件	
	1.6 规划方案复函	1.6.1 资料准备:申请表、规划方案图纸、钉桩成果报告等	
		1.6.2 申报	
		1.6.3 市规委专家审核(一般每月1次)	
		1.6.4 市政府审核	
		1.6.5 市规委报件审核	
		1.6.6 取得规划方案复函批件	
	1.7 国土证	1.7.1 委托土地测绘	
		1.7.2 资料准备:申报表、钉桩成果报告、用地规划许可证、土地出让合同、地价款缴纳证明等	
		1.7.3 申报土地证	
		1.7.4 取得土地证	
	1.8 人防咨询	1.8.1 资料准备:人防咨询图纸、人防明细表、规划条件等	
		1.8.2 申报	
		1.8.3 民防局审核	
		1.8.4 取得民防局咨询意见	
	1.9 人防规划设计条件	1.9.1 资料准备:申请表、人防明细表、建筑面积明细表、规划方案复函、人防方案及总平面图(一式四份)、单体建设项目设计方案图、人防咨询意见等	
		1.9.2 申报	

附录 A

项目(一级)	子项目(二级)	工作任务(三级)	责任人
		1.9.3 人防规划设计条件审核	
		1.9.4 取得人防规划设计条件批件	
	1.10 人防初设审查	1.10.1 资料准备:申请表、人防初步设计图纸一套、人防咨询意见等	
		1.10.2 人防初设审查报件	
		1.10.3 取得人防初设审查批件	
	1.11 土地出让补充协议及地价核实函	1.11.1 资料准备:申请表、出让合同、地价款及契税发票、规划方案复函、人防规划条件、设计说明、已缴费证明、地价核实资料、公司营业执照等	
		1.11.2 办理土地补充协议	
		1.11.3 缴费(地价、契税、印花税)	
		1.11.4 办理地价核实函	
	1.12 工程档案登记	1.12.1 资料准备:规划意见书、总平面图及平、立、剖图	
		1.12.2 档案馆备案	
	1.13 工程规划许可证	1.13.1 资料准备:委托书、申报表、规划有关文件、土地有关文件、图纸、档案登记、勘察有关资料	
		1.13.2 申报	
		1.13.3 取得工程规划许可证	
	1.14 年度投资计划	1.14.1 资料准备:申请书、土地证、工程规划许可证、资金证明等	
		1.14.2 报件审批(区发改委、市发改委、市建委审批)	
		1.14.3 缴纳城市基础设施建设费	
		1.14.4 取得年度投资计划批件	
	1.15 总包、监理招标备案	1.15.1 资料准备:备案表、招标文件、施工图审查通过证明	

附录A 某项目工作分解结构

附录A

项目(一级)	子项目(二级)	工作任务(三级)	责任人
		1.15.2 申报	
		1.15.3 领取办理结果通知书	
	1.16 工程质量监督注册	1.16.1 资料准备:建设工程规划许可证、施工图审查设计文件、工程及监理中标通知书、施工及监理合同书、勘察、设计、施工、监理单位资质等级证书、质量监督注册登记表等	
		1.16.2 申报	
		1.16.3 取得工程质量监督备案注册	
	1.17 工程施工安全监督备案	1.17.1 资料准备:安全监督备案登记表、建筑企业安全生产许可证、已办理工程意外伤害保险证明、建设单位向施工企业提供市政资料的交接手续、安全施工措施费的付款计划等	
		1.17.2 申报	
		1.17.3 取得备案	
	1.18 人防施工图审查	1.18.1 资料准备:报审表、人防图纸、建设工程规划许可证、勘察及设计单位资质证书、人防初步设计审查意见等	
		1.18.2 报审	
		1.18.3 取得人防施工图审查意见	
	1.19 人防施工图备案	1.19.1 资料准备:申请表、审查报告单、工程规划许可证、人防图纸等	
		1.19.2 申报	
		1.19.3 取得人防施工图备案	
	1.20 两项(新型墙体材料、散装水泥)专项基金缴纳	1.20.1 资料准备:工程规划许可证、总包中标通知书、设计文件合格证书、施工图审查合格证书等	
		1.20.2 到市建委提交材料,领取市非税收一般缴款书	
		1.20.3 缴费	

附录 A

项目(一级)	子项目(二级)	工作任务(三级)	责任人
		1.20.4 凭缴费证明返回市建委,完成缴费确认	
	1.21 自来水报装	1.21.1 资料准备:申请书、地形图、规划意见书、平面图、工程规划许可证、用水明细等	
		1.21.2 自来水报装报件	
		1.21.3 自来水客户服务中心受理、制定方案、设计图纸、图纸审核通过	
		1.21.4 实施,报装完成	
	1.22 排水、燃气报装	1.22.1 资料准备:申请书、地形图、规划意见书、平面图	
		1.22.2 报件报装	
		1.22.3 受理、方案咨询、设计、审核设计合格	
		1.22.4 实施,报装完成	
	1.23 建筑节能设计审查备案	1.23.1 资料准备:备案登记表、施工图设计文件审查报告及合格书、建筑图设计说明(包含节能说明部分)等	
		1.23.2 申报	
		1.23.3 取得节能备案证书	
	1.24 建筑工程施工许可证	1.24.1 资料准备:申请表、工程规划许可证、土地证、施工图审查合格证、总包及监理招标备案、总包安全人员证明、资金证明、人防施工图备案、年度资金计划、消防及园林审核意见等	
		1.24.2 申报	
		1.24.3 取得施工许可证	
2. 设计工作			
	2.1 项目可研论证	2.1.1 参与现场调研,收集目标土地基本情况、设计条件	

附录 A 某项目工作分解结构

附录 A

项目(一级)	子项目(二级)	工作任务(三级)	责任人
		2.1.2 完成规划草案研究	
		2.1.3 完成拿地方案设计	
	2.2 设计管理工作策划	2.2.1 对项目设计管理工作进行全过程分析与研究	
		2.2.2 完成设计管理工作策划报告并通过审批	
	2.3 设计委托	2.3.1 编制设计任务书,明确设计服务内容与范围、设计前置条件,反映营销、客服、成本、报建、进度、运营等方面的要求	
		2.3.2 任务书通过所属公司设计主管领导审批	
		2.3.3 选择设计单位,签署设计合约	
	2.4 概念方案设计	2.4.1 组织概念方案设计以及审核工作,配合方案评审工作	
		2.4.2 配合产品定位的工作,直至产品定位通过	
		2.4.3 方案设计前完成设计限额的制定	
	2.5 技术方案论证	2.5.1 根据项目规模、功能配置以及物业运营管理需求,对项目结构方案、场地竖向和室外管网、机电、幕墙、电梯等进行专项技术方案论证、评审	
		2.5.2 按计划完成各项技术论证与评审工作,评审结论经过审批和签发,论证资料与评审成果及时存档	
		2.5.3 技术方案评审结论应综合考虑产品功能与效果、成本控制、物业运营、工程进度和施工可行性	
	2.6 方案深化	2.6.1 召开设计启动会	
		2.6.2 组织方案设计管理与审核工作,配合评审工作	

附录 A

项目(一级)	子项目(二级)	工作任务(三级)	责任人
	2.7 实体模型检验、售楼处和示范区设计	2.7.1 组织售楼处和示范区相关设计工作	
		2.7.2 根据项目情况搭建标准间、标准段实体模型进行模型检验	
		2.7.3 组织图纸审核工作	
	2.8 初步设计	2.8.1 按计划完成设计,提交设计图纸及文件	
		2.8.2 组织各相关岗位完成初步设计图纸及设计概算的审核,组织设计单位落实审图意见	
		2.8.3 完成设计成果的审批、签发与存档	
	2.9 消防专业报批图纸设计	2.9.1 图纸:消防专业报建图、防火审批申报图、初步设计(平、立、剖、室外)、总平面图、消防设计专篇等	
		2.9.2 窗口申报	
		2.9.3 审定设计方案通知书	
	2.10 人防专业报批图纸设计	2.10.1 图纸:标准层平面图、人防说明、人防面积生成表、地下室人防平面图等	
		2.10.2 窗口申报	
		2.10.3 审定人防方案通知书	
	2.11 园林专业报批图纸设计	2.11.1 图纸:总图、种植图、景观设计总说明、园林概预算或估算等	
		2.11.2 窗口申报	
		2.11.3 园林局审定方案通知书	
	2.12 施工图设计	2.12.1 按计划完成设计,提交设计图纸及文件;组织各相关岗位完成图纸审核;组织设计单位落实审图意见;图纸通过审批、签发	
		2.12.2 按计划报送外部审查,通过审查	

附录A 某项目工作分解结构

附录A

项目(一级)	子项目(二级)	工作任务(三级)	责任人
		2.12.3 完成设计成果的审批、签发与存档	
	2.13 二次相关深化设计	2.13.1 按计划完成设计,提交设计图纸及文件	
		2.13.2 组织各相关岗位完成图纸审核	
		2.13.3 组织设计单位落实审图意见	
		2.13.4 完成设计成果的审批、签发与存档	
	2.14 施工中设计配合	2.14.1 组织设计单位参加施工图交底	
		2.14.2 办理工程阶段设计变更、工程洽商	
		2.14.3 配合招标采购、销售工作	
	2.15 竣工验收	参与内外部竣工验收,对验收中发现的工程质量、与设计不符的问题及时提出,按公司要求出具意见	
	2.16 竣工图绘制	2.16.1 组织竣工图绘制,审核工作及时归档	
		2.16.2 竣工图备案(交档案馆)	
	2.17 设计总结、缺陷反馈	2.17.1 编写项目设计总结	
		2.17.2 参与缺陷反馈工作	
	2.18 项目后评估	编写后评估报告中设计技术部分的内容	
3. 采购			
(前期类)	3.1 造价咨询	3.1.1 入围单位考察	
		3.1.2 入围单位审批(确定入围单位)	
		3.1.3 编制招标文件(含技术条款)	
		3.1.4 招标文件审批(含技术条款)	
		3.1.5 发标	
		3.1.6 投标单位发答疑文件	

附录 A

项目(一级)	子项目(二级)	工作任务(三级)	责任人
		3.1.7 答疑文件答复	
		3.1.8 答疑文件审批	
		3.1.9 回标(开经济标)	
		3.1.10 第二次经济标报价(开标)	
		3.1.11 技术标评标	
		3.1.12 编制技术标评标报告	
		3.1.13 技术标评标报告审批	
		3.1.14 编制综合评标报告	
		3.1.15 综合评标报告审批(确定中标单位)	
		3.1.16 发出中标通知书	
		3.1.17 合同洽谈、签订	
	3.2 招标代理	同 3.1.1～3.1.17	
	3.3 监理	同 3.1.1～3.1.17	
	3.4 项目建议书或项目申请报告及节能专篇	同 3.1.1～3.1.17	
	3.5 产权办理	由市场部直接委托	
	3.6 房屋测绘	由市场部直接委托	
	3.7 环评报告	同 3.1.1～3.1.17	
	3.8 交评报告	同 3.1.1～3.1.17	
	3.9 地勘及地下管线探测	同 3.1.1～3.1.17	
	3.10 供电咨询	3.10.1 直接委托申请报告	
		3.10.2 拟委托单位报预算	
		3.10.3 成本部审核预算	
		3.10.4 审核报告审批	
		3.10.5 合同审批	
		3.10.6 签订合同	

附录 A 某项目工作分解结构

附录 A

项目(一级)	子项目(二级)	工作任务(三级)	责任人
	3.11 树木伐移(如有)	同 3.10.1~3.10.6	
	3.12 光缆移除(如有)	同 3.10.1~3.10.6	
	3.13 电线杆移除(如有)	同 3.10.1~3.10.6	
	3.14 幕墙顾问	3.14.1 从公司战略合作单位中选择单位	
		3.14.2 编制选择报告	
		3.14.3 选择报告审批	
		3.14.4 编制合同(按公司收费标准)	
		3.14.5 签订合同	
(设计类)	3.15 LEED/绿色认证	同 3.14.1~3.14.5	
	3.16 方案设计	同 3.14.1~3.14.5	
	3.17 设计总包	同 3.14.1~3.14.5	
	3.18 机电设计顾问服务	同 3.14.1~3.14.5	
	3.19 结构顾问	同 3.14.1~3.14.5	
	3.20 电梯运行分析顾问	同 3.14.1~3.14.5	
	3.21 精装设计	同 3.14.1~3.14.5	
	3.22 标识标牌设计	同 3.14.1~3.14.5	
	3.23 停车画线设计	同 3.14.1~3.14.5	
	3.24 施工图审查	同 3.14.1~3.14.5	
	3.25 夜景照明、园林、BIM设计	同 3.14.1~3.14.5	
	3.26 供电、热力、燃气、自来水设计	由相关政府部门要求选定单位	
(施工类)	3.27 总承包工程(含机电、主要材料设备)	3.27.1 编制资格预审文件	
		3.27.2 资格预审文件审批	
		3.27.3 资格预审文件报建设工程招标投标管理办公室(简称标办)审批至通过	

附录 A

项目(一级)	子项目(二级)	工作任务(三级)	责任人
		3.27.4 标办网上发布资格预审文件	
		3.27.5 拟投标单位报名	
		3.27.6 资格预审评审确定入围单位	
		3.27.7 编制招标文件技术条款	
		3.27.8 技术条款审批	
		3.27.9 编制工程量清单	
		3.27.10 工程量清单审批	
		3.27.11 合成招标文件审批	
		3.27.12 招标文件报标办审批	
		3.27.13 招标文件按标办意见修改后审批	
		3.27.14 招标文件报标办备案	
		3.27.15 发标	
		3.27.16 投标单位发答疑文件	
		3.27.17 答疑文件答复	
		3.27.18 答疑文件审批	
		3.27.19 回标(开经济标)	
		3.27.20 技术标评标	
		3.27.21 编制技术标评标报告	
		3.27.22 技术标评标报告审批	
		3.27.23 编制综合评标报告	
		3.27.24 综合评标报告审批(确定中标单位)	
		3.27.25 发中标通知书	
		3.27.26 签订合同	
		3.27.27 合同标办备案	
	3.28 电梯设备供货及安装	3.28.1 入围单位考察	

附录 A 某项目工作分解结构

附录 A

项目(一级)	子项目(二级)	工作任务(三级)	责任人
		3.28.2 入围单位审批(确定入围单位)	
		3.28.3 编制招标文件技术条款	
		3.28.4 技术条款审批	
		3.28.5 编制工程量清单	
		3.28.6 工程量清单审批	
		3.28.7 合成招标文件审批	
		3.28.8 发标	
		3.28.9 投标单位发答疑文件	
		3.28.10 答疑文件答复	
		3.28.11 答疑文件审批	
		3.28.12 回标(开经济标)	
		3.28.13 第二次经济标报价(开标)	
		3.28.14 技术标评标	
		3.28.15 编制技术标评标报告	
		3.28.16 技术标评标报告审批	
		3.28.17 编制综合评标报告	
		3.28.18 综合评标报告审批(确定中标单位)	
		3.28.19 发中标通知书	
		3.28.20 签订合同	
	3.29 夜景照明工程	同 3.28.1~3.28.20	
	3.30 幕墙工程	同 3.28.1~3.28.20	
	3.31 消防系统工程(含消防水、消防电)	同 3.28.1~3.28.20	
	3.32 弱电工程	同 3.28.1~3.28.20	
	3.33 变配电工程	同 3.28.1~3.28.20	
	3.34 园林工程	同 3.28.1~3.28.20	

附录 A

项目(一级)	子项目(二级)	工作任务(三级)	责任人
	3.35 热力工程	同 3.28.1～3.28.20	
	3.36 自来水工程	同 3.28.1～3.28.20	
	3.37 燃气工程	同 3.28.1～3.28.20	
	3.38 雨污水工程	同 3.28.1～3.28.20	
	3.39 市政道路及接驳工程	同 3.28.1～3.28.20	
	3.40 外电源工程	按供电局要求在供电局专用平台招标	
4. 施工	4.1 土方工程	4.1.1 测量放线	
		4.1.2 降水	
		4.1.3 土方开挖、外运	
		4.1.4 基坑护坡支护	
		4.1.5 基坑护坡验收	
		4.1.6 基坑钎探	
		4.1.7 基坑验收	
	4.2 正负零以下结构施工	底板施工	
		4.2.1 底板结构垫层施工	
		4.2.2 底板防水施工、闭水实验、防水验收	
		4.2.3 底板防水保护层施工	
		4.2.4 底板钢筋绑扎	
		4.2.5 水电配合预留预埋	
		4.2.6 钢筋验收	
		4.2.7 模板支护、校正、验收	
		4.2.8 底板浇筑混凝土	
		地下结构层施工	
		4.2.9 钢筋绑扎	
		4.2.10 水电配合预留预埋	
		4.2.11 地下人防部分民防局过程检查	
		4.2.12 钢筋绑扎验收	

附录 A 某项目工作分解结构

附录 A

项目(一级)	子项目(二级)	工作任务(三级)	责任人
		4.2.13 模板支护、校正、验收	
		4.2.14 浇筑混凝土	
		4.2.15 混凝土养护	
		4.2.16 模板拆除	
		4.2.17 地下人防部分民防局验收	
	地下外墙防水施工		
		4.2.18 外墙防水施工	
		4.2.19 外墙防水验收	
		4.2.20 外墙土方回填、夯实(监理旁站)	
	4.3 正负零以上结构层施工	4.3.1 墙体钢筋绑扎	
		4.3.2 水电配合预留预埋	
		4.3.3 隐蔽工程验收(钢筋、水电)	
		4.3.4 支模板、校正模板	
		4.3.5 浇筑混凝土	
		4.3.6 顶板支模板、校正模板	
		4.3.7 顶板钢筋绑扎	
		4.3.8 水电配合预留预埋	
		4.3.9 隐蔽工程验收	
		4.3.10 浇筑混凝土	
		4.3.11 养护混凝土	
		4.3.12 根据实际情况模板拆除	
		4.3.13 根据实际情况,中间可以结构验收	
	4.4 地下室防排烟及通、排风系统安装	4.4.1 风管制作	
		4.4.2 风管安装	

· 277 ·

附录 A

项目(一级)	子项目(二级)	工作任务(三级)	责任人
		4.4.3 风机安装	
		4.4.4 风管漏风量测试	
		4.4.5 风机单机调试	
		4.4.6 系统调试	
	4.5 消防系统安装	4.5.1 消防管道安装、喷淋管道安装	
		4.5.2 消防箱安装	
		4.5.3 消防泵房安装	
		4.5.4 消防管道、喷淋管道试压	
		4.5.5 喷淋头安装	
		4.5.6 消防中控室安装	
		4.5.7 消火栓系统试射	
		4.5.8 喷淋系统调试	
	4.6 空调系统安装	4.6.1 空调水系统管道安装	
		4.6.2 空调水系统管道试压及管道冲洗	
		4.6.3 空调风系统风管安装	
		4.6.4 空调风机安装	
		4.6.5 空调风系统风管漏风量测试	
		4.6.6 风机单机调试	
		4.6.7 风机无负荷联动试运转	
	4.7 排水系统安装	4.7.1 排水管道安装(如隐蔽需做闭水实验)	
		4.7.2 压力排水管道安装	
		4.7.3 污水泵安装	
		4.7.4 污水泵调试	
		4.7.5 排水管道通球试验	
	4.8 给水、中水系统安装	4.8.1 给水管道安装	
		4.8.2 给水泵房安装	

附录 A 某项目工作分解结构

附录 A

项目(一级)	子项目(二级)	工作任务(三级)	责任人
		4.8.3 给水管道试压	
		4.8.4 水泵调试	
		4.8.5 给水管道冲洗	
	4.9 雨水系统安装	4.9.1 雨水管道安装	
		4.9.2 雨水管道闭水实验	
	4.10 燃气系统安装	4.10.1 燃气管道安装	
		4.10.2 燃气管道气密性实验	
		4.10.3 燃气表安装	
		4.10.4 燃气通气实验	
		4.10.5 通气	
	4.11 采暖系统安装(住宅)	4.11.1 采暖管道安装	
		4.11.2 采暖立管试压	
		4.11.3 采暖埋地管安装	
		4.11.4 采暖埋地管试压	
		4.11.5 暖气片安装	
		4.11.6 换热站安装(热力泵房)	
		4.11.7 采暖系统试压	
		4.11.8 采暖系统冲洗	
		4.11.9 采暖系统采暖季调试	
	4.12 (机电)强电系统施工	4.12.1 配电箱深化设计	
		4.12.2 配电箱深化设计通过设计院审核	
		4.12.3 防雷接地图纸报审至通过	
		4.12.4 管路预留预埋	
		4.12.5 设备订货	
		4.12.6 设备监造	
		4.12.7 设备进场(含报验)	

附录 A

项目(一级)	子项目(二级)	工作任务(三级)	责任人
		4.12.8 电缆桥架安装	
		4.12.9 配电室安装	
		4.12.10 电缆、母线敷设	
		4.12.11 屋面避雷安装	
		4.12.12 配电箱安装	
		4.12.13 各种设备接线、调试	
		4.12.14 灯具、开关面板安装	
		4.12.15 各种设备、器具通电试运行	
		4.12.16 防雷验收	
	4.13 弱电系统施工	4.13.1 施工单位进场(办理进场手续、与总包签订安全管理协议等)	
		4.13.2 施工单位深化设计	
		4.13.3 设计院审核深化设计至通过	
		4.13.4 出深化设计图并下发	
		4.13.5 政府各部门、单位报批(卫星、有线电视、无线电、信号覆盖等)	
		4.13.6 电信接入协议签订(移动、联通、电信)	
		4.13.7 设备订货	
		4.13.8 提出专业配合条件(包括接口条件及检修口位置等)	
		4.13.9 配管	
		4.13.10 穿线	
		4.13.11 设备监造	
		4.13.12 设备到场(含设备进场报验)	
		4.13.13 设备安装	
		4.13.14 单点调试	
		4.13.15 系统调试	

附录 A 某项目工作分解结构

项目(一级)	子项目(二级)	工作任务(三级)	责任人
		4.13.16 楼宇自控系统冬季及夏季调试	
		4.13.17 无线对讲系统验收	
		4.13.18 卫星电视系统验收	
	4.14 电梯安装	4.14.1 设备订货	
		4.14.2 设备监造	
		4.14.3 设备进场(含报验)	
		4.14.4 测井道,定标准线	
		4.14.5 电梯导轨支架、导轨安装	
		4.14.6 轿厢安装	
		4.14.7 电梯厅门安装	
		4.14.8 电梯机房机械设备安装	
		4.14.9 井道机械设备安装	
		4.14.10 钢丝绳安装	
		4.14.11 电梯电气设备安装	
		4.14.12 电梯试运行(快车、慢车、厅门、平层调整等)	
		4.14.13 质量技术监督局验收发证	
	4.15 火灾自动报警施工	4.15.1 施工单位进场(办理进场手续、与总包签订安全管理协议等)	
		4.15.2 施工单位深化设计	
		4.15.3 设计院审核深化设计至通过	
		4.15.4 出深化设计图并下发	
		4.15.5 设备订货	
		4.15.6 提出专业配合接口条件(含设备接口条件及检修口位置等)	
		4.15.7 预留预埋管线穿带线	
		4.15.8 配管	

业主方的项目管理

附录 A

项目(一级)	子项目(二级)	工作任务(三级)	责任人
		4.15.9 穿线	
		4.15.10 设备监造	
		4.15.11 设备到场(含设备进场报验)	
		4.15.12 设备安装	
		4.15.13 单点调试	
		4.15.14 系统调试	
		4.15.15 总体联动调试	
	4.16 配电室施工	4.16.1 施工单位进场(办理进场手续、与总包签订安全管理协议等)	
		4.16.2 施工单位深化设计	
		4.16.3 设计院审核深化设计	
		4.16.4 供电局审图至通过	
		4.16.5 设备订货	
		4.16.6 设备监造	
		4.16.7 设备到场(含设备进场报验)	
		4.16.8 设备安装	
		4.16.9 设备调试	
		4.16.10 供电局验收	
		4.16.11 发电(与外电源工程一并完成)	
	4.17 外电源施工	4.17.1 施工单位进场	
		4.17.2 设备订货(含电缆)	
		4.17.3 设备监造(含电缆)	
		4.17.4 外线管沟施工	
		4.17.5 设备到场(含进场报验)	
		4.17.6 设备安装	
		4.17.7 设备调试	
		4.17.8 申请发电(填报各种表格、盖章)	

附录A 某项目工作分解结构

附录A

项目(一级)	子项目(二级)	工作任务(三级)	责任人
		4.17.9 供电局验收	
		4.17.10 发电(与配电室工程一并完成)	
	4.18 夜景照明	4.18.1 施工单位进场(办理进场手续、与总包签订安全管理协议等)	
		4.18.2 施工单位深化设计	
		4.18.3 设计院审核深化设计至通过	
		4.18.4 出深化设计图并下发	
		4.18.5 设备订货	
		4.18.6 提出专业配合接口条件(配电箱容量及位置)	
		4.18.7 配管(与幕墙配合)	
		4.18.8 穿线	
		4.18.9 设备监造	
		4.18.10 设备到场(含设备进场报验)	
		4.18.11 设备安装	
		4.18.12 单点调试	
		4.18.13 系统调试	
	4.19 室内装修施工	4.19.1 二次结构砌筑	
		4.19.2 屋面施工(防水、隔热层、屋面面层)	
		4.19.3 室内卫生间防水、室内地面垫层施工	
		4.19.4 室内腻子施工	
		4.19.5 户门、管井门、防火门安装	
		4.19.6 按图纸装修到位	
	4.20 外墙施工	4.20.1 外墙抹灰找平	
		4.20.2 外墙保温	
		4.20.3 外墙腻子、涂料施工(住宅)	

附录 A

项目(一级)	子项目(二级)	工作任务(三级)	责任人
		4.20.4 外墙幕墙龙骨施工	
		4.20.5 外墙幕墙面层施工	
	4.21 （市政)给水、中水管线施工	4.21.1 给水管线管沟开挖	
		4.21.2 给水管施工	
		4.21.3 阀门井、水表井砌筑	
		4.21.4 给水管线试压	
		4.21.5 给水管沟回填夯实	
	4.22 （市政)污水管线施工	4.22.1 污水管线挖沟施工	
		4.22.2 污水管线安装	
		4.22.3 污水管道闭水实验	
		4.22.4 污水管沟回填夯实	
	4.23 （市政)热力管线施工	4.23.1 热力管沟开挖	
		4.23.2 热力管道安装	
		4.23.3 阀门井砌筑	
		4.23.4 管线试压	
		4.23.5 管道焊口发泡保温	
		4.23.6 管道冲洗	
		4.23.7 管沟回填夯实	
	4.24 （市政)强电弱电管线施工	4.24.1 管沟开挖	
		4.24.2 管线施工	
		4.24.3 管井砌筑	
		4.24.4 管线穿带线	
		4.24.5 管沟回填、夯实	
		4.24.6 管线穿电缆	
	4.25 （市政)燃气管线施工	4.25.1 管沟开挖	

附录A 某项目工作分解结构

附录A

项目(一级)	子项目(二级)	工作任务(三级)	责任人
		4.25.2 管线安装	
		4.25.3 管线试压	
		4.25.4 燃气调压站安装	
		4.25.5 管沟回填夯实	
		4.25.6 管线试通气、通气	
	4.26 (市政)小区市政道路	4.26.1 道路基础平整夯实	
		4.26.2 混凝土垫层施工	
		4.26.3 一遍沥青施工	
		4.26.4 道路管井涨井	
		4.26.5 二遍沥青施工	
	4.27 园林施工	4.27.1 小区围墙砌筑	
		4.27.2 园林整地形	
		4.27.3 园林水电管预埋、安装	
		4.27.4 苗木栽种	
		4.27.5 管井涨井	
		4.27.6 草皮铺装	
		4.27.7 园林草地灯、广播系统安装	
5. 验收移交	5.1 地基验槽	5.1.1 开工报告	
		5.1.2 基坑支护方案	
	(施工、监理、设计、勘察单位)	5.1.3 取得成果《地基验槽记录表》	
	5.2 桩基地基检测	5.2.1 桩基施工图纸	
		5.2.2 钢筋、砼、水泥等材料检测报告	
	(施工、监理、桩基检测单位)	5.2.3 取得成果《桩基(灰土)地基检测报告》	
	5.3 基础工程验收	5.3.1 钢筋、模板、砼、防水工程各分项、检验资料	

业主方的项目管理

附录 A

项目(一级)	子项目(二级)	工作任务(三级)	责任人
	(监理、施工、设计、建委质监站、勘察单位)	5.3.2 取得成果《基础工程质量验收记录表》	
	5.4 过程隐蔽验收	5.4.1 隐蔽工程相关资料	
	(监理、施工单位)	5.4.2 取得成果《隐蔽工程验收记录表》	
	5.5 主体工程验收	5.5.1 钢筋、砼、水泥等材料检测报告	
		5.5.2 钢筋、模板、砼、防水工程各分项、检验资料	
	(施工、监理、建委质检站、设计、勘察、沉降观测单位)	5.5.3 取得成果《主体结构工程质量验收记录》	
	5.6 防雷检测	5.6.1 防雷检测资料准备	
	(设计、施工、监理、省气象局)	5.6.2 组织验收	
		5.6.3 取得成果《防雷检测报告》	
	5.7 消防验收	5.7.1 资料准备(建筑设计图微缩原件及消防局要求资料)	
		5.7.2 资料报窗口	
	(设计、施工、监理、消防支队)	5.7.3 消防局验收	
		5.7.4 取得成果《消防验收合格证书》	
	5.8 室内空气检测	5.8.1 按照抽测比例提前24小时对所检房间进行封闭,再检测	
	(施工、监理、专业检测单位)	5.8.2 取得成果《室内空气检测报告》	
	5.9 水质检测	5.9.1 正式通水	
	(施工、卫生防疫部门)	5.9.2 取得成果《水质检测报告》	
	5.10 节能验收	5.10.1 各项资料准备,节能分项项目全部完工	
	(施工、监理、设计、节能办)	5.10.2 组织节能验收	

附录 A 某项目工作分解结构

附录 A

项目(一级)	子项目(二级)	工作任务(三级)	责任人
		5.10.3 取得《建筑节能分部工程验收备案表》	
	5.11 人防验收	5.11.1 资料准备:人防工程竣工报告、人防施工图设计审查批准书、人防工程质量评价报告、消防验收意见书、防空地下报建批复等	
	(施工、监理、人防办)	5.11.2 组织验收	
		5.11.3 取得《人防工程专项竣工验收备案表》	
	5.12 电梯验收	5.12.1 电梯生产、安装相关资料	
	(设计、施工、监理、质监局)	5.12.2 在自检、电梯厂家检查合格基础上组织验收	
		5.12.3 取得《电梯验收合格证》《电梯注册登记备案证》	
	5.13 绿化验收	5.13.1 绿化景观图纸准备,绿化工作完成	
	(设计、施工、监理、绿化办)	5.13.2 组织验收	
		5.13.3 取得成果《绿化分项验收意见书》	
	5.14 规划验收	5.14.1 项目设计施工图纸准备,已完成规划报建图所有内容及公建配套工程	
	(设计、施工、监理、规划局)	5.14.2 组织验收	
		5.14.3 取得成果《项目规划验收合格证》	
	5.15 档案预验收	5.15.1 档案按要求组卷,各单位档案人员自检合格	
	(监理、施工、档案馆)	5.15.2 报验收,请档案馆人员对档案查验	
		5.15.3 查验合格取得《工程档案预验收意见书》	

附录 A

项目(一级)	子项目(二级)	工作任务(三级)	责任人
	5.16 竣工验收	5.16.1 验收条件：工程预验收合格，工程资料齐全	
	(施工、监理、建委质检站、设计、勘察、沉降观测单位)	5.16.2 组织工程竣工验收	
		5.16.3 取得成果《工程质量监督报告》	
	5.17 竣工备案表	5.17.1 竣工验收完成，提交备案需要文件	
		5.17.2 备案人员审查备案文件	
		5.17.3 取得《工程竣工验收备案表》	
	5.18 档案移交	工程竣工验收 6 个月内资料必须交档案馆	
	5.19 项目收尾	5.19.1 工程结算	
		5.19.2 项目移交	
		5.19.3 项目试运行	
	5.20 项目后评价		

附录B　A企业×××项目启动会(模板)

目录
1. 项目概况
2. 设计方案
3. 成本指标
4. 全周期计划
5. 项目管理团队
6. 项目经济测算
7. 主要考核指标
8. 存在问题及解决思路

1. 项目概况
1.1　项目名称
1.2　项目四至:【东至……;西至……;南至……;北至……】
1.3　规划指标(包括但不限于以下指标)
- 占地面积:××万平方米;容积率:××;
- 建筑高度:××米,其中地上××层,地下××层;
- 总建筑面积:××万平方米,其中地上××万平方米,地下××万平方米;
- 可租售面积:××万平方米,其中地上××万平方米,地下××万平方米;
- 车位:××个,其中地上×××个,地下×××个。

1.4　交房标准:【毛坯／公共部分精装／精装】
2. 设计方案
2.1　平面布局
　　【结合土地规划要求与价值分析,安排平面布局,要有平面图】
2.2　产品定位方案
　　【结合竞争项目的市场调研,提出产品竞争策略,突出产品竞争优势,并体现在产品的设计中。如为住宅项目,介绍顺序自里向外,即先说层平面与户型,再说建筑单体、外立面风格等;如为公建项目,介绍顺序是自外向里,即先说外观效果,再

说层平面】

　　【明确交房标准】

　　【明确园林方案;要求层次丰富,高(有树冠,树型挺拔)、中(成组,成团)、低(成片,成线)结合,且有地形设计】

　　【明确地下面积管理与停车方案(要求:地下车位面积按规划最低要求做)】

　　【明确设计单位(要求:根据产品设计要求,选择熟悉该类产品、有经验的设计团队)】

3. 成本指标

序号	成本费用内容	单方成本(元/平方米)	总价(万元)	备注
	合计金额			
1	前期工程费			
2	基础设施费			指红线内外管线园林工程费
2.1	其中:园林绿化工程			备注中应注明绿化面积单方
2.2	其中:红线外基础设施工程			
3	建筑安装工程费			
3.1	其中:外装饰工程			备注中应注明水平投影面积单方
3.2	其中:精装修工程费			备注中应注明精装(或套内)精装单方
4	公共配套设施费			
5	不可预见费			

4. 全周期计划

　　【以产品销售为主线安排生产计划】

　　【项目关键节点计划、项目全周期工作计划】

5. 项目管理团队

　　【以组织机构图进行表示】

　　【已明确人选写姓名,未明确人选写"待招",并注明计划到岗时间

6. 项目经济测算

【不低于可研标准】

6.1 销售计划——签约回款进度

单位:万元

物业类型	项目	年度			小计
		2014	2015	2016	
商品住宅	签约金额				
	回款金额				
	确认收入金额				
公租房	签约金额				
	回款金额				
	确认收入金额				
配套商业	签约金额				
	回款金额				
	确认收入金额				
地下独立车库	签约金额				
	回款金额				
	确认收入金额				
合计	签约金额				
	回款金额				
	确认收入金额				

6.2 销售计划——销售面积比例
单位:万平方米

物业类型	项目	年度			总计
		2014	2015	2016	
商品住宅	签约比例(%)				
	签约面积				
	确认销售面积				
公租房	签约比例(%)				
	签约面积				
	确认销售面积				
配套商业	签约比例(%)				
	签约面积				
	确认销售面积				
地下独立车库	签约比例(%)				
	签约面积				
	确认销售面积				

6.3 销售计划——收入

物业类型	可售面积(万平方米)	全程销售均价(元/平方米)	销售收入(万元)
商品住宅			
公租房			
配套商业			
地下独立车库			
合计			

6.4 项目成本——总目标成本

序号	成本项目	金额（万元）	地上建面单方成本（元/平方米）	总建面单方成本（元/平方米）	占总成本(%)
1	土地费用				
2	综合工程建安费				
2.1	项目前期费				
2.2	建安工程费				
2.3	基础设施建设费				
2.4	不可预见费				
3	开发间接费				
4	融资成本				
5	直接成本合计				
6	销售费				
7	管理费用				
8	总计				

6.5 汇总项目经济指标
单位：万元

序号	项目	金额（比率）	可研版	与可研版差额
1	总投资			
2	营业额			
3	税前利润			
4	税后净利润			
5	销售毛利率			
6	销售净利率			

6.6 售价敏感性分析

商品房均价(元/平方米)	营业额(万元)	税后净利润(万元)	销售净利率

7. 主要考核指标

7.1 产品成功标尺

- 销售净利率＞×××％
- 内部收益率＞×××％
- 毛利率＞×××％
- 项目首期的销售额＞_____万元,回款额＞_____万元
- 项目首期开工不晚于×年×月×日;项目首期达到预售条件不晚于×年×月×日;项目首期竣工备案不晚于×年×月×日

7.2 管理成功标尺

- 项目运营计划达成率＞×××％
- 项目交房一次成功率＞×××％
- 项目工程质量返修率＜×××％

8. 存在问题及解决思路【针对项目中存在的问题或制约因素,提出可行的解决方案供领导决策】

附录 C A 企业×××项目合约规划(模板)

目　录

一、项目目标

　　(一) 经营目标

　　(二) 销售目标

　　(三) 质量目标

　　(四) 工期目标

　　(五) 成本目标

二、项目条件和资源分析

　　(一) 工程概况

　　(二) 产品定位和交房标准

　　(三) 内部资源分析

　　(四) 外部资源分析

三、项目整体工作进度计划

　　(一) 项目关键节点计划

　　(二) 项目专项工作进度计划

四、设计类合同合约规划

五、前期类合同合约规划

六、咨询类合同合约规划

七、建安类合同合约规划

八、有关附件

一、项目目标

　　(一) 经营目标

【示例】建设集甲级写字楼、城市高端公寓以及金融商业于一体的城市综合体；经营模式为销售；销售收入×××亿元，总投资×××亿元，税后净利润×××亿元，全投资内部收益率不低于×××%，开发周期为×年×个月(签署土地成交确认书至项目交付使用)。

（二）销售目标

【示例】30♯地写字楼于 2013 年 11 月 30 日预售，31♯地住宅于 2013 年 9 月 15 日开盘，于 2014 年 10 月 31 日售罄……

（三）质量目标

【示例】某房建结构工程竣工一次性验收合格；市政工程整体验收合格；无主体责任质量事故。

（四）工期目标

【示例】交房时间为 2015 年 10 月。

（五）成本目标

【示例】不超过公司审批的成本指标(写字楼：5 500 元/平方米，住宅：3 997 元/平方米)。

二、项目条件和资源分析

（一）工程概况

【说明】工程概况需要包括：项目位置、地块划分、用地性质、业态划分、占地面积、建筑面积、建筑高度、建筑层数等，一般需要附效果图。

（二）产品定位和交房标准

【说明】需概括说明项目的产品定位和交房标准，可以附件的形式详细说明产品的交房标准。

（三）内部资源分析

【说明】主要包括公司已有经验分析、项目组织团队和公司给予的资源配置等。

【示例】

1. 经验优势：企业 20 年的写字楼开发经验，对客户的需求定位把握准确。
2. 团队优势：管理团队、职能部门经验丰富。
3. 市场优势：项目地处城市 CBD 核心区域，客户需求旺盛，销售回款及时。

（四）外部资源分析

【说明】主要包括项目拟/已参建单位选择范围、拟/已选单位和项目执行团队要求和分析等情况。

三、项目整体工作进度计划

（一）项目关键节点计划

【说明】附图或表说明，详见"项目进度管理"章节。

（二）项目专项工作进度计划

【说明】附图或表说明，详见"项目进度管理"章节。

四、设计类合同合约规划

【说明】需结合拟选择设计单位情况说明设计管理思路，设计合同签约计划，设

附录C A企业×××项目合约规划(模板)

计合同签约进展等情况。

【示例】×××项目设计类合同合约规划

序号	合同名称	合同服务范围	采购策略	签约时间
一	设计类合同			
1	概念规划设计	项目策划及概念性规划方案、说明书及相关图纸	直接委托	
2	施工图审查	有关法律、法规、规章规定的内容	直接委托	
3	勘察设计	按国家技术规范、标准、规程和发包人的任务委托书及技术要求进行工程勘察	内部招标	
4	建筑施工图设计（设计总承包）	总图施工图设计；单体工程（结构、给排水、暖通及电气专业）施工图设计；红线内外线（管线综合图、雨水、污水、给水、采暖、消防外线）施工图设计；所有专业设计、市政设计及相关咨询服务等内容	战略合作	
4.1	精装修设计	室内装饰空间的方案、施工图设计	总包招标	
4.2	夜景照明设计	外立面照明设计	总包招标	
4.3	标识及引导系统	室内引导系统（如走廊、卫生间、出入口）、地下车库交通引导系统等的设计	总包招标	
4.4	园林景观设计	室外园林景观的方案、施工图设计	总包招标	
4.5	机房设计	计算机房的方案、施工图设计	总包招标	
4.6	厨房设计	厨房、操作间的方案、施工图设计	总包招标	
4.7	供电设计	供电方案、施工图设计、图纸报审等	总包招标	
4.8	热力设计	市政热力管网至室内热力站，热力站至各楼出户管的施工图设计	总包招标	
4.9	燃气设计	市政燃气管网至小区燃气调压站，燃气调压站至各楼出户管的施工图设计	总包招标	
4.10	自来水设计	市政管网至小区水泵房，水泵房至各楼出户管	总包招标	
4.11	中水设计	市政管网至小区水泵房，水泵房至各楼出户管	总包招标	
4.12	雨污水设计	各楼排水出户管至化粪池，化粪池至市政污水井	总包招标	
4.13	市政道路设计	小区道路平面图、道路做法	总包招标	
4.14	幕墙顾问	提供外墙幕墙做法、实施要求、验收要求、图纸审核，并提供审图意见	总包招标	

续表

序号	合同名称	合同服务范围	采购策略	签约时间
4.15	LEED/绿色认证	提供节能、节水、减少 CO_2 排放等方面咨询,并提供 LEED/绿色认证所需要的技术文件	总包招标	
4.16	交通顾问	出入口位置分析及论证、小区道路设计,车库车道及车位设计方案	总包招标	
4.17	机电设计顾问	提供本项目的机电系统的规划、设计和咨询服务	总包招标	
4.18	消防性能化顾问	提供有关消防的方案、规划、设计、消防审图、验收等事宜的咨询顾问服务	总包招标	
4.19	结构顾问	提供有关结构的方案、设计、结构审图、验收等事宜的咨询顾问服务	总包招标	
4.20	电梯顾问	提供电梯方案设计、选型等的咨询顾问服务	总包招标	
4.21	停车场优化设计	停车位置和车行通道的优化设计	总包招标	
4.22	室内灯光顾问	照明方式、灯光布局、灯光表现方式、灯的种类及艺术效果、光源的种类等	总包招标	

五、前期类合同合约规划

【说明】需说明前期合同签约计划,拟选择的采购方式和原因,当前前期合同签约进展等情况。

【示例】×××项目前期类合同合约规划

序号	合同名称	合同服务范围	采购策略	签约时间
二	前期类合同			
1	地籍调查	填写地籍调查表相关的资料和本宗地、四邻权属单位签字,按要求制作宗地图等	直接委托	
2	产权办理	缴纳契税、公共维修基金、印花税等税费、按约定时间领取房产证	直接委托	
3	环评报告	编写项目环境影响评价(报告书);协助甲方办理手续并拿到环保局批复	内部招标	
4	交评报告	项目内、外部交通评价及改善建议	直接委托	
5	文物勘探	地块内文物勘探工作并出具合格的报告书	直接委托	
6	立项报告	立项报告所需的相关内容	内部招标	

续表

序号	合同名称	合同服务范围	采购策略	签约时间
7	土地出让合同		直接委托	
8	树木伐移	地块内树木伐移,协助甲方办理伐移许可证	直接委托	
9	钉桩地形图测绘	钉桩、高程复核、地形图等	直接委托	

六、咨询类合同合约规划

【说明】需说明咨询、服务合同签约计划,拟选择的采购方式和原因,当前前期合同签约进展等情况。

【示例】×××项目咨询服务类合同合约规划

序号	合同名称	合同服务范围	采购策略	签约时间
三	咨询服务类合同			
1	工程造价咨询	招标控制价的编制、变更洽商审核、合同争议的鉴定、结算的审核等	内部招标	
2	工程监理	按照监理规范的要求完成施工、验收、试运行、保修期间的监理服务工作	公开招标	
3	招标代理	编制资格预审文件、招标文件;组织投标人预审、踏勘现场;协助招标人定标等	内部招标	
4	工程规划监督测绘	建筑物高度测量、竣工地形图测量、项目地下管线探测、建筑面积测量等	内部招标	
5	沉降观测、基坑监测	按相关要求	内部招标	
6	人防咨询	人防方案、人防面积、人防地下平面布置等的咨询	直接委托	
7	供用电咨询	供电报装前对外电源站点、供电方式进行统一调查及经济对比分析,提供整体供电预备方案及概算等	直接委托	
8	房屋测绘	完成竣工测绘所要求的工作内容	直接委托	

七、建安类合同合约规划

【说明】需结合项目特点、分期分段情况、拟选择总包单位和主要分包单位能力水平(包括其项目经理和项目团队的能力水平)、我公司的项目管理能力说明工程类合同的整体管理思路。

业主方的项目管理

【示例】×××项目建安类合同合约规划

序号	合同名称	合同服务范围	采购策略	签约时间
四	建安类合同			
1	土方施工合同	土方开挖、基坑支护、土方外运等	内部招标	
2	总承包合同	主体工程施工、二次结构及机电工程安装等；并与下述专业分包签订合同	公开招标	
2.1	玻璃幕墙工程	深化设计；材料采购加工、幕墙安装等	总包招标	
2.2	精装修工程	深化设计；材料采购、安装、装修施工等	总包招标	
2.3	电梯设备供货安装	电梯设备采购加工、进场安装、调试、试运行、监督检验、交付使用、保修等	总包招标	
2.4	火灾自动报警及消防联动系统工程	消防材料设备采购、施工安装、单机调试、联动调试、消防验收、竣工验收、移交保修等	总包招标	
2.5	会议系统工程	会议系统设备采购、进场施工安装、调试、竣工验收、移交保修等	总包招标	
2.6	厨房设备工程	深化设计；厨房设备采购、进场施工安装、调试、竣工验收、移交保修等	总包招标	
2.7	弱电工程	设备材料采购、进场施工安装、调试、竣工验收、移交保修等	总包招标	
2.8	机械停车	车位图纸优化；钢结构及设备采购、安装、调试、验收、移交、保修等	总包招标	
2.9	热力工程	设备材料采购、施工、调试验收、保修等	总包招标	
2.10	燃气工程	设备材料采购、进场施工、调试验收、保修	总包招标	
2.11	外电源工程	设备材料采购、进场施工、调试验收、保修	总包招标	
2.12	变配电工程	设备材料采购、进场施工、调试验收、保修	总包招标	
2.13	给水工程	设备材料采购、进场施工、调试验收、保修	总包招标	
2.14	中水工程	设备材料采购、进场施工、调试验收、保修	总包招标	
2.15	园林工程	道路铺装、景观小品制作安装、苗木种植与养护、水电工程等	总包招标	

八、有关附件

×××项目部
××年××月××日

附录 D 建筑工程质量管理点及控制措施表

序号	质量管理点	控制措施	巡查结果
一	土建工程		
1	土方工程		
1.1	基底超挖	根据结构基础图绘制基坑开挖基底标高图,经审核无误方可使用。土方开挖过程中,特别是临近基底时,派专业测量人员控制开挖标高	
1.2	基底未保护	基坑开挖后尽量减少对基土的扰动,如基础不能及时施工时,应预留 30 cm 土层不挖,待基础施工时再开挖	
1.3	施工顺序不合理	开挖时应严格按施工方案规定的顺序进行,先从低处开挖,分层分段,依次进行,形成一定坡度,以利排水	
1.4	开挖尺寸不足,边坡过陡	基底的开挖宽度和坡度,除考虑结构尺寸外,应根据施工实际要求增加工作面宽度	
2	地下防水		
2.1	材料检查	严格按照设计要求的规格、型号检查防水材料,确保合格	
2.2	空鼓	施工时要严格控制基层含水率;卷材铺贴时,要将空气排除彻底,接缝处应认真操作,使其粘结牢固。对阴阳角、管根等特殊部位,在防水施工前,应做增强处理	
2.3	渗漏	卷材末端的收头处理,必须用嵌缝膏或其他密封材料封闭;防水层施工完成后,要做好成品保护,并及时按设计要求做保护层	
3	回填土工程		
3.1	未按要求测定土的干密度	回填土每层都应测定夯实后的干土密度,检验其密实度,符合设计要求才能铺上层土;未达到设计要求的部位应有处理方法和复验结果	

附录 D

序号	质量管理点	控制措施	巡查结果
3.2	回填土下沉	因虚铺土超过规定厚度或冬期施工时有较大的冻土块,或压实遍数不够,甚至漏压,坑(槽)底有机物或落土等杂物清理不彻底等因素造成回填土下沉,施工中要认真执行规范规定,检查发现后及时纠正	
3.3	回填土夯压不密实	回填时,应在夯压前对于土适当洒水湿润,对土太湿造成的"橡皮土"要挖出换土重填	
3.4	管道下部夯填不实	回填管沟时,为防止管道中心线位移或损坏管道,应用人工先在管子周围填土夯实,并应从管道两边同时进行,直至管顶 0.5 m 以上,在不损坏管道的情况下,可采用机械回填和压实	
4	大体积混凝土施工		
4.1	控制裂缝的产生	(1) 优化配合比设计,采用低水化热水泥,并掺用一定配比的外加剂和掺合料,同时采取措施降低混凝土的出机温度和入模温度 (2) 混凝土浇筑应做到斜面分段分层浇筑、分层捣实,但又必须保证上下层混凝土在初凝之前结合好,不致形成施工冷缝,应采取二次振捣法 (3) 在四周外模上留设泌水孔,以使混凝土表面泌水排出,并用软轴泵排水 (4) 混凝土浇筑到顶部,按标高用长刮尺刮平,在混凝土硬化前 1~2 h 用木搓板反复搓压,直至表面密实,以消除混凝土表面龟裂 (5) 混凝土浇筑完后,应及时覆盖保湿养护或蓄水养护,并进行测温监控,内外温差控制在 25℃以内	
5	钢筋工程		
5.1	墙柱钢筋位移	在混凝土浇筑前检查钢筋位置,宜用梯子筋、定位卡或临时箍筋加以固定;浇筑混凝土前再复查一遍,如发生位移,则应校正后再浇筑混凝土。浇筑混凝土时注意浇筑振捣操作,尽量不碰到钢筋,浇筑过程中派专人随时检查,及时修整钢筋	
5.2	钢筋接头位置错误	梁、柱、墙钢筋接头较多时,翻样配料加工时应根据图纸预先画施工简图,注明各号钢筋搭配顺序,并避开受力钢筋的最大弯矩处	

附录D 建筑工程质量管理点及控制措施表

附录D

序号	质量管理点	控制措施	巡查结果
5.3	绑扎接头、对焊接头未错开	经对焊加工的钢筋,在现场进行绑扎时对焊接头要错开搭接位置,加工下料时,凡距钢筋端头搭接长度范围以内不得有对焊接头	
5.4	箍筋弯钩不足135°	钢筋加工成形时应注意检查平直长度是否符合要求,现场绑扎操作时,应认真按135°弯钩	
5.5	板的弯起钢筋、负弯矩筋被踩到下面	板的钢筋绑好之后禁止人在钢筋上行走或采取有效措施防止负筋被踩到下面,且在混凝土浇筑前先整修合格	
6	模板工程		
6.1	墙面凹凸不平、模板粘连	要定期对模板检修,板面有缺陷时,应随时进行修理,不得用大锤或振捣棒猛振模板,或用撬棍打模板;模板拆除不能过早,混凝土强度达到1.2 MPa方可拆除模板,并认真及时清理和均匀涂刷隔离剂,要有专人验收检查	
6.2	阴角不垂直、不方正	对于阴角处的角模,支撑时要控制其垂直度,并且用顶铁加固,保证阴角模的每个翼缘必须有一个顶铁,阴角模的两侧边粘贴海绵条,以防漏浆	
6.3	梁柱接头错台	在柱模上口焊20 mm×6 mm的钢条,柱子浇完混凝土后,使混凝土柱端部四周形成一个20 mm×6 mm交圈的凹槽,第二次支梁柱顶模时,在柱顶混凝土的凹槽处粘贴橡胶条,梁柱顶模压在橡胶条上,以保证梁柱接头不产生错台	
7	混凝土工程		
7.1	麻面、蜂窝、孔洞	在进行墙柱混凝土浇筑时,要严格控制下灰厚度(每层不超过50 cm)及混凝土振捣时间;为防止混凝土墙面气泡过多,应采用高频振捣棒振捣至气泡排除为止;遇钢筋较密的部位时,用细振捣棒振捣,以杜绝蜂窝、孔洞	
7.2	漏浆、烂根	墙体支模前应在模板下口抹找平层,找平层嵌入模板不超过1 cm,保证下口严密;浇筑混凝土前先浇筑5~10 cm同等级混凝土水泥砂浆;混凝土坍落度要严格控制,防止混凝土离析;底部振捣应认真操作	

附录 D

序号	质量管理点	控制措施	巡查结果
7.3	楼板面凸凹不平整	梁板混凝土浇筑方向应平行于次梁推进,并随打随抹;在墙柱钢筋上用红色油漆标注楼面+0.5 m的标高,拉好控制线控制楼板标高,浇混凝土时用刮杠找平;混凝土浇筑2~3 h后,用木抹子反复(至少3遍)搓平压实;当混凝土达到规定强度时方可上人	
8	钢结构工程		
8.1	构件运输堆放变形	构件运输堆放时地面必须垫平,垫点应合理,上下垫木应在一条垂线上,以避免垫点受力不均而产生变形	
8.2	焊接变形	应采用合理焊接顺序及焊接工艺或采用夹具、胎具将构件固定,然后再进行焊接,以防止焊接后翘曲变形	
8.3	尺寸不准	钢构件制作、吊装、检查时应用统一精度的钢尺,并严格检查构件制作尺寸,不允许超过允许偏差	
8.4	螺栓孔眼不对	安装时不得任意扩孔或改为焊接,应与设计单位协商后按规范或洽商要求进行处理	
8.5	焊接质量不合格	焊工须有上岗证,焊接部位按编号做检查记录,全部焊缝经外观检查凡达不到要求时,补焊后应复验	
8.6	不使用安装螺栓,直接安装高强螺栓	安装时必须按规范要求先使用安装螺栓临时固定,调整紧固后再安装高强螺栓并替换	
9	砌筑工程		
9.1	拉结筋弯折、切断	砌砖时要注意保护好拉结筋,不允许任意弯折或切断	
9.2	墙体凸凹不平	砌筑时必须认真拉线,浇筑混凝土构造柱或圈梁时必须加好支撑,要坚持分层浇筑,分层振捣,浇筑高度不能大于2 m,插振不得过度	
9.3	墙体留槎,接槎不严	施工间歇和流水作业需要留槎时必须留斜槎,留槎的槎口大小要根据所使用的材料和组砌方法而定;留槎的高度不超过1.2 m,一次到顶的留槎是不允许的	
10	屋面工程		
10.1	找平层起砂、空鼓、开裂	找平层施工前,基层应清理干净并洒水湿润,但不能用水浇透;施工时要抹压充分,尤其是屋面转角处、出屋面管根和埋件周围要认真操作,不能漏压;抹平压实后,浇水养护,不能过早上人踩踏	

附录 D 建筑工程质量管理点及控制措施表

附录 D

序号	质量管理点	控制措施	巡查结果
10.2	屋面积水	打底找坡时要根据坡度要求拉线找坡贴灰饼,顺排水方向冲筋,在排水口、雨水口处宜出泛水,保温层、防水层和面层施工时均要符合屋面坡度的要求	
10.3	防水层空鼓、渗漏	防水层施工时要严格控制基层含水率,并在后续工序的施工中加强检查,严格执行工艺规程	
二	机电安装工程		
1	室内给水管道安装		
1.1	暗装冷热水管道渗水	暗装于墙内或吊顶内的管道一定经试压合格后,方可隐蔽,且尽量无接头	
1.2	吊顶内管道滴水	对吊顶内管道,一定要做好防结露措施	
2	室内排水管道安装		
2.1	排水管道倒坡	立管 T、Y 形三通甩口不准,或者其中的支管高度不准,导致倒坡	
2.2	地漏过高或过低	标准地坪找准后,低于地面 2 cm,坡向地漏	
2.3	管道堵塞	管道立管安装完毕后,应将所有管口封闭严密,防止杂物掉入	
2.4	直埋管道渗漏	防止管基不密实,受力不均,导致管道不均匀下沉。故管基础要坚硬,另外应检查管道是否有砂眼	
3	室内采暖安装工程		
3.1	采暖热水干管运行有响声	干管运行时管内存有气体和水,影响水、汽的正常循环,发出水的冲击声。预控方法是采用偏心变径,而不是同心变径,在热水采暖系统中,保证管壁上平,蒸汽采暖系统保证管壁下平即可	
3.2	散热器不热或冷热不均	防止管道内和散热器有杂物,而影响介质流向的合理分配或者防止散热器或支管倒坡	
4	卫生设备安装工程		
4.1	管道设备内堵塞	冲洗未冲净,冲洗应以系统内最大压力和最大流量进行,出口处与入口处目测一致才为合格	
4.2	设备、管道冻坏	冬施水压试验后,必须采取可靠措施把水泄净	

附录 D

序号	质量管理点	控制措施	巡查结果
5	消防工程		
5.1	喷洒头不成行、成排	各专业工序安装无统一协调,应与风口、灯具、温感、烟感、广播及装修统一协调布置	
5.2	水泵接合器不能加压	注意单流阀不要装反,盲板一定要拆除;阀门均处于开启状态	
5.3	喷洒头喷水不足	安装喷头前消防喷洒系统一定要做冲洗或吹洗,以免杂物堵塞	
5.4	水流指示器不灵敏	防止安装方向相反或电接点有氧化物造成接触不良	
6	管道及设备防腐保温		
6.1	管道设备表面脱皮、返锈	管材除锈不净	
6.2	保温效果未达到设计要求	承包商采用的保温材料,其材料强度、密度、导热系数不符合设计要求,或保温材料厚度不够	
7	风管及部件安装工程		
7.1	风管与排水管、喷洒支管等管线"打架"	安装前,水、电、通风三个专业确定好各自管线、桥架的水平位置及标高,绘出综合布置详图	
7.2	风管变形	对于较长风管,起吊时速度应同步进行,首尾呼应,防止由于一头高一头低,中段风管法兰受力过大而变形	
7.3	保温材料松散脱落	保温钉黏结不牢,密度不够,玻璃丝布缠裹不紧,以及人为踩踏	
7.4	风机盘管表冷器堵塞	风机盘管和管道连接前未经冲洗排污	
7.5	风机盘管结水盘堵塞	风机盘管运行前,应清理结水盘内杂物,以保证凝水排出,结水盘也应有一定坡度	
7.6	风机产生异常的振动	安装前,应检查叶轮重量是否对称或叶片上是否有附着物	
7.7	保温后仍有冷凝水	整个制冷管路有保温不到的地方或有破损的地方,特别是高点	

附录 D 建筑工程质量管理点及控制措施表

附录 D

序号	质量管理点	控制措施	巡查结果
7.8	末端风机盘管不热或不冷	空调水管路系统中,风机盘管可能成了系统最高点	
8	卫生洁具安装工程		
8.1	卫生洁具存水弯冻裂	在冬季未通暖房间的卫生洁具,存水弯应无积水	
8.2	卫生洁具存水弯堵塞	防止在即将交工时,将建筑垃圾倒入卫生洁具中,造成堵塞	
8.3	坐便器周围离开地面	下水管口预留过高,稳装前需修理	
9	器具安装工程		
9.1	灯具、吊扇的中心线偏差超出允许范围	在确定成排灯具、吊扇的位置时,必须拉线、拉十字线	
9.2	开关、插座面板不平整,与墙面有缝隙	安装插座、面板前,应进行预埋盒的清理,盒口平齐,保证面板紧贴墙面	
9.3	多灯房间开关与控制灯顺序不对应	房间多灯具的开关安装时应依顺序压接,保持开关方向一致	
9.4	同一房间的开关、插座的安装标高不一样	开关插座标高应在安装预埋盒时进行控制一致	
10	消防自动报警工程		
10.1	导线压接松动、编号混乱、颜色不统一	消防系统的编号必须准确并应有记录	
10.2	探测器与灯位、通风口等部位相互干扰	装修阶段应画出装修顶板节点图,排列风口、探测器等的相对位置	
10.3	运行中误报	为防止消防系统的误报,应保证导线压接牢固,设备安装到位,接地良好	
三	装饰工程		
1	门窗工程		
1.1	门窗洞口预留尺寸不准	砌筑时上下左右拉线找规矩,一般门窗框上皮应低于门窗过梁 10~15 mm,窗框下皮应比窗台上皮高 5 mm	

附录 D

序号	质量管理点	控制措施	巡查结果
1.2	合页不平、螺丝松动、合页槽深浅不一	安装合页时,必须按画好的合页位置线开凿合页槽,槽深应比合页厚度大 1～2 mm;根据合页规格选用合适的木螺丝,木螺丝可用锤打入 1/3 深后,再行拧入	
1.3	门窗安装标高不一致	安装前先弹线找规矩,做好准备工作后,先安样板,合格后再全面安装	
2	幕墙		
2.1	铝合金构件表面污染严重	运输安装过程中,不能过早撕掉表面保护膜,打胶时尽量不要污染面层,打胶后及时将表面擦拭干净	
2.2	玻璃幕漏水	玻璃四周的密封条规格要匹配,尺寸不得过大或过小,镶嵌要平整严密,接口处一定要充填密实	
3	墙面石材		
3.1	石材色差大	石材选样后进行封样,按照选样石材,对进场的石材检验挑选,对于色差较大的应进行更换	
3.2	石材安装出现高低差、不平整	安装石材应吊垂直线和拉水平线控制,避免出现高低差	
3.3	石材缺棱掉角	石材在运输、二次加工、安装过程中注意不要磕碰	
	……		

附录E 建筑工程实测实量工作指引(模板)

1. 编制目的
　　为保证×××公司(简称"公司")的开发产品质量,公司组织第三方单位对各项目通过监理验收的分项工程进行外观质量抽测。抽测结果定期公布并供对监理、施工单位工作履约评估时参考使用。
2. 适用范围
　　本指引适用于公司及所属公司(包括各分公司,全资、控股子公司及实施管理控制的子公司)所有新建、改建和扩建工程。
3. 取样原则
3.1　随机原则:实测取样部位及检测点应在监测周期内完成的并通过监理验收的分部分项工程范围内选定。抽样方案事前依据图纸随机确定。
3.2　可追溯原则:对实测实量的各项目标段结构层或房间的具体楼栋号、房号做好书面记录并存档。
3.3　完整原则:同一分部工程内所有分项实测指标,根据现场情况,具备条件的必须全部进行实测,不能有遗漏。
3.4　效率原则:在选取实测套房时,要充分考虑各分部分项的实测指标的可测性,使一套房包括尽可能多的实测指标,以提高实测效率。
3.5　常态原则:各项目对施工现场的管理要保持常态化。严禁采用停工迎检或者进行各种形式的违规隐蔽等。
3.6　公正原则:对出现违反职业操守、职业底线的行为,公司将对责任人员严肃处理,并视情节严重程度,扣减实测合格率。
4. 编制依据
4.1　相关现行验收规范、标准图集。
4.2　设计图纸、招投标文件及合同。
5. 管理职责
5.1　集团产品研发部
5.1.1　组织实测实量单位选定;
5.1.2　组织实测工作开展及实测结果分析;

5.1.3 每季度提供评估报告,公示项目质量实测合格率排名。

5.2 子公司质量管理部门

5.2.1 督促签订实测实量工作委托合同;

5.2.2 具体组织本公司项目实测实量工作;

5.2.3 对实测期间项目部及实测单位人员的客观性、廉政情况进行监督;

5.2.4 督促项目部组织对实测过程中提出的重点问题整改落实;

5.2.5 组织项目间的交流、评比、培训工作。

5.3 项目部

5.3.1 监督监理、施工单位现场质量验收工作的落实情况;

5.3.2 抽检监理单位验收工作完成质量;

5.3.3 组织相关单位配合外部实测实量工作;

5.3.4 组织落实验收过程中发现的质量问题。

6. 主要内容

6.1 混凝土结构工程

6.1.1 基本原则

6.1.1.1 同一标段内根据各楼栋进度,在实测前随机确定已拆完模板的2个楼层作为混凝土结构工程的实测层。

6.1.1.2 根据选取楼层结构平面图,实测实量选点考虑每层结构4个角和中间砼剪力墙、柱。当实测砼结构的截面尺寸、表面平整度、垂直度时,每个实测层要选取10个实测区、2个实测层累计20个实测区。

6.1.1.3 当实测同一楼层内顶板水平极差时,每个实测层选取5个实测区,每个实测区实测5点,每个点均作为1个计算点。

6.1.2 截面尺寸偏差(砼结构)

6.1.2.1 指标说明:反映层高范围内剪力墙、砼柱施工尺寸偏差。

6.1.2.2 合格标准:截面尺寸偏差[-5,8] mm。

6.1.2.3 测量工具:5 m钢卷尺。

6.1.2.4 测量方法和数据记录:

(1) 以钢卷尺测量同一面墙/柱截面尺寸,精确至毫米。

(2) 同一墙/柱面作为1个实测区,累计实测实量20个实测区。每个实测区从地面向上 300 mm 和 1 500 mm 各测量截面尺寸1次,选取其中与设计尺寸偏差最大的数,作为判断该实测指标合格率的1个计算点。

6.1.3 表面平整度(砼结构)

6.1.3.1 指标说明:反映层高范围内剪力墙、砼柱表面平整程度。

6.1.3.2 合格标准:[0,8] mm。

6.1.3.3 测量工具:2米靠尺、楔形塞尺。

6.1.3.4 测量方法和数据记录:

(1) 剪力墙/暗柱:选取长边墙,任选长边墙两面中的一面作为1个实测区。累计实测实量20个实测区。

(2) 当所选墙长度小于3 m时,同一面墙4个角(顶部及根部)中取左上及右下2个角。按45度角斜放靠尺,累计测2次表面平整度。跨洞口部位必测。这2个实测值分别作为计算该指标合格率的2个点。

(3) 当所选墙长度大于3 m时,除按45度角斜放靠尺测量两次表面平整度外,还需在墙长度中间水平放靠尺测量1次表面平整度。跨洞口部位必测。这3个实测值分别作为判断该指标合格率的3个计算点。

6.1.4 垂直度(砼结构)

6.1.4.1 指标说明:反映层高范围内剪力墙、砼柱表面垂直的程度。

6.1.4.2 合格标准:[0,8] mm。

6.1.4.3 测量工具:2 m靠尺。

6.1.4.4 测量方法和数据记录:

(1) 剪力墙:任取长边墙的一面作为1个实测区。累计实测实量20个实测区。

(2) 当墙长度小于3 m时,同一面墙距两端头竖向阴阳角约30 cm位置,分别按以下原则实测2次:一是靠尺顶端接触到上部砼顶板位置时测1次垂直度,二是靠尺底端接触到下部地面位置时测1次垂直度。砼墙体洞口一侧为垂直度必测部位。这2个实测值分别作为判断该实测指标合格率的2个计算点。

(3) 当墙长度大于3 m时,同一面墙距两端头竖向阴阳角约30 cm和墙中间位置,分别按以下原则实测3次:一是靠尺顶端接触到上部砼顶板位置时测1次垂直度,二是靠尺底端接触到下部地面位置时测1次垂直度,三是在墙长度中间位置靠尺基本在高度方向居中时测1次垂直度。砼墙体洞口一侧为垂直度必测部位。这3个实测值分别作为判断该实测指标合格率的3个计算点。

(4) 砼柱:任选砼柱四面中的两面,分别将靠尺顶端接触到上部砼顶板和下部地面位置时各测1次垂直度。这2个实测值分别作为判断该实测指标合格率的2个计算点。

6.1.5 顶板水平度极差(仅适用于住宅项目)

6.1.5.1 指标说明:考虑实际测量的可操作性,选取同一功能房间砼顶板内四个角点和一个中点距离同一水平基准线之间5个实测值的极差值,综合反映同一房间砼顶板的平整程度。

6.1.5.2 合格标准:[0,15] mm。

6.1.5.3 测量工具:激光扫平仪、具有足够刚度的 5 米钢卷尺(或 2 米靠尺、激光测距仪)。

6.1.5.4 测量方法和数据记录:

(1) 同一功能房间砼顶板作为 1 个实测区,累计实测实量 8 个实测区。

(2) 使用激光扫平仪,在实测板跨内打出一条水平基准线。同一实测区距顶板天花线约 30 cm 处位置选取 4 个角点,以及板跨几何中心位(若板单侧跨度较大可在中心部位增加 1 个测点),分别测量砼顶板与水平基准线之间的 5 个垂直距离。以最低点为基准点,计算另外四点与最低点之间的偏差。偏差值≤15 mm 时实测点合格;最大偏差值≤20 mm 时,5 个偏差值(基准点偏差值以 0 计)的实际值作为判断该实测指标合格率的 5 个计算点。最大偏差值>20 mm 时,5 个偏差值均按最大偏差值计,作为判断该实测指标合格率的 5 个计算点。

(3) 所选 2 套房中顶板水平度极差的实测区不满足 8 个时,需增加实测套房数。

6.1.6 楼板厚度偏差(砼结构)

6.1.6.1 指标说明:反映楼板结构尺寸偏差。

6.1.6.2 合格标准:[-5,8] mm。

6.1.6.3 测量工具:超声波楼板测厚仪(非破损)或卷尺(破损法)

6.1.6.4 测量方法和数据记录:

(1) 同一跨板作为 1 个实测区,累计实测实量 10 个实测区。每个实测区取 1 个样本点,取点位置为该板跨中区域。

(2) 测量所抽查跨的楼板厚度,当采用非破损法测量时将测厚仪发射探头与接收探头分别置于被测楼板的上下两侧,仪器上显示的值即为两探头之间的距离,移动接收探头,当仪器显示为最小值时,即为楼板的厚度;当采用破损法测量时,可用电钻在板中钻孔(需特别注意避开预埋电线管等),以卷尺测量孔眼厚度。1 个实测值作为判断该实测指标合格率的 1 个计算点。

(3) 所选 2 套房中楼板厚度偏差的实测区不满足 10 个时,需增加实测套房数。

6.2 钢结构(内容略,可根据公司或项目具体情况参照 6.1 条款内容进行规定)

6.3 砌筑工程(略)

6.4 机电安装(略)

6.5 抹灰工程(略)

6.6 防水工程(略)

6.7 幕墙工程(略)

6.8 涂饰工程(略)

6.9　墙面饰面砖工程（略）

6.10　地面饰面砖工程（略）

6.11　室内门安装工程（略）

6.12　铝合金（或塑钢）门窗安装工程（略）

6.13　木地板安装工程（略）

7. 实测实量工作要求

7.1　实测实量工作范围：从主体结构工程开始，到竣工验收为止，涉及主体结构工程、二次砌筑工程、抹灰工程、机电安装工程和装修工程（含精装修）。

7.2　要求施工单位必须编制所承建项目的实测实量检查细则，制定相关质量保证措施及整改措施。严格要求按100%自检要求进行实测实量，建立实测实量档案，并及时将测量结果、整改情况上报监理单位及项目部。

7.3　监理单位必须编制所在项目的实测实量监督细则（包括检查范围、检查方式、检查数量、检查结果反馈、检查问题整改情况）。要求监理单位按照30%实测抽检。

7.4　第三方实测实量工作必须在监理单位和施工单位质量验收合格的基础上进行。

7.5　子公司可自行确定项目部实测抽检比例。

8. 实测实量工作流程

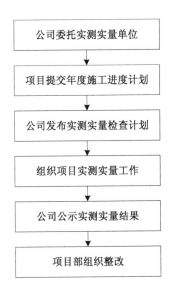

9. 质量风险评估

9.1　对常见质量通病：防水渗漏、空鼓开裂、观感质量和成品保护等问题进行质量风险评估。

9.2 评分办法:分项风险分级——根据风险影响程度和发生概率计算分项风险等级,共分为 A、B、C 三级。

9.3 项目综合风险分级:A 级——分项风险分级 B 级少于两项,其余全部为 A 级的项目;B 级——除 A、C 级综合风险分类条件之外的各类分项风险组合的项目;C 级——分项风险分级存在两项(包含)以上为 C 级的项目。

9.4 根据检查情况,对风险进行计算和评估,形成质量风险评估表和汇总表。

10. 总结评比与奖惩

10.1 集团产品研发部根据第三方实测实量结果,依据项目面积加权合格率对项目排名公示。

10.2 集团分析整理各子公司项目实测数据,甄别共性问题,制定解决措施。

10.3 集团将实测结果作为核定子公司质量状况的关键评判指标。

附录 F 土建、装饰工程验收检查项目清单

序号	主要检查、验收内容	备注
一	主体结构工程	
1	地基基础的沉降不得超过 GBJ 7(《建筑地基基础设计规范》)的允许变形值；不得引起上部结构的开裂或相邻房屋的损坏	
2	钢筋混凝土构件产生变形、裂缝不得超过 GBJ 10(《钢筋混凝土结构设计规范》)的规定值	
3	木节点应节点牢固,支撑系统可靠,无蚁害,其构件的选材必须符合 GBJ 206 (《木结构工程施工及验收规范》)中 2.1.1 条的有关规定	
4	砖石结构必须有足够的刚度,不允许有明显的裂缝	
5	凡应抗震设防的房屋,必须符合 GBJ 11(《建筑抗震设计规范》)	
6	现浇结构的外观质量不应有严重缺陷	
7	现浇结构不应有影响结构性能和使用功能的尺寸偏差。混凝土设备基础不应有影响结构性能和设备安装的尺寸偏差	
二	建筑屋面工程	
1	屋面工程所采用的防水、保温隔热材料应有产品合格证书和性能检测报告,材料的品种、规格、性能等应符合现行国家产品标准和设计要求	
2	找平层的排水坡度应符合设计要求。平屋面采用结构找坡不应小于 3%,采用材料找坡宜为 2%;天沟、檐沟纵向找坡不应小于 1%,沟底水落差不得超过 200 mm	
3	基层与突出屋面结构(女儿墙、山墙、天窗壁、变形缝、烟囱等)的交接处和基层的转角处,找平层均应做成圆弧形,内部排水的水落口周围,找平层应做成略低的凹坑	
4	检查屋面有无渗漏、积水和排水系统是否畅通,应在雨后或持续淋水 2 h 后进行。有可能作蓄水检验的屋面,其蓄水时间不应少于 24 h	
5	女儿墙根部、出屋面的管道根部的防水施工质量符合规范要求	

附录 F

序号	主要检查、验收内容	备注
6	屋面找平层、保温层、保护层、排汽、排水管道的施工质量合格	
7	内外雨水排水管道的实物安装质量合格	
8	女儿墙压顶的泛水朝向正确、坡度符合要求	
9	检查防水施工过程记录	
10	屋面透光部位的玻璃顶棚等有特殊安装要求的,应与设计图纸一致	
11	阳台和房屋的屋面应有组织排水,出水口、檐沟、落水管应安装牢固,接口严密,不渗漏	
三	建筑装饰装修工程	
(一)	抹灰工程	
1	抹灰层与基层之间及各抹灰层之间必须黏结牢固,抹灰层应无脱层、空鼓,面层应无爆灰和裂缝	
2	普通抹灰表面应光滑、洁净、接槎平整,分格缝应清晰	
3	护角、孔洞、槽、盒周围的抹灰表面应整齐、光滑;管道后面的抹灰表面应平整	
4	灰分格缝的设置应符合设计要求,宽度和深度应均匀,表面应光滑,棱角应整齐	
5	有排水要求的部位应做滴水线(槽)。滴水线(槽)应整齐顺直,滴水线应内高外低,滴水槽的宽度和深度均不应小于 10 mm	
6	一般抹灰工程质量的允许偏差和检验方法应符合《建筑装饰装修工程施工质量验收规范》表 4.2.11 的规定	
(二)	门窗工程	
1	木门窗安装工程	
1.1	木门窗的木材品种、材质等级、规格、尺寸、框扇的线型及人造木板的甲醛含量应符合设计要求	
1.2	木门窗应采用烘干的木材,含水率应符合《建筑木门、木窗》(JG/T 122-2000)的规定	
1.3	木门窗的防火、防腐、防虫处理应符合设计要求	

附录 F 土建、装饰工程验收检查项目清单

附录 F

序号	主要检查、验收内容	备注
1.4	木门窗的结合处和安装配件处不得有木节或已填补的木节。木门窗如有允许限值以内的死节及直径较大的虫眼时,应用同一材质的木塞加胶填补。对于清漆制品,木塞的木纹和色泽应与制品一致	
1.5	木门窗的品种、类型、规格、开启方向、安装位置及连接方式应符合设计要求	
1.6	木门窗框的安装必须牢固,木门窗扇必须安装牢固,并应开关灵活,关闭严密,无倒翘	
1.7	木门窗配件的型号、规格、数量应符合设计要求,安装应牢固,位置应正确,功能应满足使用要求	
1.8	木门窗表面应洁净,不得有刨痕、锤印	
1.9	木门窗与墙体间缝隙的填嵌材料应符合设计要求,填嵌应饱满。寒冷地区外门窗(或门窗框)与砌体间的空隙应填充保温材料	
1.10	木门窗批水、盖口条、压缝条、密封条的安装应顺直,与门窗结合应牢固、严密	
1.11	木门窗安装的留缝限值、允许偏差和检验方法应符合《建筑装饰装修工程施工质量验收规范》表 5.2.18 的规定	
2	金属门窗安装工程	
2.1	金属门窗的品种、类型、规格、尺寸、性能、开启方向、安装位置、连接方式及铝合金门窗的型材壁厚应符合设计要求	
2.2	金属门窗框和副框的安装必须牢固。预埋件的数量、位置、埋设方式、与框的连接方式必须符合设计要求	
2.3	金属门窗扇必须安装牢固,并应开关灵活,关闭严密,无倒翘。推拉门窗扇必须有防脱落措施	
2.4	金属门窗配件的型号、规格、数量应符合设计要求,安装应牢固,位置应正确,功能应满足使用要求	
2.5	金属门窗表面应洁净、平整、光滑、色泽一致,无锈蚀。大面应无划痕、碰伤。漆膜或保护层应连续	
2.6	钢门窗安装的留缝限值、允许偏差和检验方法应符合《建筑装饰装修工程施工质量验收规范》表 5.3.11 的规定	

附录 F

序号	主要检查、验收内容	备注
3	塑料门窗安装工程	
3.1	塑料门窗的品种、类型、规格、尺寸、开启方向、安装位置、连接方式及填嵌密封处理应符合设计要求,内衬增强型钢的壁厚及设置应符合国家现行产品标准的质量要求	
3.2	塑料门窗框、副框和扇的安装必须牢固。固定片或膨胀螺栓的数量与位置应正确,连接方式应符合设计要求	
3.3	塑料门窗拼樘料内衬增强型钢的规格、壁厚必须符合设计要求,型钢应与型材内腔紧密吻合,其两端必须与洞口固定牢固	
3.4	塑料门窗扇应开关灵活、关闭严密,无倒翘。推拉门窗扇必须有防脱落措施	
3.5	塑料门窗配件的型号、规格、数量应符合设计要求,安装应牢固,位置应正确,功能应满足使用要求	
3.6	塑料门窗表面应洁净、平整、光滑,大面应无划痕、碰伤	
3.7	塑料门窗安装的允许偏差和检验方法应符合《建筑装饰装修工程施工质量验收规范》表 5.4.13 的规定	
4	特种门安装工程	
4.1	特种门的质量和各项性能应符合设计要求	
4.2	特种门的品种、类型、规格、尺寸、开启方向、安装位置及防腐处理应符合设计要求	
4.3	带有机械装置、自动装置或智能化装置的特种门,其机械装置、自动装置或智能化装置的功能应符合设计要求和有关标准的规定	
4.4	特种门的安装必须牢固	
4.5	特种门的配件应齐全,位置应正确,安装应牢固,功能应满足使用要求和特种门的各项性能要求	
4.6	特种门的表面应洁净,无划痕、碰伤	
4.7	推拉自动门安装的留缝限值、允许偏差和检验方法应符合《建筑装饰装修工程施工质量验收规范》表 5.5.9 的规定	
4.8	推拉自动门的感应时间限值和检验方法应符合《建筑装饰装修工程施工质量验收规范》表 5.5.10 的规定	
4.9	旋转门安装的允许偏差和检验方法应符合《建筑装饰装修工程施工质量验收规范》表 5.5.11 的规定	

附录 F 土建、装饰工程验收检查项目清单

附录 F

序号	主要检查、验收内容	备注
5	门窗玻璃安装工程	
5.1	玻璃的品种、规格、尺寸、色彩、图案和涂膜朝向应符合设计要求。单块玻璃大于 1.5 m² 时应使用安全玻璃	
5.2	门窗玻璃裁割尺寸应正确。安装后的玻璃应牢固,不得有裂纹、损伤和松动	
5.3	密封条与玻璃、玻璃槽口的接触应紧密、平整。密封胶与玻璃、玻璃槽口的边缘应黏结牢固、接缝平齐	
5.4	玻璃表面应洁净,不得有腻子、密封胶、涂料等污渍。中空玻璃内外表面均应洁净,玻璃中空层内不得有灰尘和水蒸气	
5.5	门窗玻璃不应直接接触型材。单面镀膜玻璃的镀膜层及磨砂玻璃的磨砂面应朝向室内。中空玻璃的单面镀膜玻璃应在最外层,镀膜层应朝向室内	
(三)	吊顶工程	
1	吊顶标高、尺寸、起拱和造型应符合设计要求	
2	饰面材料的材质、品种、规格、图案和颜色应符合设计要求	
3	暗龙骨吊顶工程的吊杆、龙骨和饰面材料的安装必须牢固	
4	吊杆、龙骨的材质、规格、安装间距及连接方式应符合设计要求。金属吊杆、龙骨应经过表面防腐处理;木吊杆、龙骨应进行防腐、防火处理	
5	饰面材料表面应洁净、色泽一致,不得有翘曲、裂缝及缺损。压条应平直、宽窄一致	
6	饰面板上的灯具、烟感器、喷淋头、风口篦子等设备的位置应合理、美观,与饰面板的交接应吻合、严密	
7	吊顶内填充吸声材料的品种和铺设厚度应符合设计要求,并应有防散落措施	
8	暗龙骨吊顶工程安装的允许偏差和检验方法应符合《建筑装饰装修工程施工质量验收规范》表 6.2.11 的规定	
(四)	轻质隔墙工程	
1	隔墙板材的品种、规格、性能、颜色应符合设计要求。有隔声、隔热、阻燃、防潮等特殊要求的工程,板材应有相应性能等级的检测报告	
2	隔墙板材安装必须牢固	

附录 F

序号	主要检查、验收内容	备注
3	隔墙板材安装应垂直、平整、位置正确,板材不应有裂缝或缺损	
4	板材隔墙表面应平整光滑、色泽一致、洁净、接缝应均匀、顺直	
5	骨架隔墙所用龙骨、配件、墙面板、填充材料及嵌缝材料的品种、规格、性能和木材的含水率应符合设计要求。有隔声、隔热、阻燃、防潮等特殊要求的工程,材料应有相应性能等级的检测报告	
6	活动隔墙所用墙板、配件等材料的品种、规格、性能和木材的含水率应符合设计要求。有阻燃、防潮等特性要求的工程,材料应有相应性能等级的检测报告	
7	活动隔墙轨道必须与基体结构连接牢固,并应位置正确	
8	活动隔墙用于组装、推拉和制动的构配件必须安装牢固、位置正确,推拉必须安全、平稳、灵活	
9	玻璃隔墙工程所用材料的品种、规格、性能、图案和颜色应符合设计要求。玻璃板隔墙应使用安全玻璃	
(五)	饰面板(砖)工程	
1	饰面板的品种、规格、颜色和性能应符合设计要求,木龙骨、木饰面板和塑料饰面板的燃烧性能等级应符合设计要求	
2	饰面板表面应平整、洁净、色泽一致、无裂痕和缺损。石材表面应无泛碱等污染	
3	采用湿作业法施工的饰面板工程,石材应进行防碱背涂处理。饰面板与基体之间的灌注材料应饱满、密实	
4	满粘法施工的饰面砖工程应无空鼓、裂缝	
5	饰面砖表面应平整、洁净、色泽一致、无裂痕和缺损	
6	阴阳角处搭接方式、非整砖使用部位应符合设计要求	
(六)	幕墙工程	
1	玻璃幕墙工程所使用的各种材料、构件和组件的质量,应符合设计要求及国家现行产品标准和工程技术规范的规定	
2	幕墙应使用安全玻璃,玻璃的品种、规格、颜色、光学性能及安装方向应符合设计要求	

附录F 土建、装饰工程验收检查项目清单

附录F

序号	主要检查、验收内容	备注
3	高度超过4m的全玻幕墙应吊挂在主体结构上,吊夹具应符合设计要求,玻璃与玻璃、玻璃与玻璃肋之间的缝隙,应采用硅酮结构密封胶填嵌严密	
4	玻璃幕墙应无渗漏。检验方法:在易渗漏部位进行淋水检查	
5	玻璃幕墙结构胶和密封胶的打注应饱满、密实、连续、均匀、无气泡,宽度和厚度应符合设计要求和技术标准的规定	
6	玻璃幕墙开启窗的配件应齐全,安装应牢固,安装位置和开启方向、角度应正确;开启应灵活,关闭应严密	
7	玻璃幕墙表面应平整、洁净;整幅玻璃的色泽应均匀一致;不得有污染和镀膜损坏	
8	石材幕墙工程所用材料的品种、规格、性能和等级,应符合设计要求及国家现行产品标准和工程技术规范的规定	
9	石材幕墙的造型、立面分格、颜色、光泽、花纹和图案应符合设计要求	
10	石材幕墙的板缝注胶应饱满、密实、连续、均匀、无气泡,板缝宽度和厚度应符合设计要求和技术标准的规定	
11	石材幕墙应无渗漏。检验方法:在易渗漏部位进行淋水检查	
12	石材幕墙表面应平整、洁净,无污染、缺损和裂痕。颜色和花纹应协调一致,无明显色差,无明显修痕	
(七)	涂饰工程	
1	涂料涂饰工程所用涂料的品种、型号和性能应符合设计要求	
2	涂料涂饰工程应涂饰均匀、黏结牢固,不得漏涂、透底、起皮和掉粉	
(八)	裱糊与软包工程	
1	壁纸、墙布的种类、规格、图案、颜色和燃烧性能等级必须符合设计要求及国家现行标准的有关规定	
2	裱糊后各幅拼接应横平竖直,拼接处花纹、图案应吻合,不离缝,不搭接,不显拼缝	
3	裱糊后的壁纸、墙布表面应平整,色泽应一致,不得有波纹起伏、气泡、裂缝、皱褶及斑污,斜视时应无胶痕	
4	软包面料、内衬材料及边框的材质、颜色、图案、燃烧性能等级和木材的含水率应符合设计要求及国家现行标准的有关规定	

序号	主要检查、验收内容	备注
5	单块软包面料不应有接缝,四周应绷压严密	
6	软包工程表面应平整、洁净,无凹凸不平及皱褶;图案应清晰、无色差,整体应协调美观	
(九)	细部工程	
1	橱柜制作与安装所用材料的材质和规格、木材的燃烧性能等级和含水率、花岗石的放射性及人造木板的甲醛含量应符合设计要求及国家现行标准的有关规定	
2	橱柜配件的品种、规格应符合设计要求。配件应齐全,安装应牢固	
3	橱柜的抽屉和柜门应开关灵活、回位正确	
4	橱柜表面应平整、洁净、色泽一致,不得有裂缝、翘曲及损坏	
5	窗帘盒、窗台板和散热器罩制作与安装所使用材料的材质和规格、木材的燃烧性能等级和含水率、花岗石的放射性及人造木板的甲醛含量应符合设计要求及国家现行标准的有关规定	
6	窗帘盒、窗台板和散热器罩表面应平整、洁净、线条顺直、接缝严密、色泽一致,不得有裂缝、翘曲及损坏	
7	门窗套制作与安装所使用材料的材质、规格、花纹和颜色、木材的燃烧性能等级和含水率、花岗石的放射性及人造木板的甲醛含量应符合设计要求及国家现行标准的有关规定	
8	门窗套表面应平整、洁净、线条顺直、接缝严密、色泽一致,不得有裂缝、翘曲及损坏	
9	护栏和扶手制作与安装所使用材料的材质、规格、数量和木材、塑料的燃烧性能等级应符合设计要求	
10	护栏玻璃应使用公称厚度不小于12 mm的钢化玻璃或钢化夹层玻璃。当护栏一侧距楼地面高度为5 m及以上时,应使用钢化夹层玻璃	
11	护栏和扶手转角弧度应符合设计要求,接缝应严密,表面应光滑,色泽应一致,不得有裂缝、翘曲及损坏	

附录 G 机电、设备工程验收检查项目清单

序号	主要检查、验收内容	备注
一	建筑给水、排水及采暖	
(一)	室内给水系统安装	
1	室内给水管道的水压试验必须符合设计要求	
2	给水系统交付使用前必须进行通水试验并做好记录。检验方法:观察和开启阀门、水嘴等放水	
3	生产给水系统管道在交付使用前必须冲洗和消毒,并经有关部门取样检验,符合国家生活饮用水标准方可使用	
4	水表应安装在便于检修,不受曝晒、污染和冻结的地方	
(二)	室内排水系统安装	
1	隐蔽或埋地的排水管道在隐蔽前必须做灌水试验,其灌水高度应不低于底层卫生器具的上边缘或底层地面高度	
2	排水主立管及水平干管管道均应做通球试验,通球球径不小于排水管道管径的2/3,通球率必须达到100%	
3	在经常有人停留的平屋顶上,通气管应高出屋面2 m,并应根据防雷要求设置防雷装置	
4	安装在室内的雨水管道安装后应做灌水试验,灌水高度必须到每根立管上部的雨水斗	
(三)	室内热水供应系统安装	
1	热水供应系统的管道应采用塑料管、复合管、镀锌钢管和铜管	
2	热水供应系统安装完毕,管道保温之前应进行水压试验。试验压力应符合设计要求	
3	热水供应系统竣工后必须进行冲洗	
4	温度控制器及阀门应安装在便于观察和维护的位置	

附录 G

序号	主要检查、验收内容	备注
(四)	卫生器具安装	
1	排水栓和地漏的安装应平正、牢固,低于排水表面,周边无渗漏。地漏水封高度不得小于 50 mm	
2	卫生器具交工前应做满水和通水试验	
3	有饰面的浴盆,应留有通向浴盆排水口的检修门	
4	卫生器具给水配件应完好无损伤,接口严密,启闭部分灵活	
5	连接卫生器具的排水管道接口应紧密不漏,其固定支架、管卡等支撑位置应正确、牢固,与管道的接触应平整	
(五)	室内采暖系统安装	
1	补偿器的型号、安装位置及预拉伸和固定支架的构造及安装位置应符合设计要求	
2	衡阀及调节阀型号、规格、公称压力及安装位置应符合设计要求	
3	方形补偿器应水平安装,并与管道的坡度一致;如其臂长方向垂直安装必须设排气及泄水装置	
4	热量表、疏水器、除污器、过滤器及阀门的型号、规格、公称压力及安装位置应符合设计要求	
5	采暖系统入口装置及分户热计量系统入户装置,应符合设计要求。安装位置应便于检修、维护和观察	
6	管道、金属支架和设备的防腐和涂漆应附着良好,无脱皮、起泡、流淌和漏涂缺陷	
(六)	室外给水管网安装	
1	输送生活给水的管道应采用塑料管、复合管、镀锌钢管或给水铸铁管。塑料管、复合管或给水铸铁管的管材、配件,应是同一厂家的配套产品	
2	消防水泵接合器及室外消火栓的安装位置、型式必须符合设计要求	
3	管网必须进行水压试验,试验压力为工作压力的 1.5 倍,但不得小于 0.6 MPa	
4	给水管道在竣工后,必须对管道进行冲洗,饮用水管道还要在冲洗后进行消毒,满足饮用水卫生要求	
5	管道和金属支架的涂漆应附着良好,无脱皮、起泡、流淌和漏涂等缺陷	

附录 G 机电、设备工程验收检查项目清单

附录 G

序号	主要检查、验收内容	备注
6	管道连接应符合工艺要求,阀门、水表等安装位置应正确。塑料给水管道上的水表、阀门等设施,其重量或启闭装置的扭矩不得作用于管道上,当管径≥50 mm 时必须设独立的支承装置	
7	消防管道在竣工前,必须对管道进行冲洗	
8	消防水泵接合器和消火栓的位置标志应明显,栓口的位置应方便操作。消防水泵接合器和室外消火栓当采用墙壁式时,如设计未要求,进、出水栓口的中心安装高度距地面应为 1.10 m,其上方应设有防坠落物打击的措施	
9	地下式消防水泵接合器顶部进水口或地下式消火栓的顶部出水口与消防井盖底面的距离不得大于 400 mm,井内应有足够的操作空间,并设爬梯。寒冷地区井内应做防冻保护	
10	消防水泵接合器的安全阀及止回阀安装位置和方向应正确,阀门启闭应灵活	
(七)	室外排水管网安装	
1	室外排水管道应采用混凝土管、钢筋混凝土管、排水铸铁管或塑料管。其规格及质量必须符合现行国家标准及设计要求	
2	管道埋设前必须做灌水试验和通水试验,排水应畅通,无堵塞,管接口无渗漏	
3	排水检查井、化粪池的底板及进、出水管的标高,必须符合设计,其允许偏差为±15 mm	
4	井盖选用应正确,标志应明显,标高应符合设计要求	
(八)	室外供热管网安装	
1	供热管网的管材应按设计要求	
2	平衡阀及调节阀型号、规格及公称压力应符合设计要求。安装后应根据系统要求进行调试,并作出标志	
3	补偿器的位置必须符合设计要求,并应按设计要求或产品说明书进行预拉伸。管道固定支架的位置和构造必须符合设计要求	
4	检查井室、用户入口处管道布置应便于操作及维修,支、吊、托架稳固,并满足设计要求	
5	除污器构造应符合设计要求,安装位置和方向应正确。管网冲洗后应清除内部污物	

附录 G

序号	主要检查、验收内容	备注
6	防锈漆的厚度应均匀,不得有脱皮、起泡、流淌和漏涂等缺陷	
7	管道试压合格后,应进行冲洗	
8	管道冲洗完毕应通水、加热,进行试运行和调试。当不具备加热条件时,应延期进行	
(九)	建筑中水系统及游泳池水系统安装	
1	中水高位水箱应与生活高位水箱分设在不同的房间内,如条件不允许只能设在同一房间时,与生活高位水箱的净距离应大于2 m	
2	中水给水管道不得装设取水水嘴。便器冲洗宜采用密闭型设备和器具。绿化、浇洒、汽车冲洗宜采用壁式或地下式的给水栓	
3	中水供水管道严禁与生活饮用水给水管道连接,并应采取下列措施:① 中水管道外壁应涂浅绿色标志;② 中水池(箱)、阀门、水表及给水栓均应有"中水"标志	
二	建筑电气	
(一)	变配电室	
1	变电所安装应位置正确,附件齐全,油浸变压器油位正常,无渗油现象	
2	接地装置引出的接地干线与变压器的低压侧中性点直接连接;接地干线与箱式变电所的N母线和PE母线直接连接;变压器箱体、干式变压器的支架或外壳应接地(PE)。所有连接应可靠,紧固件及防松零件齐全	
3	箱式变电所及落地式配电箱的基础应高于室外地坪,周围排水通畅	
4	有载调压开关的传动部分润滑应良好,动作灵活,点动给定位置与开关实际位置一致,自动调节符合产品的技术文件要求	
5	绝缘件应无裂纹、缺损和瓷件瓷釉损坏等缺陷,外表清洁,测温仪表表示准确	
6	箱式变电所内外涂层完整、无损伤,有通风口的风口防护网完好	
7	箱式变电所的高低压柜内部接线完整,低压每个输出回路标记清晰,回路名称准确	
(二)	电气动力	
1	柜、屏、台、箱、盘的金属框架及基础型钢必须接地(PE)或接零(PEN)可靠;装有电器的可开门,门和框架的接地端子间应用裸编织铜线连接,且有标识	

附录 G 机电、设备工程验收检查项目清单

附录 G

序号	主要检查、验收内容	备注
2	低压成套配电柜、控制柜(屏、台)和动力、照明配电箱(盘)应有可靠的电击保护	
3	手车、抽出式成套配电柜推拉应灵活,无卡阻碰撞现象。动触头与静触头的中心线应一致,且触头接触紧密,投入时,接地触头先于主触头接触;退出时,接地触头后于主触头脱开	
4	柜、屏、台、箱、盘间线路的线间和线对地间绝缘电阻值,馈电线路必须大于 0.5 MΩ,二次回路必须大于 1 MΩ	
5	照明配电箱(盘)内配线整齐,无绞接现象。导线连接紧密,不伤芯线,不断股。垫圈下螺丝两侧压的导线截面积相同,同一端子上端子上导线连接不多于 2 根,防松垫圈等零件齐全	
6	照明配电箱(盘)内开关动作灵活可靠,带有漏电保护的回路,漏电保护装置动作电流不大于 30 mA,动作时间不大于 0.1 s	
7	照明配电箱(盘)内,分别设置零线(N)和保护地线(PE),零线和保护地线经汇流排配出	
8	柜、屏、台、箱、盘相互间或与基础型钢应用镀锌螺栓连接,且防松零件齐全	
9	电气设备安装应牢固,螺栓及防松零件齐全,不松动。防水防潮电气设备的接线入口及接线盒盖等应做密封处理	
(三)	柴油发电机组	
1	发电机组至低压配电柜馈电线路的相间、相对地间的绝缘电阻值应大于 0.5 MΩ;塑料绝缘电缆馈电线路直流耐压试验为 2.4 kV,时间 15 min,泄露电流稳定,无击穿现象	
2	柴油发电机馈电线路连接后,两端的相序必须与原供电系统的相序一致	
3	发电机中性线(工作零线)应与接地干线直接连接,螺栓防松零件齐全,且有标识	
4	发电机组随带的控制柜接线应正确,紧固件紧固状态良好,无遗漏脱落。开关、保护装置的型号、规格正确,验证出厂试验的锁定标记应无位移,有位移应重新按制造厂试验标定	
5	发电机本体和机械部分的可接近裸露导体应接地(PE)或接零(PEN)可靠,且有标识	
6	受电侧低压配电柜的开关设备、自动或手动切换装置和保护装置等试验合格,应按设计的自备电源使用分配预案进行负荷试验,机组连续运行 12 h 无故障	

附录G

序号	主要检查、验收内容	备注
(四)	不间断电源	
1	不间断电源的整流装置、逆变装置和静态开关装置的规格、型号符合设计要求。内部结线连接正确,紧固件齐全,可靠不松动,焊接连接无脱落现象	
2	不间断电源的输入、输出各级保护系统和输出的电压稳定性、波形畸变系数、频率、相位、静态开关的动作等各项技术性能指标试验调整必须符合产品技术文件要求,且符合设计文件要求	
3	不间断电源装置间连线的线间、线对地间绝缘电阻值应大于 0.5 MΩ	
4	不间断电源输出端的中性线(N极),必须与由接地装置直接引来的接地干线相连接,做重复接地	
5	安放不间断电源的机架组装应横平竖直,水平度、垂直度允许偏差不应大于1.5‰,紧固件齐全	
6	不间断电源正常运行时产生的A声级噪声,不应大于 45 dB;输出额定电流为 5 A 及以下的小型不间断电源噪声,不应大于 30 dB	
(五)	供电干线	
1	金属电缆桥架和引入或引出的金属电缆导管必须接地(PE)或接零(PEN)可靠	
2	桥架与支架间螺栓、桥架连接板螺栓固定紧固无遗漏,螺母位于桥架外侧;当铝合金桥架与钢支架固定时,有相互间绝缘的防电化腐蚀措施	
3	电缆桥架敷设在易燃易爆气体管道和热力管道的下方	
4	敷设在竖井内和穿越不同防火区的桥架,按设计要求位置有防火隔堵措施	
5	支架与预埋件焊接固定时,焊缝饱满;膨胀螺栓固定时,选用螺栓适配,连接紧固,防松零件齐全	
6	电缆出入电缆沟、竖井、建筑物、柜(盘)台处以及管子管口处等做密封处理	
(六)	普通灯具安装	
1	灯具重量大于 3 kg 时,固定在螺栓或预埋吊钩上	
2	花灯吊钩圆钢直径不应小于灯具挂销直径,且不应小于 6 mm。大型花灯的固定及悬吊装置,应按灯具重量的 2 倍做过载试验	
3	固定灯具带电部件的绝缘材料以及提供防触电保护的绝缘材料,应耐燃烧和防明火	

附录 G 机电、设备工程验收检查项目清单

附录 G

序号	主要检查、验收内容	备注
4	当灯具距地面高度小于 2.4 m 时,灯具的可靠性裸露导体必须接地(PE)或接零(PEN)可靠,并应有专用接地螺栓,且有标识	
5	灯具及配件齐全,无机械损伤、变形、涂层剥落和灯罩破裂等缺陷	
6	安装在重要场所的大型灯具的玻璃罩,应采取防止玻璃罩碎裂后向下溅落的措施	
7	应急照明灯的电源除正常电源外,另有一路电源供电;或者是独立于正常电源的柴油发电机组供电;或由蓄电池柜供电或选用自带电源型应急灯具	
8	疏散照明由安全出口标志灯和疏散标志灯组成。安全出口标志灯距地高度不低于 2 m,且安装在疏散出口和楼梯口里侧的上方	
9	疏散标志灯安装在安全出口的顶部,楼梯间、疏散走道及其转角处应安装在 1 m 以下的墙面上。不易安装的部位可安装在上部。疏散通道上的标志灯间距不大于 20 m(人防工程不大于 10 m)	
(七)	防雷及接地安装	
1	人工接地装置或利用建筑物基础钢筋的接地装置必须在地面以上按设计要求位置设测试点	
2	测试接地装置的接地电阻值必须符合设计要求	
3	变压器室、高低开关室内的接地干线应有不少于 2 处与接地装置引出干线连接	
4	当利用金属构件、金属管道做接地线时,应在构件或管道与接地干线间焊接金属跨接线	
5	接地线在穿越墙壁、楼板和地坪处应加套钢管或其他坚固的保护套管,钢套管应与接地线做电气连通	
6	建筑物顶部的避雷针、避雷带等必须与顶部外露的其他金属物体连成一个整体的电气通路,且与避雷引下线连接可靠	
7	避雷针、避雷带应有位置正确,焊接固定的焊缝饱满无遗漏,螺栓固定的应备帽等防松零件齐全,焊接部分补刷的防腐油漆完整	
8	建筑物等电位联结干线应从与接地装置有不少于 2 处直接连接的接地干线或总等电位箱引出,等电位联结干线或局部等电位箱间的连接线形成环形网络,环形网络应就近与等电位联结干线或局部等电位箱连接。支线间不应串联连接	

序号	主要检查、验收内容	备注
9	等电位联结的可接近裸露导体或其他金属部件、构件与支线连接应可靠。熔焊、钎焊或机械坚固应导通正常	
三	智能建筑	
(一)	通信网络系统	
1	智能建筑通信系统安装工程的检测阶段、检测内容、检测方法及性能指标要求应符合《程控电话交换设备安装工程验收规范》(YD 5077)等有关国家现行标准的要求	
2	通信系统接入公用通信网信道的传输速率、信号方式、物理接口和接口协议应符合设计要求	
3	卫星数字电视及有线电视系统的安装质量检查应符合国家现行标准的有关规定	
4	公共广播与紧急广播系统的输入输出不平衡度、音频线的敷设、接地形式及安装质量应符合设计要求	
(二)	信息网络系统	
1	网络设备应安装整齐、固定牢靠,便于维护和管理;高端设备的信息模块和相关部件应正确安装,空余槽位应安装空板;设备上的标签应标明设备的名称和网络地址;跳线连接应稳固,走向清楚明确,线缆上应正确标签	
2	信息网络系统在安装、调试完成后,应进行不少于1个月的试运行	
3	对计算机网络进行路由检测,路由检测方法可采用相关测试命令进行测试,或根据设计要求使用网络测试仪测试网络路由设置的正确性	
4	计算机信息系统安全专用产品必须具有公安部计算机管理监察部门审批颁发的《计算机信息系统安全专用产品销售许可证》	
5	如果与因特网连接,智能建筑网络安全系统必须安装防火墙和防病毒系统	
(三)	建筑设备监控系统	
1	建筑设备监控系统应对空调系统进行温湿度及新风量自动控制、预定时间表自动启停、节能优化控制等控制功能进行检测	
2	建筑设备监控系统应对变配电系统的电气参数和电气设备工作状态进行监测	
3	建筑设备监控系统应对公共照明设备(公共区域、过道、园区和景观)进行监控	

附录G 机电、设备工程验收检查项目清单

附录G

序号	主要检查、验收内容	备注
4	建筑设备监控系统应对给水系统、排水系统和中水系统进行液位、压力等参数检测及水泵运行状态的监控和报警进行验证	
5	建筑设备监控系统应对热源和热交换系统进行系统负荷调节、预定时间表自动启停和节能优化控制	
6	建筑设备监控系统应对冷水机组、冷冻冷却水系统进行系统负荷调节、预定时间表自动启停和节能优化控制	
7	建筑设备监控系统应对建筑物内电梯和自动扶梯系统进行监测	
(四)	火灾自动报警及消防联动系统	
1	在智能建筑工程中,火灾自动报警及消防联动系统的检测应按《火灾自动报警系统施工及验收规范》(CB 50166)的规定执行	
2	火灾自动报警及消防联动系统应是独立的系统	
3	检测消防控制室向建筑设备监控系统传输、显示火灾报警信息的一致性和可靠性,检测与建筑设备监控系统的接口、建筑设备监控系统对火灾报警的响应及其火灾运行模式,应采用在现场模拟发出火灾报警信号的方式进行	
4	检测消防控制室与安全防范系统等其他子系统的接口和通信功能	
5	检测智能型火灾探测器的数量、性能及安装位置,普通型火灾探测器的数量及安装位置	
6	安全防范系统中相应的视频安防监控(录像、录音)系统、门禁系统、停车场(库)管理系统对火灾报警的响应及火灾模式操作等功能的检测,应采用在现场模拟发出火灾报警信号的方式进行	
7	当火灾自动报警及消防联动系统与其他系统合用控制室时,应满足 GB 50116 和《智能建筑设计标准》(GB/T 50314)的相应规定,但消防控制系统应单独设置,其他系统也应合理布置	
(五)	安全防范系统	
1	防范范围、重点防范部位和要害部门的设防情况、防范功能,以及安防设备的运行是否达到设计要求,有无防范盲区	
2	各种防范子系统之间的联动是否达到设计要求	
3	监控中心系统记录(包括监控的图像记录和报警记录)的质量和保存时间是否达到设计要求	
4	视频安防监控系统的检测	

附录G

序号	主要检查、验收内容	备注
5	入侵报警系统(包括周界入侵报警系统)的检测	
6	出入口控制(门禁)系统的检测	
7	巡更管理系统的检测	
8	停车场(库)管理系统的检测	
9	安全防范综合管理系统的检测	
(六)	综合布线系统	
1	电源线与综合布线系统缆线应分隔布放,缆线间的最小净距应符合设计要求	
2	机柜不应直接安装在活动地板上,应按设备的底平面尺寸制作底座,底座直接与地面固定,机柜固定在底座上,底座高度应与活动地板高度相同,然后铺设活动地板,底座水平误差每平方米不应大于2 mm	
3	综合布线系统性能检测应采用专用测试仪器对系统的各条链路进行检测,并对系统的信号传输技术指标及工程质量进行评定	
4	综合布线系统性能检测时,光纤布线应全部检测,检测对绞电缆布线链路时,以不低于10%的比例进行随机抽样检测,抽样点必须包括最远布线点	
(七)	智能化系统集成	
1	子系统之间的硬线连接、串行通信连接、专用网关(路由器)接口连接等应符合设计文件、产品标准和产品技术文件或接口规范的要求,检测时应全部检测,100%合格为检测合格	
2	检查系统数据集成功能时,应在服务器和客户端分别进行检查,各系统的数据应在服务器统一界面下显示,界面应汉化和图形化,数据显示应准确,响应时间等性能指标应符合设计要求。对各子系统应全部检测,100%合格为检测合格	
3	系统的报警信息及处理、设备连锁控制功能应在服务器和有操作权限的客户端检测	
4	视频图像接入时,显示应清晰,图像切换应正常,网络系统的视频传输应稳定、无拥塞	
5	系统集成不得影响火灾自动报警及消防联动系统的独立运行,应对其系统相关性进行连带测试	

附录 G 机电、设备工程验收检查项目清单

附录 G

序号	主要检查、验收内容	备注
6	系统集成商应提供系统可靠性维护说明书,包括可靠性维护重点和预防性维护计划、故障查找及迅速排除故障的措施等内容	
四	通风与空调	
(一)	风管制作	
1	防火风管的本体、框架与固定材料、密封垫料必须为不燃材料,其耐火等级应符合设计的规定	
2	复合材料风管的覆面材料必须为不燃材料,内部的绝热材料应为不燃或难燃 B1 级且对人体无害的材料	
(二)	风管部件与消声器	
1	手动单叶片或多叶片调节风阀的手轮或扳手,应以顺时针方向转动为关闭,其调节范围及开启角度指示应与叶片开启角度相一致。用于除尘系统间歇工作点的风阀,关闭时应能密封	
2	电动、气动调节风阀的驱动装置,动作应可靠,在最大工作压力下工作正常	
3	防火阀和排烟阀(排烟口)必须符合有消防产品标准的规定,并具有相应的产品合格证明文件	
4	防爆风阀的制作材料必须符合设计规定	
5	防排类系统柔性短管的制作材料必须为不燃材料	
(三)	风管系统	
1	在风管穿过需要封闭的防水、防爆的墙体或楼板时,应设预埋管或防护套管,其钢板厚度不应小于 1.6 mm。风管与防护套管之间,应用不燃且对人体无危害的柔性材料封堵	
2	各类风管部件及操作机构的安装,应能保证其正常的使用功能,并便于操作	
3	净化空调系统的风管、静压箱及其他部件,必须擦拭干净,做到无油污和浮尘	
4	风管的连接处,应完整无缺损、表面应平整,无明显扭曲	
5	各类风阀应安装在便于操作及检修的部位,安装后的手动或电动操作装备应灵活、可靠,阀板关闭应保持严密	
6	风帽安装必须牢固,连接风管与屋面或墙面的交接处不应渗水	

附录 G

序号	主要检查、验收内容	备注
7	风口与风管的连接应严密、牢固,与装饰面相紧贴;表面平整、不变形,调节灵活、可靠。条形风口的安装,接缝处应衔接自然,无明显缝隙。同一厅室、房间内的相同风口的安装高度应一致,排列应整齐	
(四)	通风与空调设备	
1	通风机传动装置的外露部位以及直通大气的进、出口,必须装设防护罩(网)或采取其他安全设施	
2	空调机组的型号、规格、方向和技术参数应符合设计要求	
3	除尘器的型号、规格、进出口方向必须符合设计要求	
4	静电空气过滤器金属外壳接地必须良好	
5	空气过滤器安装平整、牢固,方向正确。过滤器与框架、框架与围护结构之间应严密无穿透缝	
6	空气风幕机的安装,位置方向应正确、牢固可靠,纵向垂直度与横向水平度的偏差均不应大于2/1000	
(五)	空调制冷系统	
1	制冷设备、制冷附属设备、管道、管件及阀门的型号、规格、性能及技术参数等必须符合设计要求	
2	与制冷机组配套的蒸汽、燃油、燃气供应系统和蓄冷系统的安装,还应符合设计文件、有关消防规范与产品技术文件的规定	
3	燃油管道系统必须设置可靠的防静电接地装置,其管道法兰应采用镀锌螺栓连接或在法兰处用铜导线进行跨接,且接合良好	
4	模块式冷水机组单元多台并联组合的,接口应牢固,且严密不漏	
(六)	空调水系统管道与设备	
1	空调工程水系统的设备与附属设备、管道、管配件及阀门的型号、规格、材质及连接形式应符合设计规定	
2	阀门的安装位置、高度、进出口方向必须符合设计要求,连接应牢固紧密	
3	补偿器的补偿量和安装位置必须符合设计及产品技术文件的要求	
4	冷却塔的型号、规格、技术参数必须符合设计要求	

附录G 机电、设备工程验收检查项目清单

附录G

序号	主要检查、验收内容	备注
5	水泵的规格、型号、技术参数应符合设计要求和产品性能指标。水泵正常连续试运行的时间不应少于2 h	
6	阀门、集气罐、自动排气装置、除污器(水过滤器)等管道部件的安装应符合设计要求	
7	水箱、集水器、分水器、储冷罐等设备的安装,支架或底座的尺寸、位置符合设计要求	
五	电梯	
(一)	电力驱动的曳引式或强制式电梯安装工程	
1	对无机房电梯主电源开关应设置在井道外工作人员方便接近的地方,且应具有必要的安全防护	
2	机房(如果有)内应设有固定的电气照明,地板表面上的照度不应小于200 lx。机房内应设置一个或多个电源插座。在机房内靠近入口的适当高度处应设有一个开关或类似装置控制机房照明电源	
3	紧急操作装置动作必须正常。可拆卸的装置必须置于驱动主机附近易接近处,紧急求援操作说明必须贴于紧急操作时易见处	
4	制动器动作应灵活,制动间隙调整应符合产品设计要求	
5	层门地坎至轿厢地坎之间的水平距离偏差为0～+3 mm,且最大距离严禁超过35 mm	
6	层门强迫关门装置必须动作正常	
7	动力操纵的水平滑动门在关门开始的1/3行程之后,阻止关门的力严禁超过150 N	
8	层门指示灯盒、召唤盒和消防开关盒应安装正确,其面板与墙面贴实,横竖端正	
9	门扇与门扇、门扇与门套、门扇与门楣、门扇与门口处轿壁、门扇下端与地坎的间隙,乘客电梯不应大于6 mm,载货电梯不应大于8 mm	
10	主电源开关不应切断下列供电电路:轿厢照明和通风;机房和滑轮间照明;机房、轿顶和底坑的电源插座;井道照明;报警装置	
11	限速器与安全钳电气开关在联动试验中必须动作可靠,且应使驱动主机立即制动	
12	每层层门必须能够用三角钥匙正常开启	

附录 G

序号	主要检查、验收内容	备注
13	轿门带动层门开、关运行,门扇与门扇、门扇与门套、门扇与门楣、门扇与门口处轿壁、门扇下端与地坎应无刮碰现象	
(二)	液压电梯安装工程	
1	液压管路应可靠连接,且无渗漏现象	
2	液压泵站油位显示应清晰、准确	
3	显示系统工作压力的压力表应清晰、准确	
4	液压电梯安装后应进行运行试验;轿厢在额定载重量工况下,按产品设计规定的每小时启动次数运行1 000次(每天不少于8 h),液压电梯应平稳、制动可靠、连续运行无故障	
5	液压电梯平层准确度应在±15 mm 范围内	
(三)	自动扶梯、自动人行道	
1	自动扶梯的梯级或自动人行道的踏板或胶带上空,垂直净高度严禁小于2.3 m	
2	下列情况下,自动扶梯、自动人行道必须自动停止运行,且第4款至第11款情况下的开关断开的动作必须通过安全触点或安全电路来完成。① 无控制电压;② 电路接地的故障、过载;③ 控制装置在超速和运行方向非操纵逆转下协作;④ 附加制动器(如果有)动作;⑤ 直接驱动梯级、踏板或胶带的部件(如链条或齿条)断裂或过分伸长;⑥ 驱动装置与转向装置之间的距离(无意性)缩短;⑦ 梯级、踏板或胶带进入梳齿板处有异物夹住,且产生损坏梯级、踏板或胶带支撑结构情况;⑧ 无中间出口的连续安装的多台自动扶梯、自动人行道中的一台停止运行;⑨ 扶手带入口保护装置动作;⑩ 梯级或踏板下陷	
3	在自动扶梯、自动人行道入口处应设置使用须知的标牌	

附录 H ××××项目后评估报告

编制人:× ×

编制日期:××××年××月

第一章 摘 要

一、项目指标完成情况

类别	项目	可研报告	实际执行情况
产品定位	产品定位	定向开发	定向开发
经营模式	销售/自持	销售	销售
项目周期	开发周期	4年	4年
	销售周期		
经济评价类指标	总投资		
	销售收入(开发类)		
	税后净利润(开发类)		
	销售净利率(开发类)		
	全投资内部收益率		

二、项目经验总结

　　(一)市场营销及品牌客服

　　(二)设计管理

　　(三)技术创新

　　(四)进度管理

　　(五)成本管理

　　(六)质量管理

　　(七)安全管理

　　(八)招采管理

　　(九)档案资料管理

　　(十)人才培养

第二章 建设项目开发全过程总结与评估

项目概况及建设指标

	项目名称	某项目	
建筑概况	建设地点	CBD商业区	
	使用功能	办公楼	
	占地面积	10 000平方米	
	总建筑面积(平方米)	149 570平方米	地上:88 000平方米
			地下:61 570平方米
	项目楼栋数	1栋	
	建筑层数	地下层数:5	地上层数:12
	标准层面积/层高	9 000平方米/层;4米	
	基坑深度	槽底标高为-23.93 m	
	建筑高度	建筑檐口高度43.15 m	
	结构类型	钢筋混凝土框架-剪力墙及钢结构	
	外墙做法	双层、索网幕墙	
	装修标准	精装修	
	开竣工时间	2009.7;2012.12	
主要参建单位	建设单位		
	代建单位		
	勘察单位		
	设计单位		
	总承包单位		
	监理单位		
	咨询单位		
其他参建单位	精装施工单位		
	园林施工单位		
	幕墙分包		
	土方降水护坡分包		
	消防分包		
	机电分包		
	专业市政分包		

附录 H ××××项目后评估报告

一、可研的总结与评估

类别	项目	可研报告	实现情况
产品定位	产品定位		
经营模式	销售/自持		
开发周期	开发周期		
经济评价类指标	总投资(万元)		
	销售收入(万元)		
	税后净利润(万元)		
	销售净利率(%)		
	全投资内部收益率(%)		

【结合上述报董事会审批的指标,分析可研指标与实际指标的差异,着重论述差异产生的原因。如:当初编制可研时做了哪些分析和预期,及项目完成时产生了哪些偏差,哪些当初预计较乐观,哪些预计比较保守】

各指标注释:

"产品定位":填写"综合体、写字楼、住宅、公寓"等,如"A企业世纪中心综合体""精装公寓";

"经营模式":项目各业态为销售或自持,如"写字楼自持、商业自持、公寓销售";

"开发周期":计算标准为获取土地至最后一期竣工备案的时间;

"经济评价类指标":按可研测算表口径计算项目实现的各经济指标。

二、市场营销及品牌客服的总结与评估

（一）产品定位

1. 产品定位指标完成情况

规划指标对比表

指标对比	可研报告	实际情况	差异
建设用地面积			
代征用地面积			
总建筑面积			
地上建筑面积			

续表

指标对比		可研报告	实际情况	差异
其中	住宅			
	商业			
	办公			
	……			
	……			
地下建筑面积				
其中	地下车库			
	……			

单位：万平方米

产品定位对比表

项目		产品定位	实际情况
建筑形式			
技术指标	使用率		
	净高		
	容积率		
	功能		
	套数配比		
	户均停车位		
交房界面	土建		
	强电		
	弱电		
	暖通空调		
	市政配套		

2. 产品定位工作总结

3. 经验与教训

(二) 市场营销

1. 市场营销指标完成情况

销售情况对比表

物业类型	指标对比	销售周期	入市价格（元/m²）	销售均价（元/m²）	价格平均涨幅（%/年）	销售面积（平方米）	销售额（万元）
住宅	可研报告						
	实际情况						
商业	可研报告						
	实际情况						
……	可研报告						
	实际情况						
合计	可研报告	—	—	—	—		
	实际情况	—	—	—	—		

营销策略对比表

评价指标	营销方案	实际情况	备注
项目整体定位			
项目定价			
目标客户定位			
项目核心卖点			
销售费用			
交房情况			
客户满意度			

2. 市场营销工作总结

3. 经验与教训

（三）房屋交付

1. 房屋交付指标完成情况

2. 房屋交付工作总结

3. 经验与教训

（四）品牌客服

1. 品牌客服指标完成情况

2. 品牌客服工作总结

3. 经验与教训

三、项目管理组织总结与评估

（一）设计管理

1. 设计管理指标完成情况

批复文件列表

序号	文件名称及编号	计划完成时间	实际完成时间	备注
1	建设用地规证【××】			
2	建设工程规证【××】,【××】			
3	人防、消防、交通、绿化等政府批复文件			
4	施工图外审			

设计计划完成情况表

设计阶段	计划完成时间	实际完成时间	备注
建筑设计方案			
建筑初步设计			
建筑施工图			
精装方案图			
精装初步设计			
景观方案图			
景观初步设计			
景观施工图设计			

2. 设计管理工作总结

【对项目从取得立项到前期方案批复期间的工作进行总结，着重叙述以下环节：

① 设计计划整体控制情况、各批件办理、设计节点是否按计划进行，未按计划进行的原因。

② 设计整体管控过程的总结，包括各项工作的启动、技术论证、设计评审工作的组织与安排。

③ 设计质量总结，分析设计质量的整体控制情况，与设计院的沟通及解决了

哪些技术问题,对设计质量审核的组织方式。分析设计中做了哪些调整和优化,并说明调整和优化的原因及效果,可逐条说明。

④ 分析设计变更管理。

⑤ 项目开发过程中设计人员构成、团队建设情况。】

3. 经验与教训

【分析前期设计管理工作中的经验和教训,建议经验和教训分开说,并各自逐条列举】

（1）经验

①……

②……

……

（2）教训

（二）技术创新

1. 技术创新

【对工程中使用的新技术,新材料及绿色建筑等的应用情况、效果等做简述,对应用和推广提出意见和建议;列明获奖情况。】

2. 重大技术难题

【对工程包括设计和施工中解决的重大技术难题从技术、经济及对进度等的影响和实际效果等方面综合阐述。对其应用和推广提供建议。】

注意:以上问题应有过程节点文件,可作为后评估文件附件。

（三）进度管理

1. 进度管理指标完成情况

计划进度执行情况表

序号	关键节点	计划完成时间	实际开始时间	实际完成时间	备注说明（滞后原因说明）
1	土地获取				
2	产品定位				
3	方案设计				
4	初步设计				
5	设计施工图				
6	精装施工图				
7	园林施工图				

续表

序号	关键节点	计划完成时间	实际开始时间	实际完成时间	备注说明（滞后原因说明）
8	建设工程规划许可证				
9	总包招标				
10	机电招标				
11	幕墙招标				
12	精装招标				
13	园林招标				
14	小市政及专业市政招标				
15	建筑工程施工许可证				
16	实际现场开工				
17	预售证				
18	深基坑护坡施工				
19	基础施工				
20	售楼处及样板示范区				
21	主体结构				
22	外装修工程				
23	精装修工程				
24	大市政工程				
25	小市政工程				
26	园林工程				
27	竣工备案				
28	交付使用				

2. 进度管理工作总结

（1）分析从项目获取到竣工备案过程中，工期是否按计划执行，执行过程中出现的哪些问题，以及采取何种解决方案。

（2）分别从前期手续、设计进度、招采进度、施工进度等方面详细说明制约项目进度的因素。（如外部政策因素、市场定位及功能调整、方案变更、现场总分包管理因素等。）

（3）阐述项目建设是如何保证销售工作开展的。（取得预售证或开盘时间项目现场达到何种建设程度；在销售节点是否具备满足销售要求的楼盘形象；样板间、售楼处、展示区完成时间与完成标准是否满足需要；竣工备案时现场园林景观及配套设施是否完成等。）

（4）进度管理体系说明。（是否实行了三级计划管理体系；人员配置上如何安排；如何协调与组织各方工作，应对进度过程中出现的问题。）

（5）经验与教训。通过本项目得出值得公司其他项目借鉴的经验及可避免的失误。（项目执行中值得学习的工作方法；为达到目标所付出的努力；组织协调方法；对现场总分包施工采取的有效管理方法等。）

（6）其他总结内容。

3. 经验与教训

（四）成本管理

1. 成本管理指标完成情况

2. 成本管理工作总结

【总结要点：

① 结合公司成本管理制度，综合阐述项目在成本控制的几个关键环节，如设计阶段、招标阶段、施工过程控制阶段及结算阶段所采取的成本控制措施或管理缺失点；需有明确案例。

② 结合目标成本、签约合同金额、结算金额执行情况，客观分析结算金额与目标成本、签约合同金额偏差较大的原因，总结经验教训。

③ 其他子公司认为有必要说明的重点内容。】

3. 经验与教训

（五）质量管理

1. 质量管理指标完成情况

2. 质量管理工作总结

【总结要点：

① 产品质量目标完成情况（与指标对比，是否取得省部级以上质量奖项）；

② 各参与单位名称、参与内容、质量负责人员（经理、总工、质量负责人）名单；

③ 产品实施过程中采取的主要管理措施；

④ 管理过程中发生的主要管理问题及主要产品缺陷。】

3. 经验与教训

（六）安全管理

1. 安全管理指标完成情况

序号	安全指标	计划指标	完成指标	
			子公司	总公司
1	杜绝甲方主体安全责任事故;"较大"级别以上(含)安全事故	0	0	0
2	安全过程管理符合性	%	%	%
3	项目安全自查与隐患整改率	%	%	%

2. 安全管理工作总结

【①在安全管理方面采取了哪些有效的管理模式和措施;②是否发生甲方主体安全责任事故或重大安全事故,并对事故原因进行分析、总结,提出改进措施。】

3. 经验与教训

(七)招标采购管理

1. 招标采购指标完成情况分析

序号	类别	采购项目	造价指标 A	合同金额 B	结算金额 C	差异比例		结算异常情况说明
						造价指标节余 (A-B)/A	结算金额超支 (C-B)/B	
1	勘察							
2	监理							
3	造价咨询							
4	总包							
…	分包							
…								
…								
…	材料设备							
…								
	合计							

【结算异常情况说明——结算金额差异比例≤+5%时无需说明;>+5%时,请分析并说明具体原因】

2. 合作单位履约情况评估

序号	单位类型	合作单位名称	评价分数	评价异常情况说明
1	勘察			
2	监理			
3	造价咨询			
4	总包			
…	分包			
…				
…				
…	材料设备			
…				
…				

【① 评价分数——需按照"合格供应商管理作业指引"的要求进行评价分数的汇总,具体包括过程评价、总结评价和保修评价,计算公式为:过程评价平均分值*权重+总结评价分值*权重+保修评价平均分值*权重;

② 评价异常情况说明——评价分值小于 60 分时,必须分析得分低的具体原因(从人员、管理、质量、进度、经济等方面说明)。】

3. 招标采购管理工作总结

【① 合约规划和执行情况总结(请从合约规划和实际执行情况的差异、合约规划合理性方面分析,包括合约范围、合约模式、采购策略等方面分析);

② 招标采购进度、质量总结(请从招标采购进度与计划的符合程度,为保证招采进度计划采取的保证措施,招采进度滞后的原因及改进措施等方面分析);

③ 供应商管理情况分析(请从供应商考察、入围单位选择、供应商沟通、供应商评价等方面分析);

④ 其他。】

4. 经验与教训

(八) 档案资料管理

1. 档案资料管理指标完成情况

【档案资料考核指标:工程资料的收集率、准确率(依据的文件是《工程项目应归档明细清单》,此清单的编制依据是"北京市建筑工程资料管理规程")及整理的规范性。】

2. 档案资料管理工作总结

【① 工程资料所涉及的专业及超出归档明细清单的专业有哪些;

② 项目资料归档情况总结(包括是否进行明细清单的审核确认,是否提供应归档目录的纸质与电子版,是否按规定的时间移交);

③ 项目资料归档的盒数、竣工图纸盒数。】

3. 经验与教训

(九) 人才培养

【分析项目部的组织架构及人员配比是否合理,有多少人通过在项目中的优异表现得到公司认可和提拔。】

第三章 项目后评估结论

【题例同"摘要"】

【附表是支持正文的依据,附表目录不局限于以下内容,可根据正文论述的需要适当增加附表目录,原则是:支撑正文论述,且表格篇幅较大的宜以附表格式放在正文之后。】

附表 1 主要设计合同列表

序号	设计单位	合同名称	合同金额（万元）	实际支付（万元）	备注
1	北京三磊建筑设计有限公司	北京市建设工程设计合同	232	186.5	由于2008年原70/90设计的施工图基本完成,因此原合同支付至186.5万元后重签补充协议,继续后期大户型设计
2	……	……	……	……	【合同金额与实际支付有差别的需进行说明】
合计	—	—			

附表2 结算项目一览表

单位:万元

序号	合同内容	施工或供货单位	合同金额	结算金额	备注
1	土方护坡降水及地基处理工程	北京市地质工程公司	934.29	934.29	
2	……	……	……	……	
合计					

附表3 未结算项目一览表

单位:万元

序号	合同内容	施工或供货单位	合同金额	结算金额	结算未完原因
1	Ⅰ标段精装修工程	中艺装饰	2 325.51	2 535.91	基本完成,因存在分包未结完,存在交叉扣款
2	绿化、铺装及道路	乾建绿化	809.15	909.15	现场还有变更在发生
…	……	……	……	……	……
合计		—	—		

附录 H ××××项目后评估报告

附表 4 预估结算金额与指标对比情况表

序号	成本内容/合同名称	指标		预计结算额		增减金额		增减比例
		总价	单方	总价	单方	总价	单方	
	总计							
1	项目前期费							
1.1	工程咨询							
1.2	报批报建费							
1.3	勘察设计费							
1.4	其他前期费用							
2	建安工程费							
2.1	建筑工程							
2.2	机电安装工程（指初装）							
2.3	精装修工程费							
2.4	总包解约补偿费							
2.5	总包工程完工奖励费、维保包干费							
3	基础设施建设费							
3.1	大市政管线综合设计费							
3.2	红线内基础设施工程							
3.3	红线外基础设施工程							
4	公共配套费							
5	开发间接费							
6	销售费							
7	不可预见费							

注：总价单位为"万元"，单方单位为"元/平方米"。

附表5 预估结算金额与合同金额对比情况表

序号	成本内容/合同名称	预计结算额		合同价		增减金额		增减比例
		总价	单方	总价	单方	总价	单方	
	总计							
1	项目前期费							
1.1	工程咨询							
1.2	报批报建费							
1.3	勘察设计费							
1.4	其他前期费用							
2	建安工程费							
2.1	建筑工程							
2.2	机电安装工程(指初装)							
2.3	精装修工程费							
2.4	总包解约补偿费							
2.5	总包工程完工奖励费、维保包干费							
3	基础设施建设费							
3.1	大市政管线综合设计费							
3.2	红线内基础设施工程							
3.3	红线外基础设施工程							
4	公共配套费							
5	开发间接费							
6	销售费							
7	不可预见费							

注:总价单位为"万元",单方单位为"元/平方米"。

附录 H ××××项目后评估报告

附表 6　建设成本变化对比分析表

序号	成本内容/合同名称	指标		合同价		预计结算额	
		总价	单方	总价	单方	总价	单方
	总计						
1	项目前期费						
1.1	工程咨询						
1.1.1	可行性研究费						
1.1.2	市场调研费						
1.1.3	工程监理						
1.1.4	造价咨询						
……	……						

注：总价单位为"万元"，单方单位为"元/平方米"。

参考文献

[1] [美]Project Management Institute. 项目管理知识体系指南(PMBOK 指南). 第 5 版. 北京:电子工业出版社,2013

[2] 规范编制组. 2013 建设工程计价计量规范辅导. 北京:中国计划出版社,2013

[3] [英]皇家特许建造学会. 业主开发与建设项目管理实用指南. 原著第三版. 李世蓉,毛超,虞向科,编译. 北京:中国建筑工业出版社,2009

[4] 明源地产研究院. 房地产项目运营最佳实践. 北京:中国建筑工业出版社,2013

[5] 明源地产研究院. 成本制胜:微利时代再造房企核心竞争力. 北京:中信出版社,2013

[6] [美]詹姆斯・R. 埃文斯(James R. Evans),威廉・M. 林赛(William M. Lindsay). 质量管理与质量控制. 第 7 版. 焦叔斌,译. 北京:中国人民大学出版社,2013

[7] [美]哈罗德・科兹纳. 项目管理计划、进度和控制的系统方法. 第 10 版. 杨爱华,王丽珍,石一辰,等,译. 北京:电子工业出版社,2014

[8] 赵福明,李霞,路斌. 代建项目管理实务与操作. 北京:中国计划出版社,2008

[9] 全国注册咨询工程师资格考试参考教材编写委员会. 工程项目组织与管理. 北京:中国计划出版社,2008

[10] 全国投资建设项目管理师考试专家委员会. 投资建设项目决策. 北京:中国计划出版社,2011

[11] 陈琳,潘蜀健. 房地产项目投资. 北京:中国建筑工业出版社,2007

[12] 郭峰,等. 土木工程项目管理. 北京:冶金工业出版社,2013

[13] [美]布朗(Brown K. B.),海尔(Hyer N. L.). 项目管理:基于团队的方法. 王守清,亓霞,等,译. 北京:机械工业出版社,2012

[14] 杨高升,杨志勇,李红仙,等. 工程项目管理:合同策划与履行. 北京:中国水利水电出版社,2011

[15] 蒋景楠,陆雷,火方华. 项目管理理论与实务. 上海:华东理工大学出版社,2012